本书系教育部人文社会科学研究青年基金项目
“中国对外层空间国际法治的实现研究”（项目批准号20YJC820021）研究成果

本书受到上海高水平地方高校重点创新团队
“中国特色社会主义涉外法治体系研究”项目资助

外层空间国际法治引论

WAICENG KONGJIAN GUOJI FAZHI YINLUN

蒋圣力◎著

法律出版社
LAW PRESS CHINA
北京

图书在版编目(CIP)数据

外层空间国际法治引论 / 蒋圣力著. -- 北京 : 法律出版社, 2023
ISBN 978-7-5197-8010-4

Ⅰ. ①外… Ⅱ. ①蒋… Ⅲ. ①外层空间-空间法-研究 Ⅳ. ①D999.1

中国国家版本馆 CIP 数据核字(2023)第 105398 号

外层空间国际法治引论
WAICENG KONGJIAN GUOJI FAZHI YINLUN

蒋圣力 著

责任编辑 赵明霞
装帧设计 汪奇峰

出版发行 法律出版社
编辑统筹 法商出版分社
责任校对 晁明慧
责任印制 胡晓雅
经　　销 新华书店

开本 710 毫米×1000 毫米 1/16
印张 15.75 **字数** 272 千
版本 2023 年 6 月第 1 版
印次 2023 年 6 月第 1 次印刷
印刷 唐山玺诚印务有限公司

地址:北京市丰台区莲花池西里 7 号(100073)
网址:www.lawpress.com.cn
投稿邮箱:info@lawpress.com.cn
举报盗版邮箱:jbwq@lawpress.com.cn

销售电话:010-83938349
客服电话:010-83938350
咨询电话:010-63939796

书号:ISBN 978-7-5197-8010-4
定价:68.00 元

凡购买本社图书,如有印装错误,我社负责退换。电话:010-83938349

序言一

自1957年人类历史上的第一颗人造卫星成功发射以来,国际社会一直在努力构建外空国际治理机制,期待通过国际法治来实现外空的和平与可持续利用。半个多世纪以来,国际社会确立了以1963年通过的《关于各国探索和利用外层空间包括月球与其他天体活动应遵守原则的条约》(以下简称《外空条约》)为核心的外空国际规则体系,构建了以联合国框架为基础的外空国际治理机制和区域治理机制,为外空活动的可持续发展提供了重要保障。

随着外空科技的飞速发展和外空活动的日益频繁,一方面,外空军事利用问题不断加剧,外空军备竞赛一触即发,外空安全威胁不断显现;另一方面,外空非军事利用也不断拓展,深空探测如火如荼,临近空间应用热点不断,越来越多的国家及非国家主体开始参与到外空活动中。面对外空活动越发深入的发展,现行外空国际法治的规则、手段及机制出现严重不足。国际社会亟待构建防范外空军备竞赛的安全机制,亟待创新外空自然资源开发、利用的国际机制,亟待完善低轨小卫星星座建设的管理机制,也亟待探索临近空间和平利用的治理机制,等等。这些问题是当前外空国际法治面临的现实的、紧迫的重大问题,也是我国为推动构建"以国际法为基础"的外空命运共同体,维护国家重大航天利益所必须关注的核心问题。

华东政法大学蒋圣力博士在外层空间法领域的学术专著《外层空间国际法治引论》重点探讨的外层空间军事化利用问题、外空自然资源开发和利用问题、外层空间国际合作问题、微小卫星星座建设空间交通管理问题、商业航天产业发展问题、临近空间探索和利用问题等，均是当前外层空间法领域的焦点、热点和前沿问题，其中既有自外层空间国际法律制度确立至今一直老生常谈而又常谈常新的“老问题”，也有新兴外空活动实践对外层空间国际法治发起的新冲击、新挑战。圣力博士的专著准确地把握住了当前外空国际法治的重点和难点问题，我深有同感：

第一，人类军事化利用外空活动和外空军备竞赛是当前外空安全所面临的最直接、最致命的威胁，也是外空国际治理失灵最突出的领域。在外空军事利用不断加剧的背景下，现行外空法虽然对在某些外空领域部署武器、使用武力及开展军事活动做出了一定程度的禁止和/或限制，但明显不足以有效遏制外空武器化和防范外空军备竞赛。一方面，现行外空法无法有效防止在外空，特别是在绕地轨道及月球以外的天体上试验、部署和使用除大规模杀伤性武器外的武器；另一方面，现行外空法并未涉及对外空物体使用或威胁使用武力的问题。在国际社会缺乏外空透明度和建立信任措施的法律机制的现实背景下，我深感构建防范外空军备竞赛、遏制外空武器化的国际机制的任重道远。

第二，随着深空探测的发展，外空自然资源开发与利用已然成为外空国际法治的紧迫问题。一方面，美国、卢森堡等国通过国内立法促进各类实体加快对外空自然资源的开发、利用，似有奋发掠夺之势；另一方面，国际社会关于外空自然资源属性的争论依然喋喋不休，而相关国际立法似有遥遥无期之势。就此，我认为“人类共同继承财产”尚未形成外空法中的国际习惯规则或一般法律原则，附着于外空及天体上的自然资源应属于共有物，国家及非国家实体本都有权对其进行自由开发与利用；而现行外空法中的为全人类谋福利原则、不得据为己有原则、充分注意他国利益原则和不得损害外空环境原则等对外空自然资源的开发、利用活动应具有确定的法律约束力。当然，如果能够在联合国框架下重启对1979年通过的《指导各国在月球和其他天体上活动的协定》（以下简称《月球协定》）的审查，并进而构建起以《月球协定》为基础的外空自然资源开采国际制度，那么无疑将是对外空自然资源安全、有序开发与利用的重要保障。

第三，美国（SpaceX公司）“星链”计划的实施掀起了全球低轨小卫星星座建设的热潮，也对现行外空安全国际治理提出了新问题。在俄乌冲突中，“星链”卫星直接为冲突一方的乌克兰提供网络、通信服务，导致低轨小卫星星座应用的国际治理问题被推到了风口浪尖。低轨小卫星星座具有成本低、技术门槛低、经济效益高、研制周期短、发射与部署灵活等优势，在卫星互联网、空间通信和导航、空间遥感，甚至军事领域均有广阔的应用前景。但是,低轨小卫星星座建设对外空活动安全、国家网络空间安全及外空频率和轨位资源可能构成严重威胁,并且,其军事应用还将对国家的国土安全造成严重威胁,故亟待国际治理。鉴于低轨小卫星星座建设本身并非特殊类型的外空活动,其同样应严格遵循现行外空法规则;而针对低轨小卫星星座建设引发的一系列问题,国际社会应当加快落实空间物体登记制度,确立空间碎片减缓与主动移除、防范外空武器化等规则,以及完善和改革国际电信联盟频率和轨位分配机制。

第四,临近空间的应用及其法律规制是航空航天科技的快速发展引发的新问题。基于临近空间和临近空间飞行器独具的物理特性,现行国际航空法与外空法对其的适用和规制都面临着挑战。倘若适用国际航空法,则有可能阻碍临近空间飞行活动的正常发展;而倘若适用外空法,则又可能使地面国家的安全面临威胁。对此,倘若始终纠结于临近空间的法律属性,那么临近空间的国际治理只能裹足不前。临近空间确实需要构建其独立的法律治理制度:一方面,临近空间的平等、自由探索和利用需要尊重国家主权原则;另一方面,临近空间的平等、自由探索和利用应遵循和平利用原则和惠益分享原则。

我在多项学术活动中结识蒋圣力博士,并对他在外空法领域的研究情况有所了解。我特别高兴在圣力博士身上感受到我国青年学者对外空法研究的热情和执着,这是中国外空法研究的未来!圣力博士的专著《外层空间国际法治引论》付梓之际,我应邀谨致数语,并借此机会与中国外空法同人们共勉!

是为序。

李寿平
国际宇航科学院院士
北京理工大学法学院院长　特聘教授
2023 年 2 月 8 日

序言二

2015年6月,彼时尚在攻读博士学位的蒋圣力博士来到香港大学法律学院访学。我有幸作为他在访学期间的导师,与他在专业学习、学术研究和日常生活等方面进行了诸多交流;而外层空间法作为我最主要的研究领域之一,自然也成为我们交流的一个主要话题,也是我大力向他"推销"的研究方向。十分欣喜地看到,蒋圣力博士自开始接触外层空间法时便产生了浓厚的学习、研究兴趣,并将此作为教学和科研工作的主要领域,在近年来取得了较为丰硕的成果。

《外层空间国际法治引论》一书汇聚了蒋圣力博士对自身在外层空间法领域所做的学习、研究的总结和反思,是在其已有的相关成果的基础上经过认真、细致地梳理和提炼而最终形成的。通过本书可以看出,蒋圣力博士将推动国际社会凝聚合力共同实现外层空间国际法治作为其开展外层空间法学习、研究的宏大主旨,并尤为重视全面建设航天强国背景下的中国航天法制的进步,以及中国在外层空间国际法治进程中的制度性话语权的提升。

当前,随着对外层空间的探索、开发、利用之于世界各国的政治、经济、安全、军事战略等重大国家利益的影响越发凸显,越来越多的国家及非国家主体开始参与到外空活动实践中,外空活动的开展也愈加频密活跃且纷繁复杂。然而,受制于自身严重滞后、效力有限等不利因素,现行外层空间国际法律制度,尤其是外层空间国际条约体系并无法对由大量外空活动实践带来的传统的或新兴的外层空间法问题进行充分的、有效的应对和解决,且国际社会虽为外层空间国际法律制度的健全完善做出了一定的努力,但收效并不十分理想,这就使外层空间国际法治进程仍然艰巨。而在这期间,基于全面建设航天强国的国家战略需要和作为“负责任大国”的国际担当,推动乃至引领外层空间国际法治的实现对于中国而言,既是为维护本国的重大航天利益提供不可或缺的法律保障,同时更是在外层空间这一“新疆域”中推行“以国际法为基础”的国际秩序、进而尝试构建中国国际法话语体系的重要举措。是故,以具体的外层空间法问题为切入点,深入探究外层空间国际法治的实现路径,以及中国为促进实现外层空间国际法治而已经做出的和应当进一步做出的贡献,是对当前外层空间国际法治进程的客观现实的回应,是十分必要的。

《外层空间国际法治引论》一书在对现行外层空间国际法律制度进行了系统介绍的基础上,密切围绕外层空间国际法治的实践发展状况和所面临的现实困境及其成因、症结,以外层空间军事化利用问题、外空自然资源开发和利用问题、外层空间国际合作问题、微小卫星星座建设空间交通管理问题、商业航天产业发展问题、临近空间探索和利用问题等多项具有典型性的、具体的外层空间法前沿热点问题为切入点,通过较为深入的分析和周全的论证,不仅对各项问题进行了较为清晰、详甚的阐释,还提出了具有一定创新性、合理性和可行性的应对思路和对策,展现出了较高的理论和应用价值。同时,本书紧密贴合中国全面建设航天强国的时代背景,特别关注各项重大的外层空间法前沿热点问题对中国外空利益的影响,并积极构想中国应当如何通过完善国内航天法制建设和引领构建国际法律机制以进行充分有效的应对,进而尝试探索据以提升中国在推动实现外层空间国际法治中的制度性话语权的最优路径。由此,相信本书的出版对于丰富外层空间法理论研究和实践探讨将起到积极作用。

当然,蒋圣力博士在《外层空间国际法治引论》一书中重点探讨的各项外层空间法焦点、热点和前沿问题中也不乏国内外学界尚未能够达成基本共识,甚至还存在较大争议的部分内容,是故,对蒋圣力博士在书中提出的相应论点及其论证或许并不能够简单地以“对”或“错”进行评价,而是应当肯定其至少为明晰相关问题的内涵、促进相关问题的处置提供了一种有益的参考和启发。

蒋圣力博士从事外层空间法教学、科研工作的时间并不长,但却一直怀揣着热忱,坚持在这一相对小众乃至冷门的专业领域踏踏实实、勤勤恳恳地付出着时间和心力,并致力于能够使更多人关心和重视这一重大“新疆域”中的法治化发展进程。迄今为止,蒋圣力博士已于 CSSCI、SSCI 来源期刊等国内外刊物发表外层空间法选题的中英文学术论文近20篇,主持外层空间法选题的教育部人文社会科学研究项目、中国空间法学会学术研究课题、华东政法大学科学研究项目多项。同时,蒋圣力博士主讲的“外层空间法”课程作为其所在高校自主开设的一门全校性公选课,经过多轮次教学实践的不断打磨和完善,不仅得到了学生们的广泛欢迎和好评,还先后多次荣获全国层面、上海市层面和学校层面的教学成果及教学竞赛奖项,并在多个网络教学资源平台开放了线上教学视频和公开课。这是为推广和普及外层空间法基础知识所做的积极努力。

兹值《外层空间国际法治引论》一书付梓之际,甚为欣喜。应蒋圣力博士邀请,谨以此表示祝贺,并共勉。

是为序。

赵　云

香港大学法律系主任

郑家纯基金国际法教授

2023年2月8日

目录

绪　论
外层空间国际法治的现实困境及可能的应对

一、外层空间国际法治的基本内涵

在过去相当漫长的一段历史时期中，囿于治理能力所限，法治一度仅能在世界各国的国内范围发挥现实作用——在一国国内，法治是以法律规范为基础而构建、维护社会秩序的治理结构体系①——法治要求社会应当主要依照法律进行治理、社会整合应当通过法律加以实现；同时，法律应当以公正地调整国内各项利益关系、平等地保护和促进一切正当利益作为价值目标，应当能够有效地制约国家权力、防止国家权力的失控与异变，并力求社会价值的衡平与互补。② 而后，随着国家间交往的越发频密，以及由此导致的国家间关系的日益社会化和理性化，人们对于法治的期待开始超越以一国国内为限的范畴，并倡导在国与国的关系上建立法治。③ 这就使自20世纪后半叶以来，“国际法治”这一概念在国际社会被提及的频率不断提高。

自进入21世纪以来，国内学界围绕“国际法治”的内涵展开了相当丰富且深入的研究，并形成了若干颇具启发和参考价

---

① 参见张文显：《中国特色社会主义法治理论的科学定位》，载《法学》2015年第11期。

② 参见张文显：《法哲学范畴研究》，中国政法大学出版社2001年版，第166页。

③ 参见［英］亚瑟·瓦茨：《国际法治》，载［德］约瑟夫·夏辛、容敏德编著：《法治》，阿登纳基金会译，法律出版社2005年版，第127页。

值的观点——有学者从相对纯粹的基础理论层面出发，认为国际法治是指“国际社会各行为体共同崇尚和遵从人本主义、和谐共存、持续发展的法律制度，并以此为基点和准绳，在跨越国家的层面上约束各自的行为、确立彼此的关系、界定各自的权利和义务、处理相关的事务的模式与结构”。[①] 有学者基于对国际实体问题和程序问题的共同重视，认为国际法治应当是国际社会接受公正的法律治理的状态，是“国际法之治”，其基本目标是建设一个更有秩序、更有效率和更加公平的国际社会。[②] 还有学者以联合国的国际法治议题为基础，通过对联合国有关国际法治的大量原则性文件的文义解释和体系解释，提出(联合国体系下的)国际法治是联合国的一项核心价值和重要原则，即在国际层面严格遵守以《联合国宪章》为基础的国际法依据，以建立和维护持久和平与安全、国际合作发展，以及人权保护的国际秩序。[③]

基于不同的出发点和侧重点对“国际法治”的内涵进行理解固然会得出不同的结果，不过在笔者看来，无论基于何种立场和路径，以下各项要素在对何为“国际法治”的理解中都应当是不可或缺的：首先，国际法治的主体主要为传统的国际法主体，即国家和政府间国际组织，除此之外，非政府间国际组织、跨国公司和个人(虽然并非传统的国际法主体)在国际法治的发展进程中也发挥着不可忽视的作用，故而也应被肯定为国际法治的主体，或至少应构成国际法治重要的“参与者”。其次，国际法治的客体应当涵盖国际社会生活的各个基本方面，并尤以维持国际和平与安全、促进国家合作与发展，以及提升人权保护水平作为首要关切，同时，国际经济、环境等越发对更加广泛的国际社会成员的利益产生重大影响的领域，也应当是国际法治予以重点治理的对象。再次，作为国际法治的规范基础，国际法治所称的“法”，即国际法，不仅自身应当是“公开发布”“平等适用”“独立裁断”的，[④]还应当能够实现“法律面前人人平等”、优越于个体国家的国家利益，并使国际社会生活的各个基本方面都能够接受其公正的治理。[⑤] 最后，作为国际法治的实施路径，国际法治所称的“治”，即具体的治理手段，在实践过程中应当满足的程序要求包括民主而透明的国际立法进程、自觉而普遍的国际守法状态、严格而有效的国际监督体

---

① 何志鹏：《国际法治论》，北京大学出版社 2016 年版，第 44 页。

② 参见车丕照：《我们可以期待怎样的国际法治?》，载《吉林大学社会科学学报》2009 年第 4 期。

③ 参见张乃根：《人类命运共同体视角的国际法治论》，载《国际法学刊》2022 年第 1 期。

④ Report of the Secretary - General, *The Rule and Law and Transnational Justice in Conflict and Post-Conflict Societies*, S/2004/616, 3 August 2004.

⑤ 参见车丕照：《法律全球化与国际法治》，载高鸿钧主编：《清华法治论衡》(第 3 辑)，清华大学出版社 2002 年版，第 139 页。

制，以及权威而公正的国际司法机制。[①]

以上述对“国际法治”的内涵的理解为基础，具体针对从人类探索、开发、利用外层空间的外空活动实践中构建起来的“外层空间国际法治”而言，其基本内涵应当为：国家、政府间与非政府间国际组织、私人实体乃至个人等各类外空活动的实施主体，在实际开展外空活动和处置与之相关的一切行为、事务时，应当以《联合国宪章》和各项外层空间国际条约等既定的、明确的国际法和外层空间法制度规则为依据，并予以充分的、严格的遵守和执行，从而使外空活动得以为和平目的、平等而自由地开展，且通过外空活动取得的惠益也得以在公平、效率的基础上得到分配。

二、外层空间国际法治的实践发展

外层空间法的雏形形成与人类探索、开发和利用外层空间的历史起点几乎保持着一致步调——“斯普特尼克 1 号”（Sputnik－1）于 1957 年 10 月 4 日的成功发射，正式揭开了人类“太空时代”的序幕；而在短短一个多月之后的 11 月 14 日，联合国大会便通过了第 1148（Ⅻ）号决议，首次提出为确保外层空间物体的发射（实则即外空活动的开展）完全用于科学及和平目的，国际社会应共同研究一套监督体系。[②] 随后，1958 年 12 月 13 日，联合国大会通过了第 1348（ⅩⅢ）号决议，在明确“外层空间是人类共同利益所在”、强调“外层空间只能用于和平目的”的同时，决定成立“和平利用外层空间特设委员会”；[③]1959 年 12 月 12 日，联合国大会又通过了第 1472（ⅩⅣ）号决议，决定将“和平利用外层空间特设委员会”改建为联合国框架下专门负责审查、研究和促进外空领域国际合作的常设机构，即联合国和平利用外层空间委员会（COPUOS）（以下简称联合国外空委）。[④] 至此，鉴于其在之后的外层空间国际条约体系的建立和一系列重大外层空间国际文件的制定中所发挥的重要的奠基和推动作用，联合国外空委的设立通常被视为国际社会正式开启外层空间

---

① 参见何志鹏：《国际法治论》，北京大学出版社 2016 年版，第 36～38 页。

② The General Assembly, *Regulation, limitation and balanced reduction of all armed forces and all armaments; conclusion of an international convention (treaty) on the reduction of armaments and the prohibition of atomic, hydrogen and other weapons of mass destruction*, A/RES/1148 [Ⅻ], 14 November 1957, Art. 1(f).

③ The General Assembly, *Question of the peaceful use of outer space*, A/RES/1348 [ⅩⅢ], 13 December 1958, Art. 1.

④ The General Assembly, *International co－operation in the peaceful uses of outer space*, A/RES/1472 [ⅩⅣ], 12 December 1959, A, Art. 1.

国际法治进程的标志。①

20 世纪六七十年代,随着人类在人造卫星应用、载人航天、月球探测等外空活动领域接连取得突破性的成就,外层空间国际法律制度的构建也迅速进入了高潮期——首先,联合国大会先后于 1961 年 12 月 20 日和 1963 年 12 月 13 日,通过了第 1721(XVI)号决议《外层空间和平利用之国际合作》和第 1962(XVIII)号决议《各国探索和利用外层空间活动的法律原则宣言》(以下简称《外空宣言》),不仅凝聚并协调了国际社会关于规范和调整外空活动的合意,还确立了多项为国际社会所普遍认可和接受的、据以指引外空活动开展的重要原则,从而为之后正式的外层空间国际条约的制定创设了十分有利的前提。在此基础上,在联合国外空委的主持下,国际社会于此后十余年间接连制定了《外空条约》、1967 年通过的《营救宇航员、送回宇航员和归还发射到外层空间的物体的协定》(以下简称《营救协定》)、1971 年通过的《空间物体所造成损害的国际责任公约》(以下简称《责任公约》)、1974 年通过的《关于登记射入外层空间物体的公约》(以下简称《登记公约》)和《月球协定》5 部外层空间国际条约,正式建立起了作为当代外层空间国际法律制度的核心的联合国外层空间国际条约体系。亦由此,在人类探索、开发、利用外层空间的最初二十余年间,基于彼时外空活动实践对具体的、明确的国际法律制度规则的有限需要,外层空间国际法治的起步和发展是相对较为充分且卓有成效的。

然而,自 20 世纪 80 年代以来,与日新月异的空间科技和日益频繁活跃的外空活动难相适应的是,外层空间国际法律制度的发展表现出了严重的滞后,甚至缺失的问题——在《月球协定》于 1979 年通过之后,国际社会在过去的四十余年间再未能够制定哪怕一部据以对外空活动进行统一的规范和调整的新的国际条约;而前述各部制定于 20 世纪六七十年代的联合国外层空间国际条约,则显然无法跟上数十年来层出不穷的新兴外空活动的进步步伐。并且,现行外层空间国际法律制度不仅无法对由新型空间科技引发的法律问题做出相适应的、及时有效的应对,在规制若干长期存在的、之于国际社会具有重大影响的传统外空活动时也同样存在不足。② 而尽管在国际社会中另有少量或作为国际组织约章或针对某一具体国际事务的国际条约对外空活动有所涉及,但由于其或无法直接规范和调整外空活动、或

---

① 参见夏春利:《外空国际法治:现状与前景》,载《北京航空航天大学学报(社会科学版)》2014 年第 1 期。

② 参见蒋圣力:《联合国大会决议法律效力问题重探——以外层空间国际法治实践为例》,载《国际法研究》2020 年第 5 期。

法律拘束力较为有限(尤其无法对实际开展外空活动的空间国家产生法律拘束力),因此全然不足以解决现行外层空间国际法律制度暴露出的滞后,甚至缺失的问题。[①] 这就使当前外空活动的开展如火如荼的同时,外层空间国际法治却面临着越来越严峻的冲击和挑战。

三、外层空间国际法治的现实困境

诚然,滞后性是法律不可避免的固有特征,但是,在自20世纪80年代起至今的四十余年间,国际社会都再未能够通过制定正式的国际条约为外空活动的开展确立具有法律拘束力的制度规则的情形,已无法仅仅被形容为外层空间法的“滞后”,而是从根本上使世界各国在开展诸多外空活动时无法可依、无据可循,进而使整个外层空间国际法治陷入了意见分歧愈加严重、利益矛盾愈加突出的无序状态。至于何以造成外层空间国际法治面临这一窘迫的现实困境,则可以归因于高速发展的外空活动实践给前述外层空间国际法治的主体、客体、规范基础和实施路径等要素带来的各类问题。

首先,就外层空间国际法治的主体而言,除国家外的大量非国家主体,尤其是私人实体和个人涌入外空活动实践领域,引发了原本限于对国家开展的外空活动进行规制的外层空间国际法律制度的可适用性难题。囿于与所处的历史时期相对应的外空活动实践的局限,在于20世纪六七十年代制定现行各项外层空间国际条约时,国际社会根本无从预见未来有朝一日,非国家主体、甚至是私人实体和个人将具备独立开展外空活动的能力,故其只可能将彼时唯一的外空活动实施主体,即国家作为外层空间法上唯一的法律主体。这就使此后的半个多世纪中,随着越来越多的非国家实体从开始部分参与直至直接地、独立地开展各类外空活动,外层空间国际条约规则却因为无法对其适用而越发显得束手无策。由此导致的既有国际条约规则与外空活动实践之间的最为突出的矛盾是,由于无法成为空间物体的“发射国”,即便在事实上发射了并运行着空间物体,非国家实体也仍然因为并非空间物体的“登记国”而无法在法律上取得对留置于外层空间的空间物体及其所载人员

① 参见聂晶晶:《浅议外空软法及其实践》,载张振军主编:《空间法学研究年刊(2015年)》,中国宇航出版社2016年版,第215~216页。

的控制权和管辖权,[①]同时也无须为空间物体造成的损害后果承担赔偿责任,[②]进而使相关外空活动中的权利、义务关系陷入了相当混乱的境地。

其次,就外层空间国际法治的客体而言,日新月异的空间科技和日益频繁活跃的外空活动极大地扩展了外层空间国际法治的客体体量,并使内容相对单薄且适用情境较为有限的现行外层空间国际法律制度在规制由其引发的各类外层空间"共同性问题"时往往显得捉襟见肘。所谓外层空间"共同性问题",是指由少数国家开展的外空活动实践引发的、后果却及于国际社会的绝大多数成员,甚至反映了全人类的共同利益、关系全人类的共同命运的外层空间国际问题——例如,外层空间军事化利用问题、外空自然资源开发和利用问题、空间碎片治理问题等诸多问题,自人类开始对外层空间进行探索、开发、利用时起便已出现,并随着空间科技和相关外空活动实践的不断发展变化而始终"老生常谈"却又"常谈常新",不仅对世界各国的安全利益、经济利益、环境利益等重要利益产生了深远影响,更在相当程度上决定了国际社会(在地球内部以及外层空间的)和平与安全局势的走向,以及未来人类能否继续具备顺利进入外层空间、进行外空活动的能力。而如此数量庞大且影响重大的外层空间国际问题对与之相应的周延的、完备的法律规范的迫切需要,却是现行外层空间国际法律制度无法满足的。

再次,就外层空间国际法治的规范基础而言,如前所述,现行外层空间国际法律制度已暴露出了严重的滞后,甚至缺失的问题,并且这一问题正随着空间科技的进步和外空活动实践的推进而愈演愈烈。阻挠外层空间国际法律制度得以被修正、补充、完善的限制因素是多种多样的,而在这之中,个别发达空间国家为了满足本国的外空利益而频频以单边或少边("小多边")手段自行其是,并借此排斥旨在构建普遍性国际法律制度的多边机制的实践做法,从结果看无疑是导致现行外层空间国际法律制度的革新举步维艰的主要原因之一。例如,在国际社会对外空自然资源的法律性质和权利归属问题始终莫衷一是的现实背景下,美国于 2015 年颁布《外空资源开发和利用法案》,即以国内立法的方式肯定本国私人实体对外空自然资源的所有权的单边做法,不仅使本就存在相当争议的外空自然资源的法律性

---

① 根据《登记公约》第 2 条的规定,应由空间物体发射国对空间物体进行登记,即作为空间物体的登记国;根据《外空条约》第 8 条的规定,空间物体的登记国对留置于外层空间的空间物体及其所载人员享有管辖权和控制权。

② 根据《责任公约》第 2、3 条的规定,空间物体的发射国需对空间物体造成的损害后果承担赔偿责任。

质和权利归属问题再次被推上了风口浪尖，引发了世界各国的强烈反响，还更对国际社会之于开发、利用外空自然资源的共同利益造成了十分不利的影响。① 对此，应当认识到，上述实践情形充分反映了美国政府和该国国内利益集团对外空自然资源权利分配问题的极大关注，以及其利益诉求与广大发展中国家积极支持的“人类共同继承财产”制度之间巨大的矛盾冲突；而这实则也正是美国之所以长期以来一直拒绝乃至高调否定将外空自然资源明文规定为“人类共同继承财产”的《月球协定》，以及《月球协定》之所以始终未能获得国际社会的普遍认可和接受的关键原因。②

最后，就外层空间国际法治的实施路径而言，适时的、有效的国际法律制度和具体规则的缺失使世界各国在实际处置相互之间因开展外空活动而形成的权利、义务关系和解决各类争端时，往往无从诉诸法律手段，而通过政治外交途径处置外层空间国际问题，又或多或少会演化为相关国家间的力量竞争和博弈；与此同时，倘若世界各国越发倾向于，甚至习惯于采用政治外交手段而非法律手段进行外层空间国际治理，那么又将使国际社会更加难以凝心聚力共同推动现行外层空间国际法律制度的修正、补充和完善，从而使外层空间国际法治面临的困境陷入了一个恶性循环。由于是否具备探索、开发、利用外层空间的能力，在当今的国际社会已不仅是衡量一个国家的政治优越性和经济、科技、军事实力的重要标准，还更在相当程度上决定了一国的国际地位和声望，因此，世界各国纷纷将通过发展空间科技、开展外空活动以谋求本国在国际话语体系中的优势地位作为优先的国家战略，而外层空间也基于在国际政治、经济、科技、军事等各个领域的显著价值而成为世界各国新一轮竞争和博弈的焦点。③ 在这一现实背景下，鉴于外空活动越发频繁的开展以及由此引发的各类外层空间国际问题日益突出，以法律手段进行外层空间国际治理不仅是重要的更是必要的，外层空间国际法治在实际实施中所面临的困境应当得到充分的重视和应对。

---

① 参见赵云、蒋圣力：《外空资源的法律性质与权利归属辨析——兼论外空资源开发、利用之国际法律机制的构建》，载《探索与争鸣》2018 年第 5 期。

② 参见沈鹏：《论美国对〈月球协定〉及外空资源开发的政策演变》，载《太平洋学报》2021 年第 4 期。

③ 参见仪名海等：《外层空间国际关系》，清华大学出版社 2015 年版，第 92～93 页。

四、应对外层空间国际法治现实困境的可能路径

基于上文的论述,导致当前外层空间国际法治陷入各方面困境的关键原因,便是现行外层空间国际法律制度的严重滞后乃至缺失。无论是国际条约的制定还是国际习惯的形成所面临的各方面客观条件的制约,国际法构建进程缓慢的"顽疾"终究是不可避免的;不过,针对与实践快速发展相伴生的各类层出不穷且日趋纷繁复杂的法律问题,国际社会又必须尽可能地做出及时的、有效的应对以维持和平安全和秩序稳定。这就使在作为国际法直接法律渊源的国际条约和国际习惯之外,国际社会还需要求诸其他非约束性的(不具有法律拘束力的)国际规范作为据以协助解决各类法律问题的补充。[①] 在诸多非约束性的国际规范中,联合国大会决议是十分典型的一项;[②]尤其是在外层空间法领域,多项联合国大会决议虽然基于应然的法律效力而不具有法律拘束力,但在作为国际软法或者对速成国际习惯法的证明而使自身法律效力得到实然发展的同时,也切实地为促进实现外层空间国际法治发挥了重要作用。

(一)外层空间国际软法的法律规制

所谓"国际软法",是指全部或者部分在设计上本不具有法律拘束力的,但却在实践中产生了一定的规范或者执行效果,即为世界各国创设了以自愿遵守为基础的权利和义务的成文国际规范。[③] 根据上述定义,国际软法所涵盖的范围十分广

① See James Crawford, *Sovereignty as a Legal Value*, in James Crawford and Martti Koskenniemi eds., The Cambridge Companion to International Law, Cambridge University Press, 2012, p. 124.

② 事实上,在20世纪六七十年代"冷战"国际格局的特定背景下,由于联合国安理会因东、西方(美、苏)之间的相互掣肘而无法通过决议以有效地行使维持国际和平与安全的职权,个别联合国大会决议便曾在特定事项上和特定范围内发挥了对缺位的联合国安理会决议进行"补位"的作用。[See Gabriella Rosner Lande, *The Changing Effectiveness of General Assembly Resolutions*, American Society of International Law Proceedings, Vol. 58, Fourth Session (1964), p. 162.]不过,需注意的是,上述联合国大会决议本身虽不具有法律拘束力,但在实践中却被要求同联合国安理会决议一样必须予以遵守和履行,例如,联合国大会第1752(XVII)号决议即成为建立"联合国驻西新几内亚安全部队"开展维持和平行动的直接法律依据。由此,诸如上述对联合国安理会决议进行"补位",并在个案中被人为地赋予了法律拘束力的联合国大会决议不在本书下文的研究对象范畴内。

③ See Francis Snyder, *Soft Law and Institutional Practice in the European Community*, in Steve Martin ed., The Construction of Europe – Essays in Honor of Emile Noel, Kluwer Academic Publishers, 1994, p. 198. See also W. Michael Reismnan, *The Concept and Functions of Soft Law in International Politics*, in Emmanuel G. Bello and Prince Bola A. Ajibola eds., Essays in Honor of Judge Taslim Olawale Elias, Vol. Ⅰ: Contemporary International Law and Human Rights, Martinus Nijhoff, 1992, p. 135.

泛——凡不属于生效的国际条约的书面国际文件,只要其具有规范性,即以确立权利义务或行为模式为表现形式的,便均可被纳入其中,主要包括联合国大会决议以及国家间做出的政治宣言和国际组织制定的行为准则等。① 在外层空间法领域,相关联合国大会决议虽不具有法律拘束力,但其基于自身作为国际软法而得以发挥的法律的评价和指引功能,②以及通过国际舆论的影响和国家利益的引导,仍然对世界各国在开展外空活动过程中的行为起到了显著的规范作用,为存在滞后、甚至缺失的外层空间国际法律制度,尤其是国际条约规则提供了及时的、有效的"补位",从而在相当程度上协助解决了外层空间领域所面临的"无法可依"的难题。③

以规范世界各国进行空间物体登记为例,联合国大会决议在相关国际条约生效前后,均发挥了作为国际软法的重要作用。空间物体登记旨在就空间物体的发射和运行情况形成科学系统的信息情报体系,是为确保外空活动有序开展、加强世界各国在外空活动中的协调与合作所不可或缺的前提保障,④同时也是减少大规模杀伤性武器被发射进入轨道以及确认空间物体损害责任归属的根本依据。⑤ 现行外层空间国际法律体系中规范空间物体登记行为的专门性国际条约,即《登记公约》是于 1976 年 9 月 15 日生效的;而在此之前,前述联合国大会第 1721(XVI)号决议便已明确"敦请发射物体进入轨道或超越轨道之国家迅速经由联合国秘书长向和平利用外层空间委员会提供信息,以便登记"。⑥

尽管上述联合国大会决议并未为世界各国确立必须进行空间物体登记的法律义务,但彼时具备空间物体发射能力的多数国家仍然普遍基于该决议的规定而对本国的空间物体进行了自愿登记——从该决议通过至《登记公约》生效的十余年

---

① See David Armstrong, Theo Farrell & Helene Lambert, *International Law and International Relations*, 2nd edition, Cambridge University Press, 2012, p. 27.

② See Dinah Shelton, *Normative Hierarchy in International Law*, American Journal of International Law, Vol. 100, No. 2, 2006, p. 320 – 321.

③ 参见张乃根:《国际法原理》(第 2 版),复旦大学出版社 2012 年版,第 268 ~ 269 页。

④ 参见李寿平、赵云:《外层空间法专论》,光明日报出版社 2009 年版,第 52 页。

⑤ See I. H. Ph. Diederiks – Verschoor & V. Kopal, *An Introduction to Space Law*, 3rd revised edition, Kluwer Law International, 2008, p. 44.

⑥ The General Assembly, "International co – operation in the peaceful use of outer space", A/RES/1721[XVI], 20 December 1961, B, Art. 1.

间,共有18个国家依照决议进行了自愿登记,其中,美国进行了223次,[①]苏联进行了101次。[②] 并且,即便是在《登记公约》生效后,也仍然有多个国家虽并未加入《登记公约》,但却依照决议对本国的空间物体进行了自愿登记,主要包括卢森堡、以色列和埃及等国。[③] 由此,上述决议虽不具有法律拘束力,但作为在事实上确立了空间物体自愿登记制度的国际软法,[④]其一方面在《登记公约》生效前,为世界各国进行空间物体登记提供了唯一的明确指引,并为彼时多数空间国家所自愿遵守,从而有效地弥补了空间物体登记领域国际法律制度的空白;另一方面则在《登记公约》生效后,继续作为非公约缔约国进行空间物体登记的执行依据,成为《登记公约》的重要补充。

除上述决议外,由联合国大会第47届会议于1993年2月23日通过的《关于在外层空间使用核动力源的原则》(A/RES/47/68)(以下简称第47/68号决议)对空间物体登记国际法律制度的完善也产生了重要的积极影响。第47/68号决议规定:任何发射载有核动力源的空间物体的国家,在该空间物体发生故障并具有携带放射性物质重返地球的危险时,应当及时通知可能受此影响的相关国家,并同时向联合国秘书长报告上述信息。[⑤] 虽然并未直接规定国家在进行空间物体登记时须提供空间物体使用核动力源的信息,但由于对有关情势的通知和报告必然将涉及上述信息,因此,该决议在事实上形成了一项将使用核动力源作为进行空间物体登记时应予提供的信息的国际软法规则。[⑥] 而根据《登记公约》第4条关于空间物体登

---

① UNOOSA, United Nations Register of Objects Launched into Outer Space, Notifications from States & Organizations, United States of America, http://www.unoosa.org/oosa/en/spaceobjectregister/submissions/usa.html.

② UNOOSA, United Nations Register of Objects Launched into Outer Space, Notifications from States & Organizations, Russian Federation/ Union of Soviet Socialist Republics, http://www.unoosa.org/oosa/en/spaceobjectregister/submissions/rf.html.

③ UNOOSA, United Nations Register of Objects Launched into Outer Space, Notifications from States & Organizations, http://www.unoosa.org/oosa/en/spaceobjectregister/submissions/states-organisations.html.

④ 参见[意]Marco Pedrazzi、赵海峰:《国际空间法教程》,吴晓丹译,黑龙江人民出版社2006年版,第26页。

⑤ The General Assembly, "Principles Relevant to the Use of Nuclear Power Sources in Outer Space", A/RES/47/68, 23 February 1992, Principle 5.

⑥ See Mahulena Hoskova, *The Notification Principle in the* 1992 *NPS Resolution*, Proceedings of the Colloquium on the Law of Outer Space, Vol. 36, 1993, p. 306-307.

记信息的规定,[1]以及联合国外空委工作报告的说明,[2]《登记公约》则并未明确将使用核动力源纳入空间物体登记所必需的信息的范畴。

尽管针对是否应当将使用核动力源作为空间物体登记所必需的信息,在国际学界长期存在争议,[3]但鉴于空间物体对核动力源的使用所固有的高风险性,尤其是载有核动力源的空间物体一旦发生损毁,将对外层空间及地球表面的自然环境和人身财产安全造成严重破坏和侵害,将使用核动力源作为进行空间物体登记时应予提供的信息,以便空间物体发射国和相关国家能够充分地进行事前防范和事后补救,无疑是十分必要的。[4] 并且,在苏联"宇宙 – 954 号"(COSMOS – 954)核动力卫星于 1978 年 1 月 24 日因失控坠毁而造成了波及甚广的核污染等极其严重的损害后果之后,联合国外空委及其法律小组委员会(Legal Subcommittee)也越发重视对空间物体使用核动力源的法律规制,[5]并曾一度在其工作报告中提出发射国在发射载有核动力源的空间物体前即应当就其使用核动力源的信息进行登记(通知)。[6]

不过,由于《登记公约》自生效起至今并未进行过任何修订,因此,将使用核动力源作为空间物体登记所必需的信息的国际条约规则始终未能确立;而这就使得前述联合国大会第 47/68 号决议关于在进行空间物体登记时应当提供使用核动力源的信息的间接规定作为一项国际软法规则,虽不具有法律拘束力,但基于确保空间物体对核动力源的安全、合理使用的考量而对《登记公约》相关规定的缺失所做的弥补,却是十分有益的,并且在实践中也确实成为将使用核动力源作为空间物体

---

① "Convention on registration of objects launched into outer space", A/RES/3235[XXIX], 12 November 1974, Annex, Article 4.

② U. N. Committee on the Peaceful Uses of Outer Space, Legal Subcommittee, Report of the Legal Sub – Committee on the work of its 28th session, A/AC. 105/430, 26 April 1989.

③ 反对将使用核动力源作为空间物体登记所必需的信息的观点参见 Andrei D. Terekhov, *Nuclear Power Sources in Outer Space – Problem of Notification*, Proceedings of the Colloquium on the Law of Outer Space, Vol. 27, 1984, p. 220。

④ See Casereo Guiterrez Espada, *Use of Nuclear Power Sources in Outer Space: The Legal Sub – Committee Perspective*, Proceedings of the Colloquium on the Law of Outer Space, Vol. 27, 1984, p. 207 – 208.

⑤ Daniel A. Porras, *The United Nations Principles Relevant to the Use of Nuclear Power Sources in Outer Space: the Significance of a Soft Law Instrument after Nearly* 20 *Years in Force*, in I. Marboe ed., Soft Law in Outer Space: The Function of Non – Binding Norms in International Space Law, Bohlau Verlag, 2012, p. 210 – 211.

⑥ U. N. Committee on the Peaceful Uses of Outer Space, Legal Subcommittee, Report of the Legal Sub – Committee on the work of its 28th session, A/AC. 105/430, 26 April 1989.

登记应予提供的信息的执行依据。①

（二）外层空间速成国际习惯法的法律规制

“速成国际习惯法”（instant international customary law）的概念由郑斌（Bin Cheng）先生在其于20世纪60年代发表的关于外层空间法的研究成果中首次提出——不同于传统国际习惯法的形成对国家实践需长时间存续且实施实践国家众多的要求，郑斌先生提出，即便是在较短时间之内并且在少数个别国家之间，也应当同样能够产生法律确信，并进而形成（速成）国际习惯法。② 应当认识到，“速成国际习惯法”概念的提出对于保障外层空间法领域的国际习惯法规则得以形成具有重要意义，这是因为：

一方面，日新月异的航天科技使人类对外层空间的探索和利用呈现起步虽晚但发展迅猛的显著特征，③并由此导致旨在对人类探索、利用外层空间的外空活动进行规范和调整的相应国际习惯法规则的形成，从根本上不可能同国际法其他领域的国际习惯法规则一样，具有相当漫长的国家实践存续期间。④ 倘若从国际（习惯）法规则应当与其规范和调整的国际实践的客观实际相适应的角度出发，诚如有学者指出的，“相对较短的形成时间对于航空法、外层空间法，以及有关大陆架的国际法律制度中的新的国际习惯法规则的形成而言是十分必要的”。⑤ 并且，事实上，现行外层空间国际法律制度中的诸多国际习惯法规则，包括国家主权不得扩展至外层空间、国家不得将外层空间据为已有，以及外层空间对全体国家平等开放等，也均是在外层空间法形成之初的较短时间内便被“迅速地”确立下来的。⑥

另一方面，由于当前已经具备能够实际开展对外层空间的探索和利用的能力

---

① 参见李寿平、赵云：《外层空间法专论》，光明日报出版社2009年版，第66～67页。

② See Bin Cheng, *United Nations Resolution on Outer Space*: “*Instant*” *International Customary Law*, The Indian Journal of International Law, Vol. 5, 1965, p. 37.

③ 自人类历史上首颗人造卫星“斯普特尼克1号”于1957年10月4日成功发射起算，人类探索、开发、利用外层空间的历史至今不过60余年的时间，与诸多其他国际实践的悠久历史相比相去甚远。

④ 对此，诚如国际法院在1969年“北海大陆架案”中指出的，“相对较短的国家实践存续期间并不会对一项新的国际习惯法规则的形成造成妨碍”。“North Sea Continental Shelf” (Federal Republic of Germany/ Denmark; Federal Republic of Germany/ Netherland), Judgement of 20 February 1969, International Court of Justice, at para. 74.

⑤ See Vladimir – Djuro Degan, *Customary Process in International Law*, Finnish Yearbook of International Law, Vol. 1, 1990, p. 17.

⑥ See Myres S. Mcdougal, *The Emerging Customary Law of Space*, Northwestern University Law Review, Vol. 58, 1963 – 1964, p. 619 – 620.

的国家,之于整个国际社会仅占少数,①使外层空间领域的相关实践在客观上只可能由少数国家实施,因此,与国际法其他领域的国际习惯法规则相比,外层空间法领域的国际习惯法规则的形成也不可能具有为数众多的实施实践的国家。申言之,对在外层空间领域实施相关实践的国家的数量是否满足外层空间法领域国际习惯法规则形成的要求的考察,应当是以实施该实践的国家的数量在全体空间国家中,而非在整个国际社会中所占的比重为准。②

就联合国大会决议作为对外层空间法领域速成国际习惯法的证明的法律效力,首先应当明确:联合国大会决议仅具有证明国际习惯法的形成和存在的法律效力,而并非创设国际习惯法的直接法律渊源。③ 易言之,国际习惯法的法律拘束力应当源于联合国会员国将其接受为国际法组成部分的法律确信,而非源于联合国大会决议本身;并且,国际习惯法的法律拘束力应当在联合国大会决议通过之前即已确立,而决议无非是协助佐证国际习惯法的形成和存在及其内容的书面材料而已。④ 由此,结合前文所述,联合国会员国对载有国际习惯法规则的联合国大会决议投赞成票的行为,尽管并不构成对决议本身具有法律拘束力的默示肯定,但却应当可以被视为联合国会员国对该决议所载国际习惯法规则所具有的法律拘束力的肯定。

前述联合国大会第1962(XVIII)号决议作为对外层空间法领域速成国际习惯法的证明,具有相当的典型性;而其法律效力正是在于积极促进(positivize)了联合国会员国表明对其所载各项国际习惯法规则的法律确信,⑤或者说,充分发挥了对联合国会员国就各项国际习惯法规则所具有的法律确信的确认功能(the function of

---

① 根据联合国外空事务办公室(United Nations Office for Outer Space Affairs,UNOOSA)公布的空间物体登记数据,当前,就本国发射的空间物体进行了登记的国家共有60个,其中也包含发达空间国家与发展中国家联合发射空间物体,而由发展中国家就该空间物体进行登记的情形(资料来源:http://www.unoosa.org/oosa/en/spaceobjectregister/submissions/states - organisations.html)。由此,又鉴于部分发展中国家实则并不具备独立自主开展外空活动的能力,是故,当前具备实际开展外空活动的能力的空间国家的数量应当明显低于60个。

② 参见蒋圣力:《外层空间军事化及其国际法规制的模式和路径》,载《北京理工大学学报(社会科学版)》2017年第1期。

③ 参见[德]鲁道夫·伯恩哈特:《不成文国际法》,载论文集编译委员会:《当代联邦德国国际法律论文集》,北京航空航天大学出版社1992年版,第50页。

④ See Bin Cheng, *United Nations Resolution on Outer Space*:"*Instant*" *International Customary Law*, in Bin Cheng ed., International Law:Teaching and Practice, Stevens & Sons, 1982, p.252.

⑤ See Bin Cheng, *United Nations Resolution on Outer Space*:"*Instant*" *International Customary Law*, in Bin Cheng ed., International Law:Teaching and Practice, Stevens & Sons, 1982, p.252.

identifying），[①]从而推动了以相应国际习惯法规则为基础的外层空间国际法律制度的构建。

上述联合国大会决议载明的外层空间法领域的国际习惯法规则，即前文述及的由第1962（XVIII）号决议首次提出的据以引导国际社会开展外空活动的基本原则，主要包括探索和利用外层空间须为全人类共同利益原则、在平等基础上自由探索和利用外层空间原则、外层空间及天体不得被据为己有原则、探索和利用外层空间须遵守国际法原则、国家对本国外空活动须负国际责任原则，以及探索和利用外层空间须秉承合作和互助原则等。[②]

实践中，各联合国会员国在联合国外空委及其法律小组委员会的相关会议上纷纷明确表示了对上述各项国际习惯法规则（基本原则）的法律确信[③]——例如，意大利代表曾指出，并不应当因为各项基本原则是以联合国大会决议的形式提出的，便否定其所具有的法律拘束力；各项基本原则应当是具有法律拘束力的，因为国家通过联合国大会决议表明了愿意接受其约束。[④] 又如，澳大利亚代表曾指出，虽然载有各项基本原则的联合国大会决议本身并无法创设法律义务，但在国家表明了愿意遵守其中所载的基本原则的情况下，该决议便得以成为对国际习惯法的有力证明。[⑤] 在此基础上，基于联合国会员国普遍的法律确信并经由上述联合国大会决议（通过书面形式）证明的各项国际习惯法规则最终被悉数纳入了嗣后的《外空条约》，[⑥]从而使外层空间法的各项基本原则又得以以国际条约规则的形式被确立下来，并由此建立起了据以引导国际社会探索和利用外层空间的基本法律框架。

---

① See Maxwell Cohen ed., *Law and Politics in Space*, Leicester University Press, 1964, p. 98.

② The General Assembly, "Declaration of Legal Principles Governing the Activities of States in the Exploration and Use of Outer Space", A/RES/1962[XVIII], 13 December 1963, Art. 1, 2, 3, 4, 5, 6.

③ 此处，需注意的是，诚如有学者指出的，联合国大会第1962[XVIII]号决议载明的各项外层空间法领域国际习惯法规则的形成，应当是首先具备了联合国会员国对其的法律确信，而后再逐渐出现相应的国家实践的；这与国际法其他领域的国际习惯法规则的形成首先具备一定的国家实践，而后再就国家实践产生法律确信的通常情形具有明显差异。参见［德］W. G. 魏智通主编：《国际法》（第5版），吴越、毛晓飞译，法律出版社2012年版，第87页。对此，郑斌先生指出，法律确信应当是国际习惯法形成的唯一构成性要素（constitutive element），即只需要具备国家对其的法律确信，国际习惯法便得以形成；而国家实践对于国际习惯法的形成虽然也是必要的，但其更多的仅是通过国家具体的实践行为对国家所具有的法律确信，以及国际习惯的形成和存在及其内容进行证明。See Bin Cheng, *United Nations Resolution on Outer Space: "Instant" International Customary Law*, in Bin Cheng ed., International Law: Teaching and Practice, Stevens & Sons, 1982, p. 250 – 251.

④ Committee on the Peaceful Uses of Outer Space, A/AC. 105/C. 2/SR. 20, 22 April 1963, p. 7.

⑤ Committee on the Peaceful Uses of Outer Space, A/AC. 105/PV. 24, 22 November 1963, p. 18.

⑥ 参见李寿平、赵云：《外层空间法专论》，光明日报出版社2009年版，第15页。

第一章

外层空间国际法律制度概述

自“斯普特尼克1号”的发射成功拉开人类“太空时代”的序幕至今的半个多世纪间,人类空间科技的进步和外空活动的活跃也促进了外层空间国际法律制度的形成与发展。截至目前,联合国框架下的5部外层空间国际条约和多项据以规范和调整外空活动的决议、原则、宣言,构成了当前外层空间国际法律体系的核心内容。外层空间法是规范和调整在探索、开发、利用外层空间及天体的过程中出现的各类法律问题的法律规范的总和。作为国际法中的一项新兴的部门法,外层空间法的发展历史虽然较短,但在规范、调整国际法主体在开展外空活动过程中产生的权利、义务关系方面却发挥着重要的作用。而与此同时,由于国际社会对日新月异的空间科技和日益纷繁复杂的外空活动带来的诸多法律问题尚未能够形成统一的国际法律制度和规则,因此,外层空间法也还面临着一系列亟待解决的研究课题。

第一节　外层空间法的概念、特征与历史发展

一、外层空间法的概念

外层空间法的概念应有广义与狭义之分:狭义的外层空间法即“国际空间法”,是国际法的一个重要分支,用以规范和调整国际法主体之间在探索、开发、利用外层空间及天体的过程中形成的法律关系,是规制外空活动中出现的各类法律问题的

国际法律规范的总和;①广义的外层空间法则还应包括世界各国制定的据以规范和调整本国开展的外空活动的国内法(世界各国国内之“航天法”)。尽管广义与狭义的外层空间法在概念内涵上存在一定的差异,但由于实践中两者之间往往具有十分紧密的联系,因此不应将其完全截然分开。② 下文除主要介绍国际法层面的外层空间法律制度外,也将对世界主要空间国家的国内外层空间法律制度有所涉及。

需要注意的是,外层空间法规范和调整的地理领域(适用的地域范围)当然包括整个外层空间及天体,不过,外层空间法的调整对象并不限于发生在外层空间之中和天体之上的外空活动。实践中,绝大多数外空活动的开展均涉及地球表面和地球内部空气空间,例如,多数情况下运载火箭的发射都是自地球表面点火升空,并在穿越空气空间之后方才进入外层空间。由此,在对外层空间法的概念进行界定时,不应将其局限于“外层空间”这一地理领域,而是应当指向“外空活动”本身,③即外层空间法的调整对象应当为一切探索、开发、利用外层空间的外空活动,而不限于发生于外层空间的活动。

二、外层空间法的特征

外层空间法的特征主要包括:

其一,外层空间法的主体主要是国家和国际组织;其他非国家主体,包括自然人、法人、其他社会团体等,只有在本国政府的批准和持续监督下才能开展外空活动。④

其二,外层空间法的客体主要是外层空间的和平和良好的法律秩序。

其三,外层空间法的调整对象是世界各国为探索、开发、利用外层空间而开展的外空活动以及由此形成的各类法律关系。外层空间法通过规范和调整世界各国在探索和利用外层空间过程中的相互关系(权利、义务关系),保障外空和平和良好的法律秩序。

其四,外层空间法的渊源主要是国际条约。于 20 世纪六七十年代在联合国框架下通过的 5 部外层空间国际条约构成了现行外层空间国际法律制度的核心内容,

① 参见王铁崖主编:《国际法》,法律出版社 1995 年版,第 331 页。
② 参见王孔祥:《国际外层空间法和国内外层空间法的关系》,载《中国航天》2006 年第 11 期。
③ 参见李寿平、赵云:《外层空间法专论》,光明日报出版社 2009 年版,第 3 页。
④ 参见朱奇武:《中国国际法的理论与实践》,法律出版社 1998 年版,第 212 页。

包括1967年《外空条约》、1968年《营救协定》、1972年《责任公约》、1975年《登记公约》和1979年《月球协定》，均已正式生效。除了正式的国际条约之外，联合国大会于过去数十年间通过的多项有关外空活动的决议虽不具有法律拘束力，但同样对世界各国开展外空活动提供了十分重要的规范指引。

其五，外层空间法具有极强的实践性，是一门应用型的法律学科。当前，外层空间法还处于发展的早期阶段，其作为国际法的新分支，发展历史只有60余年，诸多制度和规则还有待不断完善。随着空间科技的进步和外空活动的拓展，外层空间法领域将不断涌现出新的法律问题，也将不断产生新的法律原则、规则和制度，外层空间法会随着人类外空实践活动的发展而发展，从而更有力地保障和促进外空活动的有序开展，造福于全人类。

三、外层空间法的历史发展

从自然科学意义上说，外层空间是指地球表面大气层以外的整个宇宙空间；从法律意义上说，外层空间是指国家主权管辖范围以外的整个空间及天体。

在漫长的人类文明史中，一直都不乏飞翔太空、遨游宇宙的幻想，中国民间广为流传的“嫦娥奔月”的美丽传说，就生动地反映了古人对自身所处的地球之外的广阔空间的向往，以及征服浩瀚无垠的未知宇宙的强烈愿望。经过几千年的遥望和追寻，曾经天马行空的幻想终于变成了现实。1957年10月4日，人类历史上的首颗人造卫星、苏联的“斯普特尼克1号”发射成功，标志着人类正式开启了“太空时代”。1958年1月31日，美国也成功地将“探险者1号”人造卫星发送上天。1961年4月12日，苏联宇航员加加林完成了历时1小时48分钟的载人航天飞行，成为世界上第一个进入太空的人。1969年7月20日，美国人阿姆斯特朗和奥尔德林乘坐“阿波罗1号”载人航天飞船历经4天的飞行抵达月球，阿姆斯特朗率先踏上月面，不仅成为了登月第一人，同时也实现了震惊世界的壮举。而今，经过60余年的蓬勃发展，人类对外层空间的探索和利用取得了卓著的成果——运载火箭发射、人造卫星应用、载人航天飞行、探月探火/深空探测、空间站建设等一系列外空科技的发明和应用，不仅将人类的生存空间由陆地、海洋、空气空间拓展至了外层空间这一“第四疆域”，还为人类的物质生活提供了丰富的自然资源和巨大的经济收益。根据联合国外空事务办公室的统计，截至2023年4月，已登记发射进入外层空间的空间物体达15,418个;[①]而根据国际航空联合会(The Fédération Aéronautique Internationale,FAI)的统计,全世界已进入过外层空间的宇航员达631人。[②]

空间科技的进步和外空活动的活跃也极大地促进了外层空间国际法律制度构建的发展。就在"斯普特尼克1号"人造卫星发射成功后不久,联合国大会即于1957年11月14日通过了第1148(Ⅻ)号决议,要求"为了保障外层空间物体的发射完全用于科学及和平目的,应共同研究一套监督制度"。1958年12月13日,联合国大会通过了第1348(ⅩⅢ)号决议,明确"外层空间是人类共同利益所在",强调"外层空间只能用于和平目的",并决定成立"和平利用外层空间特设委员会"。1959年12月12日,联合国大会通过了第1472(ⅩⅣ)号决议,决定将"和平利用外层空间特设委员会"改为常设机构,即联合国外空委,专门负责审查、研究和促进外空领域的国际合作,并下设法律小组委员会和科技小组委员会;其中,法律小组委员会负责逐步拟定和编纂有关外空活动的国际条约和其他法律文书草案,提交联合国外空委和联合国大会审议通过。[③] 数十年来,联合国外空委通过其积极的工作已经向联合国大会提交了一系列外层空间国际(法律)文件,其中经联合国大会通过的主要文件有:

(1)1963年通过的《外空宣言》;

(2)1966年通过的《外空条约》;

(3)1967年通过的《营救协定》;

(4)1971年通过的《责任公约》;

(5)1974年通过的《登记公约》;

(6)1979年通过的《月球协定》;

(7)1982年通过的《各国利用人造地球卫星进行国际直接电视广播所应遵守的原则》;

(8)1986年通过的《关于从外层空间遥感地球的原则》;

(9)1993年通过的《关于在外层空间使用核动力源的原则》;

(10)1996年通过的《关于开展探索和利用外层空间的国际合作,促进所有国家

---

① UNOOSA,Online Index of Objects Launched into Outer Space,https://www.unoosa.org/oosa/osoindex/search-ng.jspx?lf_id=.

② World Space Flight, Astronaut/Cosmonaut Statistics, https://www.worldspaceflight.com/bios/stats.php.

③ 参见李寿平、赵云:《外层空间法专论》,光明日报出版社2009年版,第2页。

的福利和利益，并特别考虑到发展中国家的需要的宣言》（以下简称《外层空间国际合作宣言》）。

上述国际条约构成了现行外层空间国际法律制度的核心内容，各项联合国大会决议则作为重要补充，由此为世界各国开展外空活动确立了一套必须遵守的国际法规范和行为准则。

第二节　外层空间国际条约体系

外层空间法的构成内容十分丰富，有联合国框架下的外层空间国际条约，有国际电信联盟、国际通信卫星组织、国际海事卫星组织等全球性的相关国际组织制定的国际协定，有欧洲空间局、亚太空间合作组织等专门性的区域性国际组织制定的区域办法，以及世界各国之间签订的有关发射服务、卫星应用、载人航天、深空探测、空间站建设等各类外空活动的多边或双边协定及其换文、谅解备忘录等。除此之外，部分发达空间国家针对本国外空活动制定的国内立法，如《美国航空航天法》《俄罗斯联邦航天活动法》《日本宇宙法》等，不仅是本国外层空间法的重要组成部分，同时也与国际外层空间法有着密切的联系。在现行外层空间国际法律制度中，居于核心地位的是联合国框架下的 5 部外层空间国际条约，即 1967 年《外空条约》、1968 年《营救协定》、1972 年《责任公约》、1975 年《登记公约》和 1979 年《月球协定》。

此外，值得指出的是，联合国大会于 1963 年 12 月 13 日通过的《外空宣言》虽然不具有法律拘束力，但由于其所宣示的各项基本原则几乎涵盖了彼时外空活动实践的各个方面，且均为此后的《外空条约》等正式的外层空间国际条约所吸收，因此，其在现行外层空间国际法律制度中同样具有十分重要的地位，可以被视为奠定了当代外层空间法的雏形。①

一、1967 年《外空条约》

1967 年《外空条约》于 1966 年 12 月 19 日经联合国大会通过，于 1967 年 1 月 27 日开放签字，并于同年 10 月 10 日生效。中国于 1983 年加入该公约。《外空条

---

① 参见蒋圣力：《联合国大会决议法律效力问题重探——以外层空间国际法治实践为例》，载《国际法研究》2020 年第 5 期。

约》全文共 17 条,内容着重于确立外层空间法的基本原则和构建外层空间法的基本制度,在整个外层空间国际法律制度中居于“宪章”的地位。除了全人类共同利益原则、平等自由原则、不得据为己有原则、国际合作原则、和平利用外空原则、保护外空环境原则等在后文中将重点阐述的外层空间法基本原则之外,该条约所规定的其他重要的外层空间法律制度如下。

1. 国家对宇航员的援助和送还义务

根据《外空条约》第 5 条的规定:首先,宇航员应当被视为“人类派往外层空间的使节”,国家对发生意外、遇难或紧急降落的宇航员应提供一切可能的援助,并应立即安全地将其送还所属国(其所搭乘的航天器登记国);其次,一国的宇航员在开展外空活动的过程中,应向其他国家的宇航员提供一切可能的援助;最后,国家应当将其在外层空间所发现的、可能对宇航员的生命或健康构成危险的任何现象,立即向其他国家和联合国秘书长进行通知。《外空条约》有关国家对宇航员的援助和送还义务的规定在此后的《营救协定》中得到了进一步的明确和完善。

2. 国家对本国一切外空活动负有国际责任(international responsibility)

根据《外空条约》第 6 条的规定:首先,国家对本国政府部门和非政府团体组织在外层空间开展的一切外空活动都应负国际责任,并应负责保证本国一切外空活动的开展符合本条约的规定;其次,针对本国非政府团体组织开展的外空活动,国家应负有批准和持续监督的国际责任(需要注意的是,此处所谓的“责任”实则更接近于“义务”的含义)。此外,国际组织在遵照本条约的规定开展外空活动的过程中,应由该国际组织及其成员国共同承担对其外空活动的国际责任。

3. 空间物体发射国对空间物体造成的损害负有国际赔偿责任(is internationally liable for)

根据《外空条约》第 7 条的规定:空间物体发射国(包括直接发射、促使发射,以及为发射提供领土或设备的国家)对空间物体及其组成部分在地球表面、空气空间和外层空间及天体对其他国家或自然人、法人造成的财产或人身损害,应负国际赔偿责任。《外空条约》有关空间物体发射国对空间物体造成的损害负有国际赔偿责任的规定在此后的《责任公约》中得到了进一步的明确和完善。

4. 空间物体登记国对空间物体及其所载人员享有管辖权和控制权

根据《外空条约》第 8 条的规定:首先,对发射进入外层空间的空间物体进行登记的国家,即空间物体登记国对留置于外层空间或天体的空间物体及其所载人员,仍应享有管辖权和控制权;其次,空间物体(包括降落于或建造于天体的空间物体)

及其组成部分的所有权归属，不因空间物体出现于外层空间或天体，或返回地球，而发生改变；最后，如果空间物体及其组成部分在其登记国境外被寻获，则寻获空间物体及其组成部分的国家可以在要求登记国提供证明资料的情况下，将空间物体及其组成部分进行返还。

二、1968 年《营救协定》

1968 年《营救协定》于 1967 年 12 月 19 日经联合国大会通过，于 1968 年 4 月 22 日开放签字，并于同年 12 月 3 日生效。中国于 1988 年加入该条约。《营救协定》全文共 10 条，从人道角度出发，规定了当宇航员发生意外事故、遇难或紧急降落时，应给予一切可能的援助，并迅速和安全地将其送回，以及归还失事的空间物体。

《营救协定》所规定的外层空间营救法律制度的具体内容将在后文中做详细阐述，此处首先着重明确其中两项重要的法律概念——“发射当局”及“宇航员”。

根据《营救协定》的相关规定，发射当局是寻获发生意外事故、遇难或紧急降落的宇航员和失事的空间物体的国家，对宇航员和空间物体进行送还的对象；同时，发射当局也是上述国家就有关宇航员和空间物体的信息进行通报的对象。而根据《营救协定》第 6 条的规定，所谓“发射当局”是指对空间物体的发射活动负责的国家或政府间国际组织；其中，如政府间国际组织作为发射当局，则应当遵守该协定所规定的权利、义务，且该国际组织的多数成员国应为该协定和《外空条约》的缔约国。

宇航员作为《营救协定》的缔约国履行援助和送还义务的对象，其概念的界定具有十分重要的意义，然而，《营救协定》却并未就“宇航员”的概念内涵作出明确的规定。并且，值得注意的是，《营救协定》的标题及其正文文本就“宇航员”分别采用了两种存在较大差异的表述——标题使用的表述为“astronaut”，即通常意义理解的“宇航员”，而正文文本使用的表述则为“personnel of spacecraft”，即“航天飞船上的人员”。对此，应当认识到“航天飞船上的人员”的概念范畴是明显宽泛于“宇航员”的，其不仅包含宇航员，还应包含执行特定任务的科学家等其他航天飞船上的工作人员；而宇航员之所以能够被《营救协定》确立为国家履行援助和送还义务的对象，正是因为其具备如《外空条约》第 5 条所称的“人类派往外层空间的使节”这一崇高地位。由此，实践中，除宇航员外的航天飞船上的其他人员，以及商业航天背景下参与商业航天旅行的太空旅客，能否成为《营救协定》所规定的应予援助和送还的对象,是值得探讨的。

三、1972 年《责任公约》

1972 年《责任公约》于 1971 年 11 月 29 日经联合国大会通过,于 1972 年 3 月 29 日开放签字,并于同年 9 月 1 日生效。中国于 1988 年加入该公约。《责任公约》全文共 28 条,明确了空间物体发射国对空间物体造成的损害后果所应承担的法律责任,并就具体的责任范围、责任主体、求偿主体、归责原则、求偿/担责途径、赔偿标准等作出了规定。由《责任公约》所确立的外层空间法律责任制度的具体内容将在后文中做详细阐述。

实践中,外空活动的开展可能造成的空间物体致害情形通常包括以下三种类型:一是空间物体对本国的国家财产或自然人、法人的人身或财产造成损害;二是空间物体对他国的国家财产或自然人、法人的人身或财产造成损害;三是空间物体对外层空间或地球内部环境造成损害。从《责任公约》的相关规定看,外层空间法律责任制度仅将因上述第二类致害情形产生的损害责任纳入其责任范围;而因上述另外两类致害情形产生的损害责任虽未被纳入由《责任公约》确立的外层空间法律责任制度的责任范畴,但对其仍可以根据一般国际法律责任制度(主要针对对外层空间或地球内部环境造成的损害)或相关国家的国内立法(主要针对对本国的国家财产或自然人、法人的人身或财产造成的损害)进行处置。

四、1975 年《登记公约》

1975 年《登记公约》于 1974 年 11 月 12 日经联合国大会通过,于 1975 年 1 月 14 日开放签字,并于 1976 年 9 月 15 日生效。中国于 1988 年加入该公约。《登记公约》全文共 12 条,旨在将空间物体登记确立为空间物体发射国需强制履行的国际法律义务——该公约序言明确"(盼望)在强制的基础上设置一个由联合国秘书长保持的射入外层空间物体总登记册","(相信)一种强制性的登记射入外层空间物体的制度,将特别可以帮助辨认此等物体,并有助于管理探索和利用外层空间的国际法的施行和发展"。由《登记公约》所确立的外层空间登记法律制度的具体内容将在后文中做详细阐述。

空间物体登记具有重要的作用和意义,旨在就空间物体的发射和运行情况形成科学系统的信息情报体系,是为确保外空活动有序开展、加强世界各国在外空活动中的协调与合作所不可或缺的前提保障,同时也是据以减少大规模杀伤性武器被发射进入轨道以及确认空间物体损害责任归属的重要依据。在《登记公约》生效之前,联合国大会还曾于1961年12月20日通过了第1721(XVI)号决议,"敦请发射物体进入轨道或超越轨道之国家迅速经由联合国秘书长向和平利用外层空间委员会提供信息,以便登记"。

五、1979年《月球协定》

1979年《月球协定》于1979年12月5日经联合国大会通过,于同年12月18日开放签字,并于1984年7月11日生效。中国至今未加入该协定。《月球协定》全文共21条,规定了月球和其他天体的法律地位,以及世界各国在探索和利用月球和其他天体的过程中所应遵守的各项重要法律原则;并且,该协定的各项条款规定不仅适用于对月球本身的探索和利用活动,还适用于对太阳系内除地球外的其他天体和月球轨道的探索和利用活动。

根据《月球协定》第2条的规定,国家在月球上开展的探索、利用等一切活动,都应依照国际法,尤其是遵守《联合国宪章》、《外空条约》以及1970年《国际法原则宣言》的相关规定。由此,结合上述各项国际法律文件的规定,《月球协定》就探测、利用月球和其他天体所确立的主要法律原则可以基本概括为:为和平目的探索和利用月球及其他天体原则;自由平等探索和利用月球及其他天体原则;探索和利用月球及其他天体的国际合作原则;全人类共同利益原则。①

事实上,与《外空条约》一样,《月球协定》也是重在对探索和利用外层空间和天体(月球及其他天体)应予遵守的外层空间法基本原则进行规定;并且,在重申《外空条约》所确立的各项基本原则的基础上,《月球协定》还对其中若干抽象模糊、语焉不详的原则的内容进行了明确(后文将结合《月球协定》的相关规定对各项外层空间法基本原则进行详细阐述),因而从立法技术的角度看,其较之《外空条约》是有一定的进步性的。不过,令人遗憾的是,虽然自通过至今已有40余年的时间,但截至2022年1月1日,《月球协定》仍仅有18个缔约国,且美国、俄罗斯、中国等世界主要空间国家均未加入该协定,②这就使该协定在外层空间法领域的法律拘束力范围实则十分有限,难以切实有力地为世界各国开展外空活动提供有效的规范

---

① 参见李寿平、赵云:《外层空间法专论》,光明日报出版社2009年版,第87~88页。

② UNOOSA, Status of international agreements relating to activities in outer space as at 1 January 2022, http://www.unoosa.org/oosa/en/ourwork/spacelaw/treaties/status/index.html.

指引。[①]

第三节 外层空间法基本原则与核心制度

一、外层空间法的基本原则

1963年《外空宣言》以联合国大会决议的形式首次宣示了世界各国在开展外空活动的过程中所应遵守的九项具体的基本原则。在此基础上,1967年《外空条约》作为外层空间法领域首部正式的国际条约,对《外空宣言》的相关内容作了进一步的补充和完善,并据此确立了外层空间法领域的各项基本原则。1979年《月球协定》的法律拘束力范围虽然十分有限,但该协定对各项外层空间法基本原则的具体内涵所作的深化和发展仍然具有重要的参考价值。结合上述国际条约和文件的相关规定,现对外层空间国际法律制度中的各项基本原则进行详细阐述。

(一)全人类共同利益原则

全人类共同利益原则是《外空宣言》第1条确立的外层空间法领域的首要基本原则——"探索和利用外层空间,必须为全人类谋福利和利益"。《外空条约》第1条第1款重申了全人类共同利益原则,并对其具体内涵加以明确——"探索和利用外层空间(包括月球和其他天体),应为所有国家谋福利和利益,而不论其经济或科学发展程度如何,并应为全人类的开发范围"。《月球协定》第4条第1款同样规定,月球的探索和利用应是全体人类的事情并应为一切国家谋福利,不问它们的经济或科学发展程度如何。应依照《联合国宪章》规定,并充分注意今世与后代人类的利益,以及提高生活水平与促进经济和社会进步和发展的需要。

根据全人类共同利益原则的要求,任何单方面的、不妥的顾及世界其他国家和全人类共同利益的探索、开发、利用外层空间的活动,都是与之相违背的。这就从相当程度上排斥了发达空间国家依赖空间科技和经济资源优势而垄断探索、开发、利用外层空间的各项利益,并为世界各国公平地分配外空利益提供了法律上的依据和保障。不过,由于尚未有任何一项正式的国际条约或文件就究竟何为"全人类"

---

① 国际社会主流观点认为,《月球协定》有关月球自然资源开发、利用法律制度的规定,尤其是对月球自然资源构成"人类共同继承财产"的定性及由此制定的相关规则,是世界多数国家,尤其是主要空间大国对该条约抱以质疑,以至于长期拒绝接受和参与的关键原因。参见赵云、蒋圣力:《外空资源的法律性质与权利归属辨析——兼论外空资源开发、利用之国际法律机制的构建》,载《探索与争鸣》2018年第5期。

（何者得以代表“全人类”）、何为为世界所有国家和“全人类”谋福利的具体路径和方法、何为关乎维护和促进“全人类”的外空利益的根本内容作出进一步的明确规定，因此，全人类共同利益原则在实践中的具体实现仍是存在一定的困难的。

（二）平等自由原则

《外空宣言》第 2 条规定：“各国都可在平等的基础上，根据国际法自由探索和利用外层空间及天体。”《外空条约》第 2 条同样规定：“所有国家可在平等、不受任何歧视的基础上，根据国际法自由探索和利用外层空间（包括月球及其他天体），自由进入天体的一切区域。”

根据上述相关规定，平等自由原则的内涵应是递进式的：首先，该原则强调世界所有国家（无论空间科技水平和经济资源实力如何）在开展对外层空间的探索、开发和利用的过程中，应当是相互平等且不受歧视的。其次，在首先确保平等和不受歧视的基础上，世界各国均得以自由地开展外空活动，并进入外层空间和天体的一切区域；当然，此处所称的“自由”并非绝对的、不受限制的，而是应当受到“根据国际法”的制约，也就是说，世界各国应当在国际法（主要为《联合国宪章》和《外空条约》等相关国际法律文件）允许的限度内行使自由开展外空活动的权利。

针对平等自由原则，还应认识到：该原则所保障的世界所有国家平等地、自由地探索和利用外层空间的权利，终究是停留在应然层面的；而在实然层面，一国能够在怎样的程度和范围内实际开展外空活动，以及进入外层空间和天体，必然是由该国的空间科技水平和经济资源实力等现实情况所决定的。由此，倘若一国囿于空间科技水平和经济资源实力所限而无法与发达空间国家一样“平等地”“自由地”开展外空活动，那么也不应将此视为与平等自由原则的要求相冲突。

（三）不得据为己有原则

《外空宣言》第 3 条规定：“外层空间和天体不能通过主权要求、使用或占领、或其他任何方法，被一国据为所有。”《外空条约》第 2 条规定：“各国不得通过主权要求、使用或占领等方法，以及其他任何措施，把外层空间（包括月球和其他天体）据为己有。”《月球协定》第 11 条第 2 款规定：“月球不得由国家依据主权要求，通过利用或占领，或以任何其他方法据为己有。”在此基础上，该协定第 11 条第 3 款进一步规定：“月球表面或表面下层或其任何部分或其中的自然资源均不应成为任何国家、政府间或非政府国际组织、国家组织或非政府实体或任何自然人的财产。”

根据不得据为己有原则的要求，外层空间（包括月球和其他天体）并非传统国际法意义上的无主地,国家不得通过先占的方式对其主张主权;并且,国家也不得通过主张主权,或通过使用、占领和其他任何方法,将外层空间及天体据为己有,即不得对外层空间及天体主张所有权。此外,需要注意的是,虽然《外空条约》第2条的规定仅否定了国家将外层空间及天体据为己有,而《月球协定》第11条第3款的规定还在此基础上进一步否定了国家和私人实体对外空自然资源的所有权主张,但是,由于《月球协定》的法律拘束力范围十分有限,其相关规定并无法约束实践中实际开展外空自然资源开发、利用的多数空间国家,因此,一般认为,应将由《外空条约》明文确立的不得据为己有原则理解为仅明确否定了国家将外层空间及天体据为己有。①

(四)国际合作原则

《外空宣言》第4条要求世界各国在探索和利用外层空间的过程中必须遵守国际法,以增进国际合作与了解;第6条要求国家在探索和利用外层空间时应遵守合作和互助的原则。《外空条约》不仅在序言中便将"在和平探索、利用外层空间的科学和法律方面促进广泛的国际合作"明文确立为了该条约的主要目的之一,还在第1、3、9条等具体条款中就促进外层空间国际合作予以了反复强调,足以构成对国际合作原则作为外层空间法领域的一项重要的基本原则的权威说明。并且,联合国大会还于1996年12月13日通过了题为《外层空间国际合作宣言》的第51/122号决议,进一步明确了外层空间国际合作在实际应用于外空活动实践的过程中所应具备的基本要素。

随着对外层空间的探索、开发和利用的不断深入,日趋纷繁复杂的外空活动也给国际社会带来了诸多共同性问题,关系到全人类的共同命运,反映了全人类的共同利益。外空活动发展的实践表明,对外层空间的进一步探索、利用已不应当并且也不可能仅仅依靠个别空间国家单独进行,而必须由世界各国通过开展国际合作共同予以实现。由此,国际合作原则之于外空活动发展的重要性和必要性不言而喻。不过,尽管国际合作原则作为外层空间法领域的一项重要原则得到了诸多国际条约和文件的明确肯定,但在具体实践中,外层空间国际合作仍然面临着诸多现实问题;其中,最为核心的一项是如何保障发展程度不同、外空科技水平参差的世界各国能够达成合作的合意,并能够通过开展国际合作,真正地平等从事外空活

① 参见赵云、蒋圣力:《外空资源的法律性质与权利归属辨析——兼论外空资源开发、利用之国际法律机制的构建》,载《探索与争鸣》2018年第5期。

动，并公平共享基于对外层空间的探索和利用而取得的利益。由此，对合作过程中的个体国家利益和国际社会的整体利益的恰当平衡，应当是为外层空间国际合作所必需的。①

（五）和平利用外空原则

《外空条约》第 4 条第 1 款规定："各缔约国保证：不在绕地球轨道放置任何携带核武器或任何其他类型大规模毁灭性武器的实体，不在天体配置这种武器，也不以任何其他方式在外层空间部署这种武器。"第 4 条第 2 款规定："各缔约国必须把月球和其他天体绝对用于和平目的。禁止在天体建立军事基地、设施和工事；禁止在天体试验任何类型的武器以及进行军事演习。"《月球协定》在第 3 条第 1 款明确要求"月球应供全体缔约国专为和平目的而加以利用"的基础上，第 3 条第 2、3、4 款进一步规定："在月球上使用武力或以武力相威胁，或从事任何其他敌对行为或以敌对行为相威胁概在禁止之列。利用月球对地球、月球、宇宙飞行器、宇宙飞行器或人造外空物体的人员实施任何此类行为或从事任何此类威胁，也应同样禁止。""缔约国不得在环绕月球的轨道上或飞向或飞绕月球的轨道上，放置载有核武器或任何其他种类大规模毁灭性武器的物体，或在月球上或月球内放置或使用此类武器。""禁止在月球上建立军事基地、军事装置及防御工事，试验任何类型的武器及举行军事演习。"

和平利用外空原则的确立之于保障世界各国在外层空间乃至地球内部的共同和平与安全的重要意义不言而喻。不过，尽管《外空条约》第 4 条第 1 款和《月球协定》第 3 条第 3 款均明确禁止了在外层空间及天体配置/放置/部署和使用武器系统，但其所禁止的"武器"的范围却仅限于核武器和其他大规模毁灭性武器；这就意味着，在外层空间及天体配置/放置/部署和使用除此之外的其他类型的武器系统的情形并未被明确禁止。由此可见，《外空条约》和《月球协定》对外层空间武器化的禁止在相当程度上是不完全、不彻底的。并且，虽然《月球协定》针对军事化利用月球及其轨道所作的禁止性规定是较为周全、严格的，但是，囿于该协定本身十分有限的法律拘束力范围，其在实践中仍不足以充分地保障和平利用外空原则的有效实现。是故，虽然和平利用外空原则已经得到了明文确立，但现行外层空间国际

① 参见蒋圣力：《"人类命运共同体"视角下中国空间站建设国际合作探析》，载《上海政法学院学报（法治论丛）》2020 年第 5 期。

条约在规制外层空间军事化、武器化方面仍然面临着较为严峻的困难和挑战。①

（六）保护外空环境原则

《外空条约》第9条规定，各缔约国从事研究、探索外层空间（包括月球和其他天体）时，应避免使其遭受有害的污染，以及引入地球以外的物质，使地球环境发生不利的变化。《月球协定》第7条第1款规定，各缔约国在探索和利用月球时，应采取措施，防止月球环境的现有平衡遭到破坏，不论这种破坏是由于月球环境中导致不利变化，还是由于引入环境外物质使其环境受到有害污染，或由于其他方式而产生。缔约国也应采取措施防止地球环境由于引入地球外物质或由于其他方式而受到有害影响。

实践中，外空活动的开展不可避免地会对外层空间环境和地球环境造成一定的破坏和有害影响，并尤以以下两种情形引发的环境问题最为突出：其一，空间物体对核动力源（核裂变反应产生的能量）的使用产生了大量的核粒子和放射性尘埃，其散布于外层空间不仅将对外层空间环境造成放射性污染，还可能因为对正常运行的空间物体的电子元件造成破坏而导致后者的损毁。并且，倘若使用核动力源的空间物体因故失事，其在重回大气层之后还极有可能对地球环境造成严重的放射性污染。例如，1978年1月24日，苏联“宇宙-954号”核动力卫星在因失控而坠毁之后，产生的大量带有核残留的空间碎片导致加拿大大奴湖和贝克湖地区10万平方千米的区域均被覆盖在了核污染的范围内。其二，随着越来越多的空间物体被发射进入外层空间，同样有越来越多因空间物体失效/被废弃而自然分解或因空间物体碰撞、爆炸而产生的空间碎片聚积在外层空间和地球轨道，不仅造成了外层空间环境和地球轨道结构的不利变化，还在相当程度上妨碍了此后人类对外层空间和地球轨道持续的正常利用（对人类进入空间的能力造成消极影响）。

由此可见，对外层空间环境（以及地球环境）的保护确实迫在眉睫。然而，尽管《外空条约》和《月球协定》明文确立了保护外空环境原则，并对其内涵作出了较为具体详细的规定，但是，由于缺乏有关因造成环境破坏和有害影响而应予承担的责任的规定，以及（主动）消除对环境的破坏和有害影响的义务的规定，保护外空环境原则尚未具备充分的强制力保障，仍有待进一步的发展完善。

---

① 参见蒋圣力：《外层空间军事化及其国际法规制的模式和路径》，载《北京理工大学学报（社会科学版）》2017年第1期。

二、外层空间法的核心制度

(一)登记制度

现行外层空间法律制度中的登记制度主要是由1975年《登记公约》中的相关规定确立的,其主要内容包括以下4点。

1."发射国"的概念

根据《登记公约》第1条(c)项的规定,仅空间物体的发射国得以对空间物体进行登记,进而成为空间物体的登记国。而根据《登记公约》第1条(a)项的规定,所谓"发射国"包括直接发射空间物体的国家、促使发射空间物体的国家,以及从其领土上发射空间物体的国家和从其设备上发射空间物体的国家共四类国家。

2.国内登记制度

根据《登记公约》第2条的规定,空间物体的发射国应当在本国国内设置登记册,就本国所发射的空间物体的相关信息进行登记,并向联合国秘书长报告设置这一国内登记册的情况。至于发射国在国内登记册中进行空间物体登记的具体内容,可以由该国自行决定。

3.国际登记制度

根据《登记公约》第3条的规定,空间物体的发射国应将本国所发射的空间物体的相关信息向联合国秘书长进行报告,而联合国秘书长则应设置一份登记册,对世界各国发射空间物体的信息进行登记。空间物体的发射国向联合国秘书长报告的信息,即联合国秘书长进行登记的信息,应根据《登记公约》第4条的规定进行确定;联合国秘书长设置的登记册中的信息应当充分公开,听任国际社会查阅。

4.国际登记的具体信息

根据《登记公约》第4条第1款的规定,空间物体的发射国应当在"切实可行的"范围内向联合国秘书长提供以下有关其所发射的空间物体的信息,以便联合国秘书长登记入册:其一,空间物体发射国或多数发射国的国名;其二,空间物体的适当标志或其登记号码;其三,空间物体发射的日期和地域或具体地点;其四,空间物体的基本轨道参数,包括波节周期、倾斜角、远地点、近地点等。此外,根据《登记公约》第4条第2、3款的规定,空间物体的发射国还应将除上述信息外的其他登记在本国国内登记册中的信息向联合国秘书长进行提交;而倘若本国所发射的、曾进行过登记且原在地球轨道内的空间物体已"不复存在",那么空间物体的发射国则还应将这一情况向联合国秘书长进行通知。

(二)营救制度

现行外层空间法律制度中的营救制度主要是由1968年《营救协定》中的相关规定确立的,其主要内容包括以下3点。

1. 缔约国的通知义务

根据《营救协定》第1条的规定,倘若缔约国在其管辖领域内,或在公海上,或在不属于任何国家管辖之下的任何其他地方,发现宇航员遭遇意外事故,或正遭受危难,或作紧急降落,则应立即(秉承诚信原则,不应有任何延误)向宇航员所搭乘的空间物体的发射当局以及联合国秘书长进行通知(在无法查明空间物体的发射当局,或无法立即与空间物体的发射当局进行通信的情况下,则应以一切适当的方式进行公开宣告);联合国秘书长在接到通知后,应以一切适当的方式就上述信息向国际社会进行传播。

2. 缔约国的营救义务

根据《营救协定》第2条的规定,倘若遭遇意外事故,或正遭受危难,或作紧急降落的宇航员出现在一缔约国管辖领域之内,则该缔约国应立即采取一切可能步骤进行援救,并提供一切必要协助;同时,该缔约国还应将所采取的援救步骤及其进展情况向宇航员所搭乘的空间物体的发射当局和联合国秘书长进行通知。倘若空间物体的发射当局的协助将有助于实现迅速援救,或对搜寻和援救有较大帮助,则发射当局应与缔约国进行合作;发射当局在合作过程中应接受缔约国的指挥管制,而缔约国也应与发射当局保持密切的、持续的会商。根据《营救协定》第3条的规定,倘若遭遇意外事故,或正遭受危难,或作紧急降落的宇航员出现在公海或不属于任何国家管辖之下的任何其他地方,则有能力提供协助的缔约国应于必要时为搜寻和援救宇航员提供协助,并将所采取的协助步骤及其进展情况向宇航员所搭乘的空间物体的发射当局和联合国秘书长进行通知。

对比《营救协定》第2条和第3条的规定可以发现,该协定针对遭遇意外事故,或正遭受危难,或作紧急降落的宇航员出现在缔约国管辖领域内与否的不同情形,相应地为缔约国设立的援救义务的要求和程度也存在显著的不同——倘若宇航员出现在缔约国管辖领域内,则缔约国负有十分严格的援救义务,须立即采取一切可能步骤进行援救,并提供一切必要协助;而倘若宇航员出现在公海或不属于任何国家管辖之下的任何其他地方,则缔约国所负有的援救义务的要求和程度大幅降低,仅须在"有能力提供协助"的情况下,于必要时为搜寻和援救宇航员提供协助(从这一意义上看,此时缔约国实则并不负有必须援救的义务,而仅负有为搜寻和援救提供协助的义务)。

3. 缔约国的送还义务

根据《营救协定》第 4 条的规定,缔约国对在本国管辖领域之内,或在公海或不属于任何国家管辖之下的任何其他地方发现的遭遇意外事故,或正遭受危难,或作紧急降落的宇航员,应安全地、迅速地将其送还至所搭乘的空间物体的发射当局。根据《营救协定》第 5 条第 1、2、3 款的规定,缔约国对在本国管辖领域之内,或在公海或不属于任何国家管辖之下的任何其他地方发现的已经返回地球的空间物体及其组成部分,应通知空间物体的发射当局和联合国秘书长;在空间物体及其组成部分位于缔约国管辖领域内的情况下,倘若空间物体的发射当局提出请求并提供协助,则缔约国应采取其认为适当可行的步骤,对空间物体及其组成部分进行搜寻;当空间物体的发射当局提出请求,缔约国应将寻获的空间物体及其组成部分送还当事国,而在送还之前,缔约国可以要求发射当局提供证明资料,以证明空间物体及其组成部分系发射当局所有。根据《营救协定》第 5 条第 4 款的规定,倘若缔约国有理由相信所寻获的空间物体及其组成部分具有危险或毒害性质,即应通知空间物体的发射当局,而空间物体的发射当局则应在缔约国的指挥和管制下,采取有效步骤消除空间物体及其组成部分可能造成的损害。

对比《营救协定》第 4 条和第 5 条相关条款的规定可以发现,该协定针对宇航员和空间物体及其组成部分这两类不同的送还对象,分别为缔约国设立了截然不同的送还义务——针对宇航员,缔约国应当主动地将其送还,并且是安全地、迅速地进行送还;而针对空间物体及其组成部分,缔约国则仅在经发射当局请求的情况下方才进行搜寻和送还,即被动地进行送还。此外,《营救协定》第 4 条并未就缔约国为送还宇航员而产生的费用应由何者承担作出明确的规定(实践中,该笔费用通常由缔约国和空间物体的发射当局通过协议进行分摊);而根据《营救协定》第 5 条第 5 款的规定,缔约国为送还空间物体及其组成部分而产生的费用则应全部由发射当局承担。

(三)法律责任制度

现行外层空间法律制度中的法律责任制度主要是由 1972 年《责任公约》中的相关规定确立的,其主要内容包括以下 6 点。

1. 外层空间法律责任的责任范围

根据《责任公约》第 1 条(a)项的规定,由该公约确立的外层空间法律责任制度适用于因开展外空活动(而由空间物体)造成的以下两类损害所引发的法律责任——人身损害(生命丧失,身体受伤或健康之其他损害)和财产损害(国家或自然人或法人财产或政府间国际组织财产之损失或损害)。同时,结合《责任公约》第 2、3 条的规定,外层空间法律责任的责任范围限于因以下三类损害情形引发的法律责任:其一,空间物体对地球表面造成的人身损害或财产损害;其二,空间物体对正在空气空间航行的航空器造成的人身损害(针对航空器上所载人员)或财产损害;其三,空间物体对由他国发射的、同样位于外层空间或天体的其他空间物体及其所载人员造成的人身损害或财产损害。至于实践中因开展外空活动(而由空间物体)造成的其他类型的损害所引发的法律责任,虽然未被纳入外层空间法律责任的责任范围,但仍可以根据一般国际法律责任制度和相关国家的国内立法进行处置。

此外,《责任公约》第 7 条还规定了空间物体对下列人员造成的损害不适用该公约(由此类损害引发的法律责任不在外层空间法律责任的责任范围之内):其一,空间物体对发射国本国国民造成的损害;其二,空间物体对在该空间物体自发射至回收降落期间参与相关操作的外国国民造成的损害,以及对应发射国邀请而身处空间物体的预定发射或回收地区邻近的外国国民造成的损害。

2. 外层空间法律责任的责任主体

根据《责任公约》第 1 条(c)项的规定,通常情况下,外层空间法律责任的责任主体应为造成损害后果的空间物体的发射国。在此基础上,《责任公约》第 4、5、22 条还分别规定了各类特殊情况下的外层空间法律责任的责任主体的确定。根据第 4 条的规定,倘若一国的空间物体对由他国发射的、同样位于外层空间或天体的其他空间物体及其所载人员造成了损害,并由此又对第三国的国家或其自然人、法人造成了损害,则由在前的两个空间物体的发射国共同对第三国或其自然人、法人承担连带及个别责任。根据第 5 条的规定,在两个或两个以上国家共同发射同一空间物体的情况下,由该空间物体造成的损害所引发的法律责任,由全体发射国共同承担连带及个别责任。根据第 22 条的规定,倘若从事外空活动的政府间国际组织(且其过半数成员国系《外空条约》和《责任公约》缔约国)发射的空间物体造成了损害后果,则由该组织及该组织中作为《责任公约》缔约国的成员国为此共同承担连带及个别责任。

3. 外层空间法律责任的求偿主体

根据《责任公约》第 8 条的规定，下列国家或自然人、法人得以对造成损害后果的空间物体的发射国主张求偿（要求造成损害后果的空间物体的发射国承担相应的法律责任）：其一，直接遭受空间物体损害的国家；其二，直接遭受空间物体损害的自然人、法人；其三，直接遭受空间物体损害的自然人、法人的国籍国；其四，自然人、法人遭受空间物体损害的损害行为发生地所在国；其五，直接遭受空间物体损害的自然人、法人的永久居所地所在国。

4. 外层空间法律责任的归责原则

根据《责任公约》第 2 条的规定，当空间物体对地球表面造成人身损害或财产损害，以及对正在空气空间航行的航空器造成人身损害或财产损害时，空间物体的发射国应为此承担绝对责任，即无论发射国是否具有过错，均须承担损害所引发的法律责任（赔偿责任）。而根据《责任公约》第 6 条的规定，一方面，倘若造成损害后果的空间物体的发射国证明，损害全部或部分是因遭受空间物体损害的国家或其自然人、法人的重大疏忽或故意的作为/不作为导致的，则发射国可以根据具体程度全部或部分免予承担赔偿责任；另一方面，倘若空间物体造成的损害后果是因空间物体的发射国违反国际法，尤其是违反《联合国宪章》和《外空条约》的行为导致的，则无论在何种情况下，均不应免除发射国的赔偿责任。

根据《责任公约》第 3 条的规定，空间物体对由他国发射的、同样位于外层空间或天体的其他空间物体及其所载人员造成人身损害或财产损害时，空间物体的发射国应为此承担过错责任，即仅在发射国具有过错的情况下，方才应承担损害所引发的法律责任（赔偿责任）。针对何为此处所称的“过错”，学界一直存在“主观过错论”和“客观过错论”的不同观点。对此，应当认识到：国家作为抽象的人的集合，其主观态度往往是难以考察的，是故，对空间物体发射国是否具有主观过错的认定将是十分困难的；相较之下，在空间物体发射国具有客观过错（客观行为违反法定义务/不符合合理行为标准/对合法权益造成侵害）的情况下，认定其存在过错并据此要求其承担相应的赔偿责任，显然是更加适当的。

5. 外层空间法律责任的求偿/担责途径

根据《责任公约》第 9 条的规定，遭受空间物体损害的国家得以通过外交途径向空间物体的发射国提出承担损害赔偿责任的请求。根据《登记公约》第 11 条的规定，首先，遭受空间物体损害的一国自然人、法人得以请求其国籍国或其他相关国家通过外交途径为其向空间物体的发射国提出承担损害赔偿责任的请求，而无须事先用尽一切当地救济办法(区别于一般外交保护制度中的"用尽当地救济原则"的要求)。其次,遭受空间物体损害的国家或其自然人、法人得以向空间物体发射国的国内法院、行政法庭或其他有关机关提出承担损害赔偿责任的请求;不过,倘若国家已经就所受损害向空间物体发射国的国内法院、行政法庭或其他有关机关提出了赔偿请求,那么便不得再依据《责任公约》或其他国际协定,就同一损害提出赔偿请求。此外,《责任公约》第14~20条还就成立一个专门的赔偿问题委员会作为解决遭受空间物体损害的国家与空间物体发射国之间关于损害赔偿责任的争议的方法作出了详细的规定。

6. 外层空间法律责任的赔偿标准

根据《责任公约》第12条的规定,空间物体的发射国为空间物体造成的损害后果承担的损害赔偿责任的具体额度,应当依照国际法及公正与衡平原则进行确定;并且,空间物体的发射国所应实际承担的损害赔偿责任,应以使遭受空间物体损害的国家或其自然人、法人恢复到损害未发生前的状态(恢复原状)为限。

第二章

外层空间军事化利用的国际法规制

当外层空间对于人类不再遥不可及时,部分拥有先进空间科技的空间国家在巨大的经济、资源和战略利益的驱使下,开始竞相拓展其在外层空间的"势力版图"。由此,在对外层空间的探索、开发和利用为人类文明的进步做出积极贡献的同时,世界各国对外层空间的控制权的争夺,以及日益频繁且形式越发多样的外空活动的开展,也引起了国际社会的诸多矛盾、冲突;在这之中,外层空间军事化利用应当是对全人类福祉和国际和平与安全的影响最为深刻的一项。

应当认识到,与空间科技日新月异的高速发展难相适应的是,当前旨在对探索、开发、利用外层空间的外空活动进行规范和调整的国际法律制度的滞后性相当严重,不仅未能对新近由新型空间科技引发的法律问题做出及时的应对,对诸多长期普遍开展的外空活动的法律规制也存在不足和欠缺。这一点在外层空间军事化利用(外层空间武器化)和外层空间武装冲突的国际法规制方面尤为突出。

外层空间虽然是国家主权管辖范围之外的"无主(国家主权)之地",但探索、开发、利用外层空间的外空活动却不应当是不受法律规范和调整的"法外之地";同时,基于对外层空间的探索、开发和利用关乎全人类的共同福祉的重要性,外空活动更应当受到国际法的有效规制,以契合国际法治的要求。由此,确有必要对当前已受到国际社会广泛关注的外层空间军事化利用和已初现端倪的外层空间武装冲突及其相关法律问题进行深入研究,以期能够在一定程度上"预见性地"就应当如何对此进行有效的国际法规制予以明确。

第一节　外层空间军事化利用的理论与实践概述

诚如有学者指出的,在大多数方面,人类探索、开发、利用外层空间的历史实际上就是外层空间军事化利用的历史,①并且,由于实践中几乎所有应用于探索、开发、利用外层空间的设施、设备均可以直接或者在经过改装后被军事化利用,②因此,在人类开展外空活动的伊始,外层空间军事化利用就已经成为普遍现实。③ 而当前,随着空间科技的高速发展,在国家战略利益的推动下,外层空间武器化和部分空间国家之间的外空军备竞赛也愈演愈烈,从而不仅使外层空间武装冲突初现端倪,还更使"外空战"(space warfare)的爆发和外层空间作为未来战争的主导战场的情境的出现成为可能。

一、外层空间军事化利用的概念内涵

自美国与苏联分别于1959年和1962年发射军用照相侦察卫星起,外层空间军事化利用的序幕就已经被拉开。并且,随着空间科技被越发广泛地应用于军事领域,不仅"冷战"期间,外层空间成为美、苏军备竞赛的必争之地,"冷战"终结之后,世界各空间国家在外层空间的军事化活动也从未偃旗息鼓。不过,当前既有的以外空活动法律关系作为调整对象的外层空间国际立法,以及内容涉及对外空活动的规制的其他国际(法律)文件,则均未就"军事化"的定义做出明确的界定,而部分空间国家为了粉饰其特定的外空军事化活动的合法性和合理性,也往往会各自对"军事化"做出迎合本国外空军事化战略需要的不同解释。是故,截至目前,国际社会尚未能够就"外层空间军事化利用"的内涵形成统一的认识。

在国际学界,有学者认为"外层空间军事化利用"应当是相对于"外层空间武器化"的一个概念,指的是利用外空资源支持和增强传统军事力量的作战效能,或者

---

① See Major Ramey, *Armed Conflict on the Final Frontier*: *The Law of War in Space*, Air Force Law Review, Vol. 48, p. 6.

② 参见黄嘉:《外层空间军事利用的伦理困境》,载《自然辩证法研究》2007年第12期。

③ 诚如有学者指出的,"人类的航天技术首先即被应用于军事领域"。参见李寿平:《21世纪空间活动新发展及其法律规制》,法律出版社2016年版,第152页。

为军事目的(包括通信、电子侦察、空中照相侦察、气象监控、预警和导航等)使用外空资源;易言之,外层空间军事化利用是指军事化利用外空资源。而与之相对的,外层空间武器化则是指,在外层空间发展和部署武器,或者以外层空间为目标在地面发展和部署武器。[①] 由此,外层空间武器化的核心即在于对包括反卫星武器和反弹道导弹武器等在内的外空武器的发展和部署。

在中国学界,对于"外层空间军事化利用"的概念内涵较为一致的理解是,其应当是指具有军事目的或者军事服务性质的利用或者穿越外层空间,或者直接发展和部署外空武器。[②] 具体而言,外层空间军事化利用应当包含以下两方面内容:其一,为军事目的利用人造卫星的图像侦察、电子侦察、海洋监测、气象观测、通信、预警和导航等功能,支持和增强己方以地球(包括陆地、海洋和大气层)为基地的常规武器系统和陆、海、空军的作战效能;其二,发展和部署以外层空间为基地的(天基)外空武器,以打击或摧毁对方在陆地、海洋和大气层中的目标或损害其正常功能,或者发展和部署以地球为基地的(地基)外空武器,以打击或摧毁对方的外空目标或损害其正常功能。[③] 据此,相较于前述国外学者对外层空间军事化所做的狭义理解,中国学界对外层空间军事化所采的则是广义的概念内涵,既包含了狭义的外层空间军事化利用的内容,也包含了外层空间武器化的内容。

对此,笔者认为,上述中国学界对于"外层空间军事化利用"的内涵的理解实则是将其区分为了两方面的内容,这是与实践中各空间国家所从事的外空军事化活动的实际情形相适应的。具体而言:

一方面,从前述美、苏两国在20世纪60年代前后便开始使用军用照相侦察卫星,以及美军在两次海湾战争、科索沃战争和阿富汗战争中,大量使用专门的军用卫星和平时民用、战时军用的军民两用卫星为其提供各类资源、信息等实例看,[④]利用人造卫星支持和增强地基武器系统和海、陆、空军的作战效能,是外层空间军事化利用在形成之初就出现的,并且至今仍然相当活跃的一种表现形式。

另一方面,美国自20世纪末开始从事的一系列外空军事化活动,即部署或者研

---

① See Matthew Mowthorpe, *The Militarization and Weaponization of Space*, Lexington Books, 2004, p. 1.

② 参见贺其治:《外层空间法》,法律出版社1992年版,第295页。

③ 参见贺其治、黄惠康主编:《外层空间法》,青岛出版社2000年版,第198页。

④ See Jessica West, *The Space Security Index: Changing Trends in Space Security and the Outer Space Treaty*, Celebrating the Space Age: 50 Years of Space Technology, 40 Years of the Outer Space Treaty – Conference Report, 2 – 3 April 2007, 119 (2007), p. 124.

发地基(陆基、海基、空基)或者天基的外空武器系统,主要包括反卫星武器和反弹道导弹武器等,[①]则开辟了外层空间军事化的另一表现形式——外层空间武器化——既包括部署地基外空武器系统和在外空部署这一武器系统的情形,也包括研发、乃至进而建立天基外空武器系统的情形。[②] 而这同时也正是"发展和部署以外空为基地的武器系统,或从陆、海、空发射穿越外空的武器"所指的情形。

此外,值得关注的是,随着空间科技的不断进步,美国于近年来还开始了对临近空间飞行器和武器系统的大力开发和研制,已先后实施了空天飞机(NASP)计划、高超声速技术(HyTech)计划、X-51 高超声速试验飞行器计划,以及高速打击导弹(HISSM)计划和快速反应导弹演示(ARRMD)计划。临近空间(near-space)虽然介乎地球内部空气空间与外层空间之间,但由于临近空间武器系统在客观上必然将对地球和外层空间产生直接的军事效果,因此,其应当同样构成外层空间武器化的一种表现形式。

由此,当前外层空间军事化利用的现状是,利用人造卫星支持和增强地基武器系统和海、陆、空军的作战效能,即人造卫星的军事化利用,已经成为普遍现实;而部署或者研发地基或者天基外空武器系统,即外层空间武器化,也已经成为部分具备发达空间科技的空间国家外空军事化战略的重要组成部分。[③] 是故,无论是军事化利用人造卫星的情形,还是外层空间武器化的情形,均是为"外层空间军事化利用"的内涵所包容的:前者是外层空间军事化利用的初级表现形式,所达到的军事效果一般是被动的、不具有攻击性的;而后者则可以被视为外层空间军事化利用的高级表现形式,通常是为了达到主动的、具有攻击性的军事效果。

---

① 当前,美国的一体化反弹道导弹武器系统主要由拦截系统、探测系统和指挥控制系统构成。其中,拦截系统主要包括地基中段拦截系统、宙斯盾系统和末段高空区域拦截系统等;探测系统则主要包括早期预警雷达、国防支援计划卫星、空间跟踪和监视系统等。从反导能力来看,美国的反弹道导弹武器系统已经基本完成了预定的部署目标,具备了对洲际弹道导弹、中远程弹道导弹的初步的和立体的防御能力,并为其改进、扩大部署奠定了基础。参见吴鹏主持:《美国反导系统:大杀器还是大败笔?》,中央电视台"新闻眼"节目,https://tv.cctv.com/2016/02/19/VIDEhvzAKPaPqFFg8zL2IXDr160219.shtml。

② 当前,美国的地基和天基外空武器系统(主要为天基反导弹激光武器)的部署和研发均已经付诸行动。并且,在美国的引导下,日本和欧洲部分国家也已经开始着手部署或者研发地基或者天基外空武器系统。例如,日本自 2007 年起就已开始从美国全面引进导弹防御系统。参见欧叶:《陆海齐头并进 日本本土导弹防御系统雏形"乍现"》,载中国日报网,http://www.chinadaily.com.cn/hqgj/2007-12/04/content_6298074.htm。

③ 参见李寿平、赵云:《外层空间法》,光明日报出版社 2009 年版,第 155 页。

二、外层空间军事化利用的实践发展：外层空间武装冲突

应当认识到，至少在物质条件层面，外层空间武装冲突的发生是以外层空间军事化利用的发展为前提的——只有当外层空间军事化利用的发展达到了足以实现利用外层空间或者在外层空间中开展武装冲突的程度和水平，外层空间武装冲突方才得以被付诸实践。由此，外层空间武装冲突与外层空间军事化利用在概念内涵上也应当是高度关联的——前者可以被视为后者的各项具体情形在武装冲突中的实际表现。

如前所述，外层空间军事化利用的概念内涵应当同时包含狭义的外层空间军事化利用以及外层空间武器化两方面的内容，即既包括军事化利用外空资源和人造卫星的情形，也包括发展和部署外空武器的情形。[①] 由此，又因为外层空间军事化利用旨在为外层空间军事行动的开展创造物质条件，而外层空间军事行动的最高形态又表现为外层空间武装冲突，[②]因此，基于对外层空间武装冲突与外层空间军事化利用在概念内涵上的关联性的认识，外层空间武装冲突的概念内涵应当也同样包含以下两方面内容：一是在武装冲突中利用外空资源和人造卫星支持和增强己方以地球为基地的常规武器系统和军队的作战效能，二是在武装冲突中使用地基或者天基外空武器对对方位于地球或者外空的目标进行攻击。

结合上述外层空间武装冲突的概念内涵，从各空间国家开展外层空间军事行动的实际情况看，外层空间武装冲突的实践发展可以被划分为以下三个阶段：第一阶段是在武装冲突中利用外空资源和人造卫星增强己方的作战效能；第二阶段是在武装冲突中使用地基外空武器对对方的外空目标进行攻击；第三阶段是在武装冲突中使用天基外空武器对对方位于地球或者外空的目标进行攻击。当前，外层空间武装冲突的第一阶段已经形成了诸多相当典型的实践，同时，部分空间国家也已经具备了开展第二阶段外层空间武装冲突的能力，并在积极为开展第三阶段外层空间武装冲突进行准备。

（一）军事化利用人造卫星

爆发于 1990～1991 年的第一次海湾战争被国际社会普遍视为人类历史上的首

---

① 参见蒋圣力：《外层空间军事化及其国际法规制的模式和路径》，载《北京理工大学学报（社会科学版）》2017 年第 1 期。

② 参见梁洁：《外层空间军事利用国际法问题探析》，载《西安政治学院学报》2016 年第 2 期。

场外空战争(the first space war),而其中著名的"沙漠风暴行动"更是因为在武装冲突中首次综合应用了军事化外空系统(主要为人造卫星)并由此决定了整场战争的局势,而被评价为"外层空间武装冲突发展史上的分水岭"。[①] 在这场战争中,美军利用70余颗人造卫星构建了外空侦察监测、外空通信保障、外空气象保障和外空定位导航等军事化人造卫星系统,为己方地基常规武器系统和军队提供了重要的信息和技术支持,极大地增强了己方的作战效能。

此后,在科索沃战争、阿富汗战争和伊拉克战争期间,北约军队和美军更加广泛地将人造卫星应用于军事侦察、军事通信、军事导航、导弹预警和空中袭击等军事行动和武装冲突中,从而将军事化利用人造卫星由战略层面深化至了战术和战役层面。[②] 由此,基于诸如上述的典型实践,有学者指出,军事化利用人造卫星已经成为当前外层空间军事意义的集中体现,是外层空间武装冲突最为突出的表现形式。[③]

(二)发展地基外空武器

当前,地基反卫星武器和地基反弹道导弹武器是部分空间国家着力发展的两类最为主要的地基外空武器,并且均已达到了被应用于实战的水平,[④]从而使尽管尚未出现将地基外空武器实际应用于武装冲突的实践,但部分空间国家已经切实地具备了在武装冲突中使用地基外空武器攻击对方外空目标的能力。

例如,美国空军于1976年起即开始重点发展地基直接上升式动能反卫星武器系统,并于1985年成功进行了首次拦截卫星的飞行试验。此后,美军还先后于1989年、1996年和1997年开始分别发展反卫星导弹动能杀伤拦截器、新型聚酯板反卫星导弹,以及中红外激光反卫星武器等地基反卫星武器,并且,上述地基反卫星武器均已达到了实战水平。[⑤] 又如,自克林顿政府于1999年发布国家导弹防御法案,以及小布什政府于2002年退出《限制反弹道导弹系统条约》起,美军地基反弹道导弹武器系统便开始迅猛发展,空基反导弹防御系统(Theater Missle Defence,

---

① Vincent Kieman, *War Tests Satellites' Prowess: Military Space Systems Put to Work during Desert Storm Conflict*, Space News, 2001-1-27.

② 参见朱军:《外层空间作战的国际法问题研究》,国防科技大学2007年硕士学位论文,第9页。

③ 参见楼春豪:《关于太空军事化的若干思考》,载《亚非纵横》2008年第6期。

④ 参见王孔祥:《太空军备竞赛对外层空间法的挑战》,载《武汉大学学报(哲学社会科学版)》2005年第3期。

⑤ 参见苑立伟、杨建军、阳家宏:《美国反卫星武器综述》,载《中国航天》2004年第10期。

TMD)、陆基和海基反导弹防御系统(National Missle Defence,NMD)等地基反弹道导弹武器系统的部署均已被付诸行动。①

(三)研发天基外空武器

尽管较之上述第一阶段和第二阶段,外层空间武装冲突的第三阶段,即在武装冲突中使用天基外空武器的阶段方才显露端倪,尚未形成任何实践或者达到实战水平,但是,部分空间国家已经开始致力于将外层空间打造成为继陆地、海洋和大气层之后的"第四战场",并通过加快研发天基外空武器,为在外层空间使用天基外空武器以直接开展武装冲突进行准备。

20 世纪末至 21 世纪初,美国空军便在空军总部建立起了"外空军事行动指挥部"(Space Operations Directorate),并启用了两个与之相应的作战部门——第 76 外空控制中队(Space Control Squadron)和第 527 外空攻击中队(Space Aggressor Squadron)——分别负责探查外空军事漏洞和开展外空武装冲突。② 2019 年 12 月 11 日和 17 日,美国众议院、参议院先后通过《2020 财年国防授权法案》,授权成立美国天军(U. S. Space Force,USSF);20 日,时任美国总统特朗普正式签署法案,标志着美国天军的正式成立。

截至目前,美军已经开始了对多种天基外空武器的研发,主要包括天基激光武器、天基粒子束武器、天基高能微波武器,以及天基动能武器等。③ 而根据美国外空司令部(U. S. Space Command)于 1998 年发布的"外空军事发展战略长期规划"("2020 规划"),上述部分天基外空武器在 2020 年时即应当"有望形成战斗力"。④

三、外层空间军事化利用的法律属性与法理基础

1967 年《外空条约》序言和第 4 条第 2 款有关"为和平目的而探索和利用外层空间""专为和平目的使用月球和其他天体"的规定,构成了外层空间法领域的一项重要的基本原则——和平利用外空原则。不过,由于"为和平目的(利用)"的表述是较为抽象性的,其内涵边界相当模糊,因此,截至目前,国内外学界不仅在和平利用外空原则与外层空间军事化利用之间的关系是否是完全对立的、排斥的这一核

① 参见李寿平、赵云:《外层空间法专论》,光明日报出版社 2009 年版,第 152 页。

② See Thomas Ricks,*Space Is Playing Field for Newest War Game*:*Air Force Exercise Shows Shift in Focus*,Washington Post,2001 - 1 - 29.

③ 参见梁宏涛、胡英俊、阳罗章:《天基武器逐鹿太空》,载《国际太空》2001 年第 10 期。

④ U. S. Space Command,Long Range Plan,"U. S. Space Command Vision for 2020" (1998).

心问题上未能达成一致意见，同时还由此就外层空间军事化利用的全部实践情形是否均应当被否定的问题形成了不尽相同的观点。

同时，基于上文对外层空间武装冲突的实践发展所做的阐述可以推知，尽管当前实践中的外层空间武装冲突还处于在武装冲突中通过军事化利用人造卫星以增强己方作战效能的初级阶段，但是，部分空间国家着力发展具备实战水平的地基外空武器和加快研发天基外空武器的事实却足以表明，在外层空间军事化已经成为现实的背景下，在武装冲突中使用地基或者天基外空武器的高级阶段的外层空间武装冲突、乃至“外空战”的爆发都是不可避免和无法回避的。[①] 由此，确有必要将外层空间武装冲突这一必将发生的事实行为置于法律层面进行定性，并对其在国际法上的合法性进行探究，即明确外层空间武装冲突的法律性质和法理基础，这是进一步探究与其相关的其他各项法律问题的必要前提。

（一）外层空间军事化利用的合法性辨析

在学界，支持外层空间军事化利用的观点认为，和平利用外空原则仅排斥具有侵略性的外层空间军事化利用的情形，而非为侵略目的所开展的外空军事化活动在该原则下则应当是被允许的。由此，无论是军事化利用人造卫星，还是外层空间武器化，只要其在具体实践中不具有侵略性，并且未被现行外层空间国际法律制度或其他相关的国际法律文件明文禁止，那么便均是与和平利用外空原则相符的，是不应当被否定的。[②] 为此，有学者还提出了所谓的“不可避免性”（inevitability）、“易受损害性”（vulnerability）和“控制”（control）理论以论证：由于对外层空间本身充分的、有效的控制是实现外层空间和平与安全的基础，而控制又必须依赖军事力量加以保障，因此，军事化利用人造卫星以支持和增强军事力量，以及部署或者研发地基或者天基外空武器系统作为军事力量的一种手段，均是合理的、正当的。[③]

与之针锋相对的是，否定外层空间军事化利用的观点则认为，由于“限制使用武力或武力相威胁”这一普遍适用于一切国际法领域的基本原则已经明确禁止了

① See Jackson Maogoto & Steven Freeland, *The Final Frontier: The Laws of Armed Conflict and Space Warfare*, Connecticut Journal of International Law, 2007 – 2008, Vol. 23, p. 183.

② See Robert L. Bridge, *International Law and Military Activities in Outer Space*, Akron Law Review, Vol. 13(4), 1979/1980, p. 664.

③ See Andrew T. Park, *Incremental Steps for Achieving Space Security: The Need for a New Way of Thinking to Enhance the Legal Regime for Space*, Houston Journal of International Law, Vol. 28(3), 2005/2006, p. 902 – 903.

一切具有侵略性的军事化活动，因此，从《外空条约》等外层空间法律文件的立法旨意看，作为特别国际法的外层空间法之所以一再地特别重申和平利用外空原则，显然是为了表明该原则所禁止的除已经为上述一般国际法原则禁止的具有侵略性的外空军事化活动外，还应当包括任何军事化利用外层空间的情形。此外，根据其他相关的国际法律文件就“为和平目的”的原则所作的解释，例如，《南极条约》第 1 条的规定等，[①]该原则也应当被理解为禁止“一切具有军事性质的措施”。是故，无论具有侵略性与否，外层空间军事化利用的全部情形均应当被否定。[②]

在笔者看来，上述两种对和平利用外空原则做出了截然相反的理解的学界观点，实际上均在一定程度上扩大或者限缩了该原则应然的内涵边界，并且导致了其对于以该原则为依据决定的外层空间军事化利用的全部实践情形是否均应当被否定的认识也不尽周全。

由于在实践中，几乎所有应用于探索、开发、利用外层空间的设施、设备均可以直接或者在经过改装后被军事化利用，并且，使用某一设施、设备的本意究竟是否是(非)军事化的这一主观问题往往难以认定，因此，倘若一概地否定任何具有或者可能具有军事目的和军事服务性质的外空活动，那么反而会对外空活动的正常发展造成妨碍。[③] 是故，全盘否定外层空间军事化利用在实践层面上首先就并不可行。同时，更为重要的是，和平利用外空原则实际上也并不排斥军事化利用人造卫星的情形，而外层空间武器化的情形方才是无论是否具有侵略性而均应当被否定的。这是因为：

首先，从相关外层空间国际条约和其他相关的国际法律文件的规定看，仅外层空间武器化的情形被国际法所明文禁止——《外空条约》第 4 条第 2 款禁止在天体上建立军事基地、军事设施和工事，试验任何类型的武器和进行军事演习，即外层空间武器化中的研发和部署天基外空武器系统的情形；而该条第 1 款要求的不在绕地球轨道放置任何携带核武器或任何其他类型大规模毁灭性武器的实体，不在天体配置这种武器，也不以任何其他方式在外层空间部署此种武器，则是对外层空间武器化中的在外空部署武器系统的情形的禁止。同样地，1979 年《月球协定》第 3

① 一般认为，空间探索、开发、利用方面的“为和平目的”的原则首见于《南极条约》第 1 条的规定，而《外空条约》中的和平利用外空原则即是对上述《南极条约》规定的借鉴。

② See Thomas C. Wingfield, *Legal Aspects of Offensive Information Operations in Space*, United States Air Force Academy Journal of Legal Studies, Vol. 9, 1998/1999, p. 129.

③ 参见黄嘉：《外层空间军事利用的伦理困境》，载《自然辩证法研究》2007 年第 12 期。

条第 3、4 款的规定也重申了对上述外层空间武器化的情形的禁止。

而与之相对的,《月球协定》除禁止外层空间武器化的情形外,其第 3 条第 2 款还禁止在月球上的其他使用武力或以武力相威胁的情形,但是,由于人造卫星的军事化利用本身并不具有攻击性,不致构成使用武力或者以武力相威胁,因此其并不在上述条款规定的禁止之列。同时,通常情况下,专门的军事卫星和平时民用、战时军用的军民两用卫星的无线电业务和通信均是依照国际电信联盟的规定进行登记和运行的,而根据国际电信联盟总秘书处于 1982 年 11 月 6 日制定的《国际电信公约》第 35 条的规定,人造卫星的无线电业务和通信不得受到有害干扰。由此,从这一意义上看,军事化利用人造卫星的情形还是为国际法所允许并且受到其保护的。

其次,从人造卫星的军事化利用和外层空间武器化的具体实践情况看,一方面,诚如有学者指出的,有限度的外层空间军事化利用不仅不会与和平利用外空原则相背离,而且还将在维持国际和平与安全的诸多方面发挥积极的作用。[①] 对此,在笔者看来,人造卫星的军事化利用就应当属于上述将发挥积极的作用的外层空间军事化利用的情形——例如,在 2001 年阿富汗战争中,美军先后动用 35 颗侦察卫星通过对阿富汗全境进行全天候的图像侦察和电子侦察,帮助美军充分地掌握了基地组织和塔利班的兵力、武器等部署情况,并且准确地引导了作战部队的攻击。此外,军事化利用人造卫星还可以对核武器研发和核试验进行实时监测,而这也已经成为当前国际社会监督和督促有关国家遵守核不扩散的国际法义务的主要手段。由此,又因为打击恐怖主义和防止核扩散是维持国际和平与安全的重要内容,所以,上述军事化利用人造卫星的情形不仅是必要的、有益的,同时也是与和平利用外空原则相符合的。

然而,另一方面,外层空间武器化却在部分空间科技发达的空间国家中引发了外空军备竞赛,从而不仅加剧了有关国家之间的紧张关系,更使外层空间被作为了陆、海、空之外的第四个战场以及使外空战争的爆发成为可能。此外,使用地基外空武器系统或者部署在外层空间的武器系统对人造卫星等空间物体进行攻击,还将进一步加重空间碎片问题,并且由此对其他各类外空活动的正常开展和国际社会之于开展外空活动的共同利益造成巨大的威胁乃至严重的损害。[②]

综上所述,根据和平利用外空原则,外层空间军事化利用中的军事化利用人造

① 参见赵海峰:《外空武器化与国际法治》,载《学习与探索》2011 年第 2 期。

② 参见聂资鲁:《外层空间军备控制与国际法》,载《甘肃政法学院学报》2007 年第 4 期。

卫星的情形是应当为国际法所允许的，而外层空间武器化的情形则无论是否具有侵略性，均应当被否定。由此，现行外层空间国际法律制度也应当对上述外层空间军事化利用的不同情形加以区分，并据此在对其的规制上相应地采取不同的模式——针对军事化利用人造卫星的情形，应当对其目的、用途和实际操作的方式、手段予以进一步明确规定，确保其始终在促进国际和平与安全的限度内行事，从而在保障其合法性基础的前提下，提升其合理性和可接受性；而针对外层空间武器化的情形，则应当予以明令禁止，即禁止实施一切外层空间武器化活动，并且终止已经付诸实践的相关活动。

（二）外层空间武装冲突的法律性质与法理基础

1. 外层空间武装冲突的法律性质

就前述外层空间武装冲突的概念内涵所包含的两方面内容而言，其中在武装冲突中使用地基或者天基外空武器对对方目标进行攻击的情形当然地应当构成国际法意义上的“使用武力”，并相应地受到有关国际法规范的规制。这是因为：

虽然《联合国宪章》第 2 条第 4 项在确立限制使用武力或以武力相威胁的国际法基本原则的同时，并未对“武力”的含义做出明确的界定，不过，通说认为，所谓“武力”应当是指“武装力量”，而“武装力量”所称的“武装”则应当被解释为“装配和使用武器装备”；这就使无论武器的样式、形态如何，但凡装配和使用了武器，那么便均将形成武装，并进而构成“使用武力”。① 由此，在外层空间武装冲突中，无论被应用于实战的是诸如反弹道导弹武器等具有物理上的攻击性和破坏性的武器，还是诸如天基高能微波武器和天基动能武器等不完全具备传统武器特征的新型武器，由于其均是将对对方目标造成实际的损害后果的武器，因此便均应当构成包括上述《联合国宪章》中的相关规定等在内的国际法规范所指的“使用武力”。

那么，外层空间武装冲突的概念内涵所包含的并不直接使用武器的另一方面内容，即在武装冲突中军事化利用人造卫星增强己方作战效能的情形，又是否同样构成国际法意义上的“使用武力”？对此，应当认识到，长期以来，囿于《联合国宪章》和其他相关国际法规范的明文规定的缺失，学界对于“武力”的含义是否应当除了“武装力量”之外还包括“其他非武装力量形式的胁迫”这一问题始终存在争议。例如，有学者认为，对于“武力”的含义的理解应当结合特定的国际关系背景和相应

---

① 参见朱雁新：《计算机网络攻击构成“使用武力”之分析》，载《西安政治学院学报》2011 年第 4 期。

的国际形势需要;而由于在当前的国际关系中,对一国施加政治或者经济上的胁迫完全可能对该国的领土完整和政治独立造成与使用武装力量等同的损害后果,因此,“武力”的含义应当包括政治和经济上的胁迫。[①]

不过,在笔者看来,根据诸多涉及“武力”的含义的国际法实践,对于“武力”的含义仍然应当以做狭义理解为宜,即其应当仅指武装力量。一方面,早在1945年旧金山制宪会议期间,个别国家提出的将“武力”的含义扩大理解为包括经济上的胁迫的提议就已被投票否决,并且,联合国大会和安理会的多个决议虽然都曾将政治和经济胁迫视为对国际和平与安全的危害,但同时也均明确表示不认为上述形式的胁迫得以被纳入“武力”的范畴。[②] 另一方面,在“尼加拉瓜军事和准军事案”中,国际法院也倾向于对“武力”的含义做狭义理解,并指出对于其他非武装力量形式的胁迫的问题,可以将其置于不干涉内政原则项下进行处理。[③]

当然,“武力”的含义应当仅指武装力量,而“使用武力”应当只得由使用武器的情形构成,并不意味着外层空间武装冲突中的不直接使用武器的军事化利用人造卫星的情形便无法构成“使用武力”。这是因为:虽然国际法院在“尼加拉瓜军事和准军事案”中否定了以提供武器、后勤或者其他支持的形式对作战单位的协助构成“武力攻击”(armed attack),但其同时也明确指出,诸如上述的协助应当得以被视为“使用武力”(use of force)。[④] 并且,由于如前所述,在武装冲突中对人造卫星的军事化利用不仅已经形成了较为丰富的实践,同时还极大地增强了己方的作战效能,甚至决定了战争的局势,因此,诚如有学者指出的,虽然军事化利用人造卫星作为对作战单位的协助并不直接使用武器,但基于其为己方带来的军事利益和对对方造成的损害后果足以与使用武器相比拟的客观现实,其同样应当构成国际法意义上的“使用武力”。[⑤]

---

① See Belatchew Asrat, *Prohibition of Force under the UN Charter: A Study of Art.* 2(4), Iustus Förlag, 1991, p. 127.

② 参见许光建主编:《联合国宪章诠释》,山西教育出版社1999年版,第45页。

③ “Military and Paramilitary Activities in and against Nicaragua” (Nicaragua v. United States of America), Judgement of 27 June 1986, International Court of Justice, at para. 205.

④ “Military and Paramilitary Activities in and against Nicaragua” (Nicaragua v. United States of America), Judgement of 27 June 1986, International Court of Justice, at para. 195.

⑤ 参见毛国辉、刘宗胜:《国家战略利益拓展下太空作战的国际法分析》,载《上海市经济管理干部学院学报》2014年第6期。

2. 外层空间武装冲突的法理基础

在明确了外层空间武装冲突的法律性质，即其概念内涵所包含的两方面内容均构成国际法意义上的“使用武力”的基础上，应当进一步对其法理基础进行探究——通过对外层空间武装冲突是否与一般国际法和外层空间法中有关使用武力的法律原则、规则相适应进行考察，以明确其作为一项“使用武力”的现实情形，是否具备国际法上的合法性。

《联合国宪章》作为当今国际社会最具普遍性的国际法规范，毋庸置疑是当代国际法律体系的基石，其所确立的各项国际法原则和规则应当适用于包括外层空间法在内的国际法的各个领域。而尽管在 1945 年旧金山制宪会议通过《联合国宪章》之初，国际社会可能确实不曾设想其中的规定将在未来被适用于外层空间，不过，诚如有学者指出的，基于《联合国宪章》中的规定已经被广泛适用于诸多新兴领域的事实，并没有理由对其在外层空间的适用予以排除。[①] 并且，在外层空间法领域具有“宪章”地位的 1967 年《外空条约》第 3 条也明确规定，对外层空间的探索、开发和利用应当依照国际法，尤其是《联合国宪章》进行。由此，对外层空间武装冲突的法理基础的探究，应当重点考察其是否符合《联合国宪章》有关使用武力的国际法原则和规则。

《联合国宪章》有关使用武力的国际法原则和规则的核心，便是前述《联合国宪章》第 2 条第 4 项确立的限制使用武力或以武力相威胁原则。该原则要求联合国成员国在处理国际关系的过程中不得非法使用武力，但同时也并不禁止合法使用武力的情形，即基于联合国安理会的授权（包括授权区域组织或者区域办法）使用武力，为行使自卫权使用武力，以及殖民地、半殖民地人民为争取民族独立而使用武力。[②] 由于实践中尚未出现联合国安理会授权开展外空武装冲突的情形，并且，外层空间武装冲突与集中爆发于 20 世纪中后叶的非殖民化运动也显然难以产生关联，因此，能否在外层空间行使自卫权并以此作为限制使用武力原则的例外，应当是确定外层空间武装冲突具备国际法上的合法性与否的主要依据。

针对能否在外层空间行使自卫权这一问题，实务界与理论界之间存在较大的分歧。长期以来，联合国外空委始终倾向于否定空间国家得以在外层空间行使自

① See Major Ramey, *Armed Conflict on the Final Frontier: The Law of War in Space*, Air Force Law Review, 2000, Vol. 48, p. 62.

② 参见王虎华主编：《国际公法学》（第 4 版），北京大学出版社 2015 年版，第 57 页。

卫权,[①]而下设于联合国裁军谈判会议的防止外层空间军备竞赛特设委员会也基于其据以设立的特定目的而反对自卫权在外层空间的行使,认为倘若肯定了空间国家在外层空间的自卫权,那么便会加剧其对外空武器的发展和部署,从而对防止外空军备竞赛造成妨碍。[②]

与之相对的,有学者则认为,由于限制使用武力原则对国家在处理国际关系上使用武力的禁止,当然地包含对针对他国的人造卫星或者所开展的外空活动使用武力的禁止,因此,在一国的人造卫星或者其所开展的外空活动受到外来武力攻击时,该国也相应地应当得以行使自卫权。[③] 另有学者认为,基于部分外空武器瞬时即可对一国造成巨大的损害后果的事实,国家不仅应当得以在外层空间行使自卫权,而且还应当得以在尚未实际受到武力攻击但有“绝对的证据”证明将要受到武力攻击的情况下,预先部署对应的外空武器,以便在之后受到武力攻击时能够进行及时有效的自卫。[④]

对此,笔者认为,由于限制使用武力原则与行使自卫权的例外情形均是由《联合国宪章》中的明文规定(分别为第 2 条第 4 项和第 51 条)确立的有关使用武力的国际法原则和规则,因此,根据前述 1967 年《外空条约》第 3 条的规定,其应当共同为空间国家在开展涉及使用武力的外空活动,尤其是外层空间武装冲突时遵照执行;而有关自卫权的国际法规则在外层空间的适用即意味着,空间国家应当得以在外层空间行使自卫权。同时,不仅《联合国宪章》等一般国际法规范和《外空条约》等外层空间法规范均未明文禁止自卫权在外层空间的行使,部分空间国家和国际组织出台的外空法律政策,例如,欧盟于 2008 年提出的《外空活动行为准则草案》(以下简称 ICOC 草案)和美国国防部发布的多份航天政策法令等,还主张外层空间自卫权应当是一项固有权利和自然权利,并且,基于外层空间武力攻击显著的瞬时

---

① See D. Goedhuis, *An Evaluation of the Leading Principles of the Treaty on Outer Space of* 27th *January* 1967, Netherland International Law Review, 1968, Vol. 15, p. 36.

② 根据联合国大会决议 A/RES/39/59,联合国裁军谈判会议设立防止外层空间军备竞赛特设委员会的目的是促成一项或者多项有关防止外层空间军备竞赛的一切方面的协定的谈判,参见 The General Assembly, “Prevention of an arms race in outer space”, A/RES/39/59, 12 December 1984。

③ 参见毛国辉、刘宗胜:《国家战略利益拓展下太空作战的国际法分析》,载《上海市经济管理干部学院学报》2014 年第 6 期。

④ See Timothy L. H. Mccormack, *Self – Defense International Law: the Israelli Raid on the Iraqi Nuclear Reactor*, St. Martin’s Press, 1996, p. 126 – 127.

性和严重的破坏性，外层空间自卫权相应地还应当是一项“先发制人的”权利。[①] 由此，完全地否定自卫权在外层空间的行使不仅尚且缺乏国际法规范的明文规定作为依据，而且还可能使部分空间国家在维护本国的国家安全和外空利益方面处于被动的不利地位。

是故，自卫权应当得以在外层空间行使，并且，自卫权在外层空间的行使应当得以作为外层空间武装冲突的法理基础，使其对武力的使用具备国际法上的合法性。不过，与此同时，基于对自卫权的行使而开展外层空间武装冲突也不应是任意的，而应当遵循比例原则这一规范自卫权行使的国际习惯法规则。比例原则在“尼加拉瓜军事和准军事案”以及“威胁使用或使用核武器的合法性”咨询意见中得到了国际法院的肯定，该原则要求为反击所受到的武力攻击而进行的自卫应当在规模和程度上限于以实现目的为限的合理范围。[②]

具体及于为自卫而开展外层空间武装冲突：首先，开展外层空间武装冲突的手段应当符合比例，应当仅在对方以使用外空武器的手段实施武力攻击的情况下，方才得以通过使用外空武器进行自卫。其次，开展外层空间武装冲突的结果应当符合比例，不仅应当仅在对方对己方外空目标实施武力攻击时方才为自卫而攻击对方外空目标，还应当在已经达到消除所受到的武力攻击的目的的情况下，立即停止继续开展外层空间武装冲突。

第二节　外层空间军事化利用国际法规制的既有实践

当前，国际社会对外层空间军事化利用的规制主要依靠现行外层空间国际条约、其他相关国际规则，以及主要空间国家国内法等路径予以落实。在取得一定成效的同时，上述各项路径也因为诸多内在不足和外来干扰而无法充分实现对外层空间军事化利用的切实有效的法律规制。

一、现行国际条约对外层空间军事化利用的规制

当前，以外空活动法律关系为调整对象的专门性国际条约，以及内容涉及对外空活动的规制的其他国际条约（包括《联合国宪章》），构成了外层空间法的主要法

① 参见程群、何奇松：《国际太空行为准则——博弈与前景》，载《国际展望》2013 年第 5 期。
② 参见余民才：《自卫权适用的法律问题》，载《法学家》2003 年第 3 期。

律渊源,而以条约文本为表现形式的国际条约法律规则也就相应地成为现行国际法框架下规制外层空间军事化利用的主要法律依据。除了前述《外空条约》第 4 条和《月球协定》第 3 条的规定之外,另有多部国际条约或者条约中的相关规定明确了对外层空间军事化利用的规制。例如,于 1963 年 10 月 10 日生效的《禁止在大气层、外层空间和水下进行核武器试验条约》是在《外空条约》之前的、国际社会首部就外层空间军事化利用的法律规制做出明文规定的国际条约。在《限制反弹道导弹系统条约》自生效起直至美国单方面退出的近 30 年,国际社会中有数十部裁军和核不扩散国际条约与之挂钩,由此使该条约第 5 条有关禁止研制、试验或者部署地基和天基反弹道导弹武器的规定成为对外层空间军事化利用,尤其是外层空间武器化进行规制的国际条约法律规则中的一项重要内容。不过,从上述国际条约的文本内容及其实践情形看,其对外层空间军事化利用的规制实则还是存在较为明显的不足和难以克服的困难的。

(一)现行国际条约存在的不足

尽管前述《外空条约》第 4 条第 1 款明确地禁止了外层空间武器化中的在外层空间部署武器系统的情形,不过,在该条款禁止之列的"武器"的范围却仅限于核武器和其他大规模毁灭性武器——这就意味着,在外层空间部署除了上述武器之外的其他类型的武器系统的情形不仅不受该条款的规制,更不为该条款所禁止。由此可见,《外空条约》对外层空间武器化的情形的禁止在相当程度上是不完全和不彻底的;无独有偶,这一问题还出现在《月球协定》第 3 条第 3 款的规定中,并且同样使该条约也似为在月球及其相关轨道部署武器系统留下了可乘之机。①

同时,虽然《月球协定》有关规制在月球及其相关轨道从事军事化活动的规定被认为是迄今为止最为细致和严格地对外层空间军事化利用进行规制的国际条约法律规则,但是,截至目前,批准、加入或者签署该条约的国家之于整个国际社会仅是极少数,并且其中多数国家也并不具有基本的空间科技,尚不能实际地参与到对外层空间的探索、开发和利用中。② 是故,该条约在规制外层空间军事化利用,尤其是禁止月球及其相关轨道的武器化活动方面所发挥的作用实际上是十分有限的。

---

① 参见阎忻:《试论外层空间军事活动法律规则的发展》,载《西安政治学院学报》2012 年第 6 期。

② 截至 2022 年 1 月 1 日,《月球协定》仅有 18 个缔约国和 4 个签署国;并且在上述国家中,仅个别国家已经具备了探索、开发、利用外层空间的空间科技。UNOOSA, Status of international agreements relating to activities in outer space as at 1 January 2022, 参见 http://www.unoosa.org/oosa/en/ourwork/spacelaw/treaties/status/index.html。

此外，前文提及的世界各国政府和学界对由上述国际条约确立的和平利用外空原则这一外层空间法基本原则所作的不同理解，以及由此在是否应当否定外层空间军事化利用的全部情形这一问题上形成的相互对立的立场，也在实践中严重地妨碍了国际条约法律规则规制外层空间军事化利用的有效性。①

（二）完善现行国际条约面临的困境

有学者提出，鉴于既有的国际条约法律规则尚且无法充分地、有效地对外层空间军事化利用，尤其是外层空间武器化进行规制的现状，应当加紧完善相应的外层空间国际立法，具体措施包括：重新审查前述《外空条约》和《月球协定》有关禁止从事外层空间武器化活动的规定的明确性和充分性，加快对《月球协定》的签署和批准程序，并进一步完善《外空条约》第 4 条及其相关规定。②

对此，笔者认为，由于国际条约法律规则基于成文的、明示的文本内容可以就如何对外层空间军事化利用进行规制做出清晰的、准确的规定，因此，倘若能够切实地对既有的国际条约法律规则进行修正或者制定新的规则，那么也确实可以为规制外层空间军事化利用，尤其是禁止外层空间武器化活动提供最为直接、明确的国际法依据。不过，实践中，无论是修正既有的国际条约法律规则还是制定新的规则，均面临着好似难以克服的困难。这是因为：

毋庸讳言地，通过国际条约法律规则实现国际法对国际关系中的某一领域的规制，是世界各国、尤其是在该领域具有优势的大国的意志的协调一致。由此，在外层空间领域，若要建立一项旨在规制外层空间军事化利用的国际条约法律制度，并使其有关禁止外层空间武器化活动的规定能够被实实在在地付诸于实践，便必须依赖于中国、俄罗斯、美国等空间科技发达的空间国家对此达成共识。③

对此，就当前的现实情况看，中国和俄罗斯等多数空间国家长期以来一直致力于推动关于禁止外层空间武器化活动的国际谈判和进行相应的国际立法，例如，中、俄于 2002 年联合向联合国裁军谈判会议提交了题为"防止在外空部署武器和对外空物体使用或者威胁使用武力的未来国际法律协议的可能要素"的工作报

---

① 参见吴芳：《外空军事行动对外空法带来的挑战》，载《河北法学》2007 年第 1 期。

② 参见李寿平：《外层空间的军事化利用及其法律规制》，载《法商研究》2007 年第 3 期。

③ See Nina Tannenwald, *Law Versus Power on the High Frontier: The Case for a Rule – Based Regime for Outer Space*, Yale Journal of International Law, Vol. 29, 2004, p. 381 – 382.

告,[①]并在之后又于2008年正式向裁军谈判会议提交了《防止在外空放置武器、对外空物体使用或威胁使用武力条约》草案(以下简称PPWT草案)等。[②] 然而,由于在苏联解体之后,国际社会不再有能够在外空军备竞赛方面钳制美国的力量,因此,为了最大化地追求其在外层空间的军事利益,美国便以"防控外空军备竞赛尚不紧迫"等理由一再地拒绝就相关问题进行国际谈判,从而使裁军谈判会议关于规制外层空间军事化,尤其是禁止外层空间武器化活动的谈判始终未能取得实质性的进展,甚至还在20世纪末一度陷入瘫痪的状态。[③] 针对上述PPWT草案,美国在其向裁军谈判会议提交的分析报告中也同样以实质义务和可核查性存在不足为理由提出了反对,[④]并由此使裁军谈判会议因为未能符合协商一致原则而无法就该草案展开谈判。

是故,一方面,由于截至目前,倡导禁止外层空间武器化活动的国家与坚持实施外层空间武器化活动的国家在相关问题上的沟通仍然如同"聋子之间的对话",[⑤]因此,无论是修正既有规则还是制定新的规则以完善国际条约法律规则对外层空间军事化利用的规制,均是漫长的、艰巨的,而难以及时地应对当前正呈现出扩散趋势的外层空间武器化的情形。与此同时,另一方面,倘若多数支持禁止外层空间武器化活动的国家不经少数持反对意见的国家的同意,而根据国际条约有关生效或者修改的规定,制定新的规则或者修正既有的规则,那么即便相应的国际条约法律规则的文本内容得到了完善,其拘束力也仍然十分受限,并且难以起到切实地规制外层空间军事化利用,尤其是禁止外层空间武器化活动的作用,甚至还将因为事实上仅约束本身就不实施外层空间武器化活动或者根本上并未参与对外层空间的探索、开发、利用的国家,却不约束实际实施外层空间武器化活动的国家,而导致歧视性对待的结果。[⑥]

---

① "Possible Elements for a Future International Legal Agreement on the Prevention of the Deployment of Weapons in Outer Space, the Threat or Use of Force against Outer Space Objects", CD/1679.

② "Draft Treaty on Prevention of the Placement of Weapons in Outer Space and of the Threat or Use of Force against Outer Space Objects", CD/1839.

③ 参见王君:《防止外空武器化问题及其前景评估》,载《现代国际关系》2002年第12期。

④ "Analysis of the Draft Traety on Prevention of the Placement of Weapons in Outer Space and of the Threat or Use of Force against Outer Space Objects", CD/1847.

⑤ 参见赵海峰、李晶珠:《外空军事化的法律学说评析》,载《学术交流》2013年第3期。

⑥ See Alex B. Englehart, *Common Ground in the Sky: Extending the* 1967 *Outer Space Treaty to Reconcile U. S. and Chinese Security Interests*, Pacific Rim Law & Policy Journal, Vol. 17, 2008, p. 153.

二、有关国际规则对外层空间军事化利用的规制

在现行国际条约的基础上,联合国与世界各主要空间国家、国际组织还积极尝试通过在联合国框架内制定有关国际规则以加强对外层空间军事化利用的规制,其中较为典型的除了前述中、俄联合推动的 PPWT 草案之外,还主要包括在联合国框架内起草的《外层空间活动中的透明度和建立信任措施》专家组报告(以下简称 TCBMs 报告)、联合国外空委科技小组委员会设立的外空活动长期可持续性(Long – Term Sustainability of outer space activities,LTS)工作组拟定的《外空活动长期可持续性准则》(以下简称 LTS 准则),以及欧盟发布的 ICOC 草案。上述各项国际规则在组织架构、思维模式和内容形式等方面均具有各自较为鲜明的特征,在体现了国际社会致力于抑制外层空间军事化利用蔓延的整体趋势的同时,也相对客观真实地反映了不同主体之于规制外层空间军事化利用的不同利益诉求和主张。

(一)PPWT 草案

中国和俄罗斯先后于 2008 年 2 月 12 日和 2014 年 6 月 10 日共同向联合国裁军谈判会议提交了两份 PPWT 草案。在提交 PPWT 草案之前,中、俄就已向联合国裁军谈判会议提交过多份关于规制外层空间军事化利用、防止外空军备竞赛的文件,例如,2001 年 6 月 5 日由中国代表提交的《关于防止外空武器化国际法律书要点的设想》①,以及 2004 年 8 月 24 日联合国裁军谈判会议第 966 次全体会议上,由中、俄代表共同散发的两份"非文件"(non – paper)"现有国际法律文件与防止外空武器化问题"和"外空法律文书的核查问题"②等。

中、俄于 2014 年提交的经修订的 PPWT 草案正式提出通过谈判达成一项新的国际法律文件以防止外空军备竞赛和规制外层空间军事化(武器化)的主张。③ 与 2008 年版本的 PPWT 草案相比,2014 年版本的草案删除了对"外层空间"的概念所作的界定,而保留了"外空物体"、"在外空的武器"、"放置在外空"、"使用武力"或

---

① The Conference on Disarmament, "Letter Dated 2001/06/05 from the Permanent Representative of China Addressed to the Secretary – General of the Conference on Disarmament Transmitting a Working Paper Entitled 'Possible Elements of the Future International Legal Instrument on the Prevention of the Weaponization of Outer Space'", CD/1645, 6 June 2001.

② The Conference on Disarmament, "Report of the Conference on Disarmament to the General Assembly of the United Nations", CD/1744, 7 September 2004.

③ 吕佳:《中俄共同提交"外空条约"新草案》,载中央政府门户网,http://www.gov.cn/xinwen/2014 – 06/11/content_2698467.htm。

“武力威胁”等概念。其中,“在外空的武器”被界定为“位于外空、基于任何物理原理,经专门制造或改造,用来消灭、损害或干扰在外空、地球上或大气层物体的正常功能,以及用来消灭人口和对人类至关重要的生物圈部分或对其造成损害的任何装置”。① “使用武力”或“威胁使用武力”则被界定为“对象为外空物体,包括旨在摧毁、破坏以及暂时或永久性地损害外空物体的正常功能,以及蓄意改变其轨道参数,或威胁采取这些行动”。②

由此可见,2014 年版本的 PPWT 草案关于武力使用的禁止性规定一方面是有意识地针对“天基外空武器”,而另一方面则又以“外空物体”作为保护对象,对相关使用武力和威胁使用武力的行为予以了否定,旨在从禁止外空武器和保障空间资产安全两个方面同时对外空军备竞赛的扩张和外层空间武器化的蔓延进行抑制。③此外,该草案还主张建立一个促进条约履行的执行机构,主要职能包括受理缔约国关于指称违反条约的询问,组织并与缔约国举行磋商,讨论和通过对条约的修正,制订集合数据共享与信息分析的程序,以及收集和散发缔约国提交的作为透明与建立信任措施组成部分的信息。④

然而,PPWT 草案一经提出即遭到了美国等个别空间国家的反对。美国认为,PPWT 草案超越既有国际法律制度对天基外空武器系统所作的阻碍和限制不符合美国的国家安全利益,并直言草案的部分条款令其难以接受。长期以来,美国一贯主张国际社会就天基外空武器是无法制定出能对其进行切实有效的核查的协议的,并由此在 PPWT 草案提出之后,美国仍然认为该草案并不具有一个作为条约组成部分且具有法律约束力的核查机制来有效地监控条约的遵守情况。⑤ 但事实上,PPWT 草案所确立的核查机制的构建本身就是以关于防止外空军备竞赛和规制外层空间武器化的国际法律制度的建立为前提的,只有在此基础上方才能够逐步健

---

① Article 1(b),Treaty on the Prevention of the Placement of Weapons in Outer Space,the Threat or Use of Force against Outer Space Objects (Draft).

② Article 1(d),Treaty on the Prevention of the Placement of Weapons in Outer Space,the Threat or Use of Force against Outer Space Objects (Draft).

③ 参见聂明岩:《“总体国家安全观”指导下外空安全国际法治研究》,法律出版社 2018 年版,第 102 页。

④ Article 6,Treaty on the Prevention of the Placement of Weapons in Outer Space,the Threat or Use of Force against Outer Space Objects (Draft).

⑤ The Conference on Disarmament,“USA:Analysis of the 2014 Russian - Chinese Draft Treaty on Prevention of the Placement of Weapons in Outer Space,the Threat or Use of Force against Outer Space Objects”, CD/1998,3 September 2014.

全核查机制。

诚然,不具有法律约束力的国际规则即使在文本设计上尽善尽美,也仍然无法向国家施加强制性的法律义务以使其必须遵守。而 PPWT 草案在肯定国际软法之于规制外层空间军事化利用方面能够起到积极作用的同时,所提出的通过制定具有法律约束力的国际条约作为防止外空军备竞赛、规制外层空间军事化的法律依据的主张,显然具有相当的合理性和可行性,并由此应当能够成为今后在联合国(裁军谈判会议)框架下针对外层空间军事化利用的法律规制问题进行进一步谈判的基础。①

(二)TCBMs 报告

透明度与信任建设措施作为裁军与军控领域中的一项据以约束国家行为、维持国际稳定的常规机制,旨在防止对危机的误解或误判而引发的国际武装冲突,以及随之产生的不必要的危机升级,并在世界各国之间建立相应的防护机制。② 一般而言,透明度与信任建设措施通常包含加强透明度和加强信任建设两个方面;其中,以关于军事活动的情报共享为基础的透明度渠道的建立,对于降低"冷战"期间的国际武装冲突一度发挥了十分重要的作用。

在外层空间领域,透明度与信任建设措施的议题首见于联合国大会第 60/66 号决议 TCBMs 报告中。③ 而后,根据联合国大会第 65/68 号决议,④时任联合国秘书长潘基文于 2012 年组织设立了外层空间活动透明度与信任建设措施政府专家组,基本目的是促进外空活动国际合作并减少因误解和误传而对外空活动的开展造成的风险,最终目的则是就透明度与信任建设措施达成一项包含具体结论和建议的一致性报告,从而保障外层空间的持续稳定。

外层空间活动透明度与信任建设措施政府专家组于 2013 年 7 月 29 日向联合

---

① 参见聂明岩:《"总体国家安全观"指导下外空安全国际法治研究》,法律出版社 2018 年版,第 115 页。

② See Jana Robinson, *Space Transparency and Confidence – building Measures*, in Kai – Uwe Schrogl et al. , eds. , Handbook of Space Security: Policies, Applications and Programs, Vol. 1, Springer, 2015, p. 292.

③ The General Assembly, "Transparency and Confidence – Building Measures in Outer Space Activities", A/RES/60/66, 8 December 2005.

④ The General Assembly, "Transparency and Confidence – Building Measures in Outer Space Activities", A/RES/65/68, 8 December 2010.

国大会提交了专家组报告,[①]该报告于同年 11 月 5 日经联合国大会第 68/50 号决议通过。[②] 联合国大会第 68/50 号决议倡导全体联合国成员国在开展外空活动的过程中,均应当在最大限度的可行范围内,通过国内机制实施报告所确立的各项透明度与信任建设措施。为此,上述专家组报告就如何通过建立有效的情报共享渠道,以达到加强世界各国在外层空间领域的相互理解和信任,从而防止外层空间武装冲突、维持全球和区域稳定的目的,提出了多项可能的具体措施。[③]

报告第四部分"加强外层空间活动透明度"应是与规制外层空间军事化利用、防止外层空间武装冲突的关联最为紧密。该部分第 37 段规定,世界各国均应当公布本国的外层空间政策和战略信息,包括涉及国家安全的事项;[④]第 38 段进一步规定,世界各国应当通过既有机制,对其用于从事外层空间军事行动的经费情况,以及其他涉及国家安全的外空活动情况进行报告。[⑤] 据此,针对涉及国家安全的外层空间政策和国家用于从事外层空间军事行动的经费情况的情报共享,作为使世界各国均得以了解他国在外层空间军事行动中的部署和投入的透明度措施,最终将能够起到遏制外空军备竞赛的作用。[⑥]

(三)LTS 准则

1999 年第三届联合国探索与和平利用外层空间大会通过了《空间千年:关于空间和人的发展的维也纳宣言》,[⑦]明确肯定了外层空间对于全球可持续性发展以及实现联合国"千年发展目标"的重要意义,由此使 LTS 开始成为国际社会关注的焦点。从概念的角度看,"外空活动长期可持续性"包含了"和平利用原则"、"安全利用原则"、"自有利用原则"、"公平利用原则"和"效率/效益利用原则"等多方面内涵。而世界安全基金会(Secure World Foundation,SWF)则将"外空活动长期可持续性"定义为,"保证在可预见的未来里,人类能够基于和平目的和社会经济利益目

---

① The General Assembly, "Group of Governmental Experts on Transparency and Confidence – Building Measures in Outer Space Activities: Note by the Secretary – General", A/68/189, 29 July 2013.

② The General Assembly, "Transparency and Confidence – Building Measures in Outer Space Activities", A/RES/68/50, 5 December 2013.

③ The General Assembly, A/68/189, para. 20.

④ The General Assembly, A/68/189, para. 37.

⑤ The General Assembly, A/68/189, para. 38.

⑥ 参见聂明岩:《"总体国家安全观"指导下外空安全国际法治研究》,法律出版社 2018 年版,第 76 页。

⑦ UNISPACE Ⅲ, "The Space Millennium: Vienna Declaration on Space and Human Development", Vienna, Austria, 19 to 30 July 1999.

标,持续地利用外层空间,特别是地球轨道”。[①]

联合国外空委科技小组委员会于2010年设立了外空活动长期可持续性工作组,下辖四个专家组,分别审议以下四项议题:其一,支持全球可持续发展的可持续空间利用;其二,空间碎片、空间作业和支持协作感知空间态势的工具;其三,空间气象;其四,针对空间领域行动者的管理制度和指导。2014年,外空活动长期可持续性工作组公布了33条案文草案,[②]后案文草案数量缩减至29条。[③] 在上述案文草案中,首次达成一致的12条案文草案在联合国外空委第五十九届会议报告中以附件形式列出,[④]而剩余未达成一致的案文草案中的部分则在由2018年2月23日联合国外空委科技小组委员会第五十五届会议上通过的LTS准则中得以确立(序言及9条案文草案)。[⑤] 由此,LTS准则A部分载明了已经商定的序言和21项准则案文,而B部分所载的则是仍在讨论中的7项准则案文。

LTS准则中已经商定的准则案文分为“空间活动的政策和监管框架”、“空间业务安全”、“国际合作、能力建设和认识”,以及“科学和技术研究与开发”等四个部分。其中,“空间活动的政策和监管框架”部分尤其强调国家对外空活动的监管以及对外空活动的监督;“空间业务安全”部分着重要求对各类空间数据、信息的收集、传播、共享和评估,以及对相关风险的防范;“国际合作、能力建设和认识”部分着眼于促进对空间能力的建设、提高对空间活动的认识,以及加强有利于外空活动长期可持续性的国际合作;“科学和技术研究与开发”部分主要关注推动有利于外空活动长期可持续性的科技研发,以及对空间碎片的处置。

LTS准则旨在加强外空活动长期可持续性建设,以为和平、为全人类共同利益而安全且可持续地利用外层空间为最终目标。由此,虽然该准则以自愿执行为基础,本身并不具有强制性的法律约束力,但其仍然应当被视为国际社会为完善现行国际法律体系而做出的重要努力,并对外层空间国际立法的整体趋势,以及外层空间军事化利用的规制产生了重大影响。[⑥]

---

① 王国语:《“外空活动长期可持续性”问题与我国的对策》,载《中国航天》2012年第6期。

② A/AC. 105/L. 339.

③ A/AC. 105/L. 348.

④ A/71/20. Annex.

⑤ A/AC. 105/L. 315.

⑥ 参见尹玉海、余佳颖:《外层空间软法规制之发展及其价值判断》,载《北京航空航天大学学报(社会科学版)》2019年第1期。

(四)ICOC 草案

欧盟就外空活动制定国际行为准则的主张是在 2007 年 6 月由欧盟理事会组织、德国担任主席国的"外层空间安全与军备控制及欧盟的作用"工作组中被首次提出的,其主要目的之一是作为对前述联合国大会于此前通过的第 60/66 号决议 TCBMs 报告的应对。① 在此基础上,欧盟于 2008 年 11 月 17 日首次发布了 ICOC 草案,②并在经过数轮修改之后,于 2014 年 3 月 31 日正式发布了最新版本的《外层空间活动国际行为准则草案》。③ 而后,欧盟又于 2015 年 7 月 27 日至 31 日,邀请世界各国于纽约联合国总部就上述草案文本进行讨论、磋商,希望以此将草案的影响力由欧盟拓展至整个国际社会。④

与联合国外层空间活动透明度与信任建设措施一样,ICOC 草案的初衷旨在为防止外空军备竞赛提供一项可供选择的、间接的操作机制,例如,通过磋商和合作机制以在提升信息透明度的基础上避免因信息不对称而产生不必要的外层空间武装冲突。然而,在经过数轮修改之后,草案的上述初衷被不断削弱,取而代之的则是对外层空间安全中的民事领域的关注。⑤ 尽管如此,最新版本的 ICOC 草案仍然保留了若干有关防止军备竞赛的专门性规定,对防止外空军备竞赛、规制外层空间军事化利用和外层空间武装冲突可以发挥一定的借鉴作用。

从整体上看,ICOC 草案旨在促进涉及空间物体和空间环境的各类外空活动的安全、安保和长期可持续性发展,并通过外层空间活动透明度与信任建设措施,加强世界各国在外层空间领域的多边谅解和信任,以保障国家、区域和全球的安全与稳定。⑥ 为此,草案明确要求世界各国在开展外空活动的过程中必须要遵守以下原则:其一,和平利用外层空间并遵守现行国际法规则;其二,遵守《联合国宪章》关于限制使用武力或武力相威胁的规定;其三,推动国际合作以减少对外空活动的有害

① See Marcel Dickow, *The European Union Proposal for a Code of Conduct for Outer Space Activities*, in Kai – Uwe Schrogl et al. ,eds. ,Yearbook on Space Policy (2007/2008) ,Springer,2009 ,p. 154 – 155.

② EU Council, Draft Code of Conduct for Outer Space Activities.

③ EU Council, Draft International Code of Conduct for Outer Space Activities (Draft ICOC).

④ See Lucia Marta, Code of Conduct on Pace Activities: Unsolved Critiques and the Question of Its Identity, 17 December 2015. 参见 https://www.frstrategie.org/publications/notes/code – of – conduct – on – space – activities – unolved – critiques – and – the – question – of – its – identity – 201526。

⑤ See Jean – Francois Mayence, *The European Union's Initiative for a Code of Conduct on Space Activities*, in Irmgard Marboe ed. ,Soft Law in Outer Space, Boelau Verlag, 2012, p. 347.

⑥ Part I. Purpose, Scope and General Principles, 1, Draft ICOC.

干扰;其四,为全人类共同利益而和平探索和利用外层空间。[①] 在此基础上,ICOC草案进一步升华了和平利用外空原则的重要意义,提出“应为当代和后代的利益考虑,保障外层空间的持久和平及可持续利用”。[②]

由此可见,虽然ICOC草案目前还只是被视为防止外空军备竞赛的一项间接手段,但ICOC草案的序言及其相关规定仍然传递了这样一个信息,即虽然经过数轮修改而使有关防止军备竞赛的规定有所弱化,但该草案终究是致力于防止外空军备竞赛、规制外层空间军事化利用的一项重要国际规则。[③]

三、世界主要空间国家有关外层空间军事化利用的国内法律政策

随着外层空间军事化利用的不断扩散,世界各主要空间国家在开展外层空间军事活动的同时,也通过国内法律政策(制定国内军事航天立法或颁布相关国内法律政策)的路径为其外层空间军事活动提供法律依据。需注意的是,虽然不同空间国家有关外层空间军事活动的国内法律政策在立场视角和内容形式等方面均不尽相同,但其大都是以保障本国的国家安全利益和空间资产安全为依据论证开展外层空间军事活动的必要性和重要性,并且其主旨并非绝对地禁止或者限制外层空间军事化利用,而是更多地根据本国国家安全利益的需要对外层空间军事化利用进行相应的必要规制。

(一)美国

自20世纪50年代起,美国军事航天的发展就随着与苏联的太空竞赛而开始了。“冷战”结束后,美国作为世界唯一的超级大国,继续加速发展军事航天,并将军事航天作为维护其全球霸权战略的重要一环,不断加以深化。为了巩固其霸权地位,遏制中、俄等其他国家航天事业的发展,在保持传统的军事化利用人造卫星和开发新型外空武器的同时,美国于近年来更是在法律政策领域采取了诸多措施以推进军事航天的发展。这一趋势以美国于2019年成立天军和太空司令部尤为突出。可以不夸张地说,在军事航天领域,无论是技术层面还是法律政策层面,美国都已经取得了有利位置,并且在未来还将延续一直秉持的外空军控基本方略——坚

---

① Part I. Purpose, Scope and General Principles, 2, Draft ICOC.

② Preamble1 - 2, Draft ICOC.

③ See Michael J. Listner, The International Code of Conduct: Comments on Changes in the Latest Draft and Post - Mortem Thoughts, 26 October 2015. 资料来源:http://www.thespacereview.com/article/2851/1。

持美国优先,以美国国家利益为导向;基于美国外空军备的能力和发展需求,避免国际社会形成有法律约束力的国际条约;根据对国际外空发展形势的研判,推动以美国为主导的"小多边"外空军控协议。①

美国国防部于2020年6月发布的《外空防务战略》明确了美国天军的四大战略目标,即提升美军在外层空间的全面领先优势;把外空系统整合加入美军作战体系;塑造外空战略环境;开展广泛合作,赢得大国竞争的战略、战役和战术各层次的胜利。为了落实上述美国政府及军方的战略意图,美国天军自成立后就将目光瞄准了地月空间,力图通过控制地月空间进而控制整个地球,以谋求外空霸权。此外,美国《外空防务战略》抛出的"中、俄外空威胁论"和"什么才是负责任的外空行为"等议题的讨论还将成为未来一段时期内国际舆论斗争的焦点,而美国也将借此争夺针对外空军控的国际规则制定的主动权——一方面,美国将继续利用其炮制的"负责任外空行为"这一概念继续对中、俄的相关外空活动施压,使中、俄面临较大的国际政治压力;另一方面,美国又可以以抵御中、俄"外空威胁"为理由,在抵制中、俄推行的PPWT草案的同时,向国际社会推行有利于本国的外空军控国际规则,以达成"未战已胜、战则由我"的战略主动。② 这无疑是十分值得警惕的。

不得不承认的是,自"冷战"终结后至今,外空军备竞赛仍在继续,外层空间武器化的程度正在持续加深。美国一直以来都是外层空间武器化的支持者,并在外层空间国际规则谈判中不遗余力地向国际社会兜售和平利用外空原则应被理解为"非侵略性"(non – aggressive)的主张,从而使本国开展的外层空间武器化活动得以被合法化,以谋求外空霸权,实现太空控制战略。尽管国际社会多数国家为遏制外空军备竞赛和外空武器化付出了诸多努力,但囿于美国的一再反对和阻挠,国际外空军控谈判仍陷于僵局,致使对外层空间武器化的有效规制和对外空军备竞赛的必要遏制任重道远。

(二)俄罗斯

俄罗斯有关军事航天和外空安全的国内法律政策的发展不仅反映了苏联时期的外空活动"遗产"的存续现状,也与30余年来俄罗斯本国的国家实力和航天产业

---

① 参见鲍心蕊、蒋圣力:《外层空间军事化活动的国际法规制探析——以"国家安全泛化"问题的应对为视角》,载《上海法学研究》集刊2022年第6卷。

② 参见王国语:《美国〈外空防务战略〉对外空军控国际规则博弈的影响分析》,载《太平洋学报》2021年第3期。

发展的兴衰起伏紧密相关,大致可分为四个发展阶段:

第一阶段为20世纪90年代,这一阶段的俄罗斯百废待兴,也是空间科技、资产、能力急剧紧缩和衰落(较之苏联时期)的阶段。1993年8月20日,时任俄罗斯总统叶利钦签署了该国历史上第一部据以规范和调整外空活动的专门性立法——《俄罗斯联邦空间活动法》;该法此后经过五次大规模修订,构成了俄罗斯国内空间立法的核心。此外,俄罗斯又先后制定出台了十余部有关外空活动的规范性(法律)文件,其中涉及军事航天和外空安全的主要包括1995年颁布的《俄罗斯联邦政府关于实施有利于经济、科学、俄罗斯联邦安全的空间活动的决定》和1999年颁布的《俄罗斯联邦政府关于以军事目的利用空间系统和空间群在空间活动领域提供服务的决定》等。

第二阶段为2000年至2008年(普京执政俄罗斯的前两届任期),这是俄罗斯逐渐开始复兴该国外空军事力量建设的阶段。在这一阶段,俄罗斯不仅对该国的航天工业体系进行了重组,整合了地面基础航天设施,并进行了现代化改造,还对军事航天机构进行了简化和集中管理。此外,俄罗斯还确立了“空天一体防御”战略构想,并开始恢复反卫星武器系统计划,以及发展弹道导弹和反弹道导弹防御拦截系统。其间,俄罗斯制定出台的涉及军事航天和外空安全的法律政策主要包括2001年颁布的《俄罗斯联邦军事工业复合体改革与发展计划》(重建军事航天部队的主要依据)和2006年颁布的《俄罗斯联邦空天防御构想》(明确启动“空天一体防御”系统建设)。

第三阶段为2008年至2012年(梅德韦杰夫执政俄罗斯时期),受困于航天部门结构问题和航天资金资源投入问题等不利因素,这一阶段的俄罗斯外空安全现代化建设发展缓慢。虽然梅德韦杰夫政府于2011年颁布的有关科技发展的总统法令为促进包括航天产业在内的俄罗斯产业经济发展提供了法律基础,然而,仍有大量计划中的航天任务被推迟,导致这一阶段的俄罗斯航天产业发展的实际情况与既定目标之间出现了较大差距。

第四阶段为2012年至今(普京执政俄罗斯的新任期),这是俄罗斯加快推进外空安全现代化和武器化建设的阶段。在这一阶段,为扭转此前外空安全现代化建设停滞不前的颓势,俄罗斯于2013年成立了负责确立该国航天工业“统一技术政策”的联合火箭航天公司(该公司后于2016年与俄罗斯联邦航天局合并成立了俄罗斯航天国家集团公司),从而使航天工业重新回归国有。而后,俄罗斯于2016年颁布的《2016－2025年俄罗斯联邦航天计划》对该国在之后10年的地面基础航天设施建设、载人航天工程以及中继卫星通信系统的发展进行了全面规划，而于2020年颁布的《2021－2030年俄罗斯联邦航天计划》则侧重于“格洛纳斯”卫星系统计划、超重型火箭航天综合体计划、多卫星轨道群计划等的开发。上述法律政策文件也均涉及俄罗斯外空安全问题，主要为通过多途径发展(外空)自卫权以维护国家外空安全利益。

(三)欧盟

欧共体/欧盟的外层空间法律政策是在与欧洲空间局进行外空合作的过程中不断发展起来的，由此，欧共体/欧盟与欧洲空间局的合作关系成为理解欧共体/欧盟外空法律政策演进的关键要素。根据两者合作关系的历史轨迹，欧共体/欧盟的外层空间法律政策的发展大致可以划分为以下四个阶段：

第一阶段为20世纪六七十年代。在这一阶段，欧洲范围内的外空活动基本均由个体国家(主要为英国、法国)独立进行；直至20世纪70年代末，欧共体开始意识到联合开展外空活动的重要性，旋即由欧洲议会通过了关于欧共体联合开展外层空间科学研究的决议，进而迈出了欧共体层面开展外空活动的第一步，并旋即开始与于1975年成立的欧洲空间局进行外空活动领域的合作。

第二阶段为20世纪八九十年代。在这一阶段，在欧洲空间局的主导下，欧盟正式启动了欧洲地球同步卫星导航增强服务系统(The European Geostationary Navigation Overlay Service，EGNOS，即欧洲全球导航卫星系统GNSS的第一期工程)，并开始构想设计“伽利略计划”(Galileo)全球导航卫星系统以及“哥白尼计划”(Copernicus)全球环境与安全监测系统。除外空活动实践之外，欧共体/欧盟也开始与欧洲空间局共同开展针对欧洲的外层空间法律政策的制定。

第三阶段为21世纪第一个十年。在这一阶段，欧盟与欧洲空间局在开展外空活动和制定外层空间法律政策方面的合作与分工更加深化、明确——欧盟的职责主要在于聚合各成员国支持开展外空活动的政治意愿，并保证相关外层空间法律政策的有效性和连续性；而欧洲空间局则主要致力于推动外空科技的发展，为深入开展各类外空活动提供所必需的工具、设施、设备。2008年12月8日，欧盟理事会通过了ICOC草案。该行为准则的主要目的是通过尽可能限制和减少有害干扰以加强外空活动的安全、安保和可预见性。为此，世界各国应和平对外层空间进行探索、开发和利用，对地球轨道上的空间物体加以保护，并在开展外空活动的过程中适当考虑国家防御利益的合理需要。

第四阶段为21世纪第二个十年开启至今。在这一阶段,欧盟的外层空间法律政策进入了战略提升阶段,开始重点关注外层空间基础设施安全、太空自主性等战略性问题。2016年10月,欧盟与欧洲空间局联合签署并发布了新版《欧洲太空战略》。该战略明确了欧盟在外层空间领域的四大战略目标:其一,将外层空间之于欧盟社会和经济发展的价值最大化;其二,培育欧洲航天机构在全球范围内的竞争力和创新力;其三,提升欧洲在安全前提下进入和开发、利用外层空间的自主能力;其四,加强欧洲作为外层空间领域全球行动者的角色并促进国际合作。

(四)日本

2008年,日本颁布了该国的第一部航天基本法——《宇宙基本法》,将本国外空活动的功能范围从"科学技术"拓宽到"产业振兴"和"国防安保"领域,从而确立了该国在21世纪的外空战略的整体走向,标志着该国的外层空间法律政策进入了一个新的发展阶段。日本《宇宙基本法》主要明确了该国开展外空活动的领导机构、推进外层空间开发和利用的具体举措、有关外空活动的法律制度的制定,以及对相关法律制度和航天机构的评估等事项。尽管从明文规定的文本看,日本《宇宙基本法》将和平利用、改善民生、振兴产业、推动发展、促进合作和关爱环境等确立为该国开展外空活动的基本目标和原则,但利用外空科技达成军事目的的意图仍隐约可见。

以《宇宙基本法》为基础,日本又于2009年出台了《宇宙基本计划》,并于2013年、2015年和2020年进行了三次修订——2009年版本的计划明确提出日本的外空活动的开展将从单一的科学研究转向对外层空间的直接开发和利用;2013年版本的计划明确将保障国防安全作为日本开发、利用外层空间的主要目的之一,并强调将提升本国外空活动的自主能力;2015年版本的计划将国防安全、保障民生和振兴产业确立为日本开展外空活动的三个主要功能领域,并提出若干外空活动领域的国防安全重点议题;2020年版本的计划进一步延伸了日本的空天战略目标并拓展了其实施的手段和范围,主要包括以航天产品、应用、服务的出口为主导,大力发展商业航天产业,灵活运用民间力量,充分发挥人才、资金、知识产权等资源的作用,并与盟友开展更加紧密的空天战略合作。

(五)小结

1. 对"外层空间军事化利用"("军事航天",military space/astronautics)及相关概念的表述

世界各主要空间国家在本国航天法律政策涉及军事问题的具体规定中,鲜有

直接采取“军事航天”或近似表述的情形，而是大多采取了明确航天活动或空间物体、设施设备应当得以“用于军事目的”（for military purpose），或者应当得以“具备军事价值和特征”（have military value or significant）的表述方式，以此表明其肯定军事航天或者军事利用外层空间的立场。在涉及对航天军品或可能存在军事利用的空间设施设备、技术的出口、转让等行为进行限制的规定中，个别空间国家的航天法律政策则直接采取了“军事销售”（military sales）、“军事出口”（military export）等表述，并不掩饰特定的空间产品和设施设备、技术得以投诸军事用途。

值得注意的是，多数空间国家在本国的航天法律政策中明确，航天活动应当具备“保障国家安全”（protecting national security）和“维持/增强国家国防能力”（maintaining/enhancing strong defense capability/power）的功能，且国家外空利益和空间资产安全构成了“国家（国防）安全的重要部分”（national security commitments and expenditures）。在此基础上，国家为保障本国外空利益和空间资产安全，得以“采取一切必要措施”（taking all necessary measures）。由于所谓的“一切必要措施”当然地包含“军事措施”在内，因此，诸如上述规定的表述应当被视为有关空间国家航天法律政策间接地、默示地肯定了航天活动“在确有必要的情形下”（if necessary）得以具备军事功能。

除上述共性外，美国于 1988 年 2 月 11 日发布的《关于国家空间政策的总统指令》（Presidential Directive on National Space Policy）中有关军事航天的部分表述同样值得关注：其一，该文件将实际上的军事航天表述为了“国防航天”（national security space），与民用航天（civil space）和商业航天（commercial space）并列。其二，该文件明确肯定美国得以为行使“隐含的在外层空间的自卫权”（inherent right of self - defense in space）而开展军事航天活动。

2. 对外层空间军事化利用（军事航天）采取的立法模式

一方面，美国在本国的航天基本法，即《国家航空航天法案》中，并未直接针对军事航天或军事利用外层空间做出明文规定，而是将相关规定分散地制定在或涉及航天或有关外交、军事的国内航天法律政策中，主要包括：

其一，在《美国法典》第 22 编（United States Code Title 22）“外交关系与交往”项下，有数项针对可能存在军事利用的空间设施设备、技术的出口、转让等行为的限制的规定。

其二，在历年的《美国国家安全战略》（The National Security Strategy of the United States of America）中，均有将美国国家外空利益和空间资产安全作为国家安全的重要组成部分的规定，且部分规定更对采用（外空）武器保障外空利益和空间资产安全予以了肯定。

其三，在多份国家航天政策（National Space Policy）和航天发射/运输策略（Space Launch/Transportation Strategy）中，均有明确要求航天活动应当具备保障国家安全的功能，并为此采取必要的措施（包括发展外空武器）的规定。

其四，在多份单一军事立法或涉及航天政策军事指令中，均有明确发展空间军事力量、组建空间作战部队（"天军"），乃至将"太空战"纳入国家军事战略的规定或主张。

另一方面，不同于美国分散式的立法模式，俄罗斯和日本在本国的航天基本法或相关航天政策中，均有直接针对军事航天或军事利用外层空间的明文规定。《俄罗斯联邦空间活动法》围绕军事航天的规定较为充分、详细，主要内容包括明确航天活动即应当为国家国防和安全目的（可以理解为"军事目的"）而进行，以及国家肯定并支持对军事空间技术和军事转民事空间技术的研发。此外，俄罗斯还曾专门发布"俄罗斯联邦政府关于以军事目的利用空间系统和空间群在空间活动领域提供服务的决定"（俄文直译），表明国家对于军事航天活动的肯定立场；而在国家航天法律政策的标题中直接明示"为军事目的利用"的做法，在世界各主要空间国家的军事航天立法或政策中是绝无仅有的。相较之下，日本《宇宙基本法》和《宇宙基本计划》围绕军事航天的规定则较为分散，且不同的立法、政策针对具体的军事航天活动或外层空间军事利用亦各有侧重。

第三节　外层空间军事化利用国际法规制的完善路径

由于合理地、准确地对外层空间军事化利用进行规制，是实现外层空间国际法治的必然要求，因此，在既有的国际条约法律规则无法充分地、有效地对外层空间军事化利用进行规制，尤其是未能严格限制外层空间武器化活动，并且完善相关国际条约法律规则又面临着诸多在短时间内难以克服的客观困难的情况下，应当考虑通过其他路径以实现国际法对外层空间军事化利用的规制。对此，国际习惯法之于外层空间军事化的国际法规制应当是更加合适的可选路径。

同时，前文对外层空间武装冲突的法律性质和法理基础的分析，为进一步探究外层空间武装冲突的法律适用创设了前提；而通过对外层空间武装冲突的法律适用，即何种国际法规范得以适用于外层空间武装冲突以及应当如何适用的探究，则得以最终明确对外层空间武装冲突的国际法规制(武装冲突法基本原则的适用)应当怎样进行。

一、外层空间军事化利用的国际习惯法规制

国际习惯法作为外层空间军事化利用的国际法规制的具体路径的合理性在于:与国际条约一样,国际习惯也被作为"国际法渊源的权威说明"的《国际法院规约》第38条第1款确立为国际法的正式渊源之一,并且,作为同样具有强制性的法律拘束力的国际法律规范,与只得约束特定缔约方的国际条约法不同的是,国际习惯法一经成立,便能对整个国际社会产生相对更加普遍的法律拘束力;这就意味着,倘若存在一项禁止外层空间武器化活动的国际习惯法规则,那么即便是在尚未有国际条约做出明文规定的情况下,世界各空间国家也应当遵循相关国际习惯法规则而终止实施并且不再实施外层空间武器化活动,否则就将因为违背国际习惯法义务而承担相应的国际法律责任。

那么,现实中,禁止外层空间武器化活动是否能构成一项国际习惯法规则? 基于对国际习惯法的构成所需满足的物质要素(国家实践)和心理要素(法律确信)的考量,笔者认为,对这一问题的回答应当是更加倾向于肯定的。

(一)形成相关国际习惯法规则的物质要素

构成国际习惯法的物质要素,即国家实践要求作为国际社会成员的世界各国在一定时期内反复多次地并且前后一致地实施一项实践行为,以形成一项"通例",作为构成相应的国际习惯法的基础。这就使一项实践行为若要形成通例,便应当同时符合存续的时间、实施的国家的数量以及实施的一致性这三方面的要求。[①] 由此,具体及于禁止外层空间武器化活动的相关实践行为:

首先,尽管在传统国际法下通常要求一项实践行为须在存续了数十年甚至上百年的较长的时间之后方才得以形成通例,但是,诚如国际法院在1969年"北海大陆架案"中指出的,"相对较短的存续时间并不会对一项新的国际习惯法规则的成立造成妨碍";[②]并且,基于使国际法能够与所调整的国际社会关系的实际情况相适应的需要,越来越多的学者也开始主张,"国际习惯法的最新发展表明,一

---

① 参见王虎华主编:《国际公法学》,北京大学出版社2015年版,第19页。

② "North Sea Continental Shelf" (Federal Republic of Germany/ Denmark; Federal Republic of Germany/ Netherland), Judgement of 20 February 1969, International Court of Justice, at para. 74.

项新的规则可以被快速地建立起来”,[①]“在科技迅猛发展的背景下,相对较短的时间对于航空法、外空法以及有关大陆架的法律制度中的新的国际习惯法规则的建立是十分必要的”。[②]

事实上,外层空间法律制度中的诸多国际习惯法规则,包括国家主权不得扩展至外层空间、国家不得将外层空间据为己有、外层空间对全体国家开放等,也确实均是在外层空间法形成之初的较短时间内就被快速地确立下来的。[③] 是故,尽管禁止外层空间武器化活动的相关实践行为的出现可能只得追溯至20世纪末,存续至今至多20年的时间,但这却并不妨碍上述实践行为形成通例。同时,基于外层空间法应当对外空活动的快速发展做出及时应对的时效性,以及对外层空间军事化利用进行有效规制的紧迫性,禁止外层空间武器化活动的通例在相对较短的时间内形成反而是更加有益的。

其次,一般认为,一项实践行为在首次出现之后被实施的次数越多,或者实施该实践行为的国家的数量越多,其就越容易形成通例,并且得到更多国家的认可和接受;而倘若仅是一国实施的实践行为,或者一项实践行为仅在极少数国家之间被实施,那么其便难以为其他多数国家所遵循,故而也就无法形成对世界各国具有普遍的法律拘束力的国际习惯法所依据的通例。

不过,至少在外层空间法领域,一项实践行为为形成通例而需要符合的实施的国家的数量要求并不应当是全然绝对的,这是因为:由于当前已经具备基本的外空科技,能够实际地开展对外层空间的探索、开发和利用的国家之于整个国际社会仅占少数,导致外层空间法领域的相关实践行为实际上就只可能由少数国家实施,因此,外层空间法领域的一项实践行为是否符合形成通例所需的实施的国家的数量的要求,应当以实施该实践行为的国家在全体空间国家,而非在整个国际社会中占到的比重作准。据此,在当前已经不同程度地具备了自主开展外空活动的外空科技的47个国家中,仅有3个国家曾经实施过外层空间武器化活动(主要为进行反卫星武器实验),而其他更多同样具备这一能力的国家则并未实施,同时也未有明显

---

① Tullio Treves, *Customary International Law*, in Max Planck Encyclopedia of Public International Law(2006), p. 24.

② Vladimir – Djuro Degan, *Customary Process in International Law*, Finnish Yearbook of International Law, Vol. 1, 1990, p. 17.

③ See Myres S. Mcdougal, *The Emerging Customary Law of Space*, Northwestern University Law Review, Vol. 58, 1963 – 1964, p. 619 – 620.

的迹象表明其今后将会实施外层空间武器化活动。[①] 并且,如前所述,中国、俄罗斯等空间国家还通过向联合国裁军谈判会议提交 PPWT 草案等方式,明确地表明了禁止外层空间武器化活动的立场。是故,禁止实施外层空间武器化活动,或者说不实施外层空间武器化活动的实践行为应当是符合形成通例所需的实施的国家的数量的要求的。

最后,国际法院在 1950 年"庇护权案"[②]和 1960 年"印度领土通行权案"[③]中指出,一项实践行为若要形成通例,还应当符合相关国家对实践行为的实施必须具备一致性,即必须是"前后一致地"实施该实践行为的这一要求。

对此,前述部分空间国家推动关于禁止外层空间武器化活动的国际谈判和制定相应的国际空间立法的行为,即通过明示的方式实施的禁止外层空间武器化活动的实践行为;而另一部分空间国家虽然并未实施诸如上述的行为,仅是单纯地不实施外层空间武器化活动,但是,在外层空间法律制度中,通过默示的方式所实施的实践行为同样可以形成通例。例如,在外空活动发展的起步阶段,美国和苏联在发射或者回收人造卫星等航天器时,均未征求过相关国家对于航天器飞经该国领空的同意,而相关国家也默许了美、苏的航天器在未经同意的情况下飞经本国领空的行为,从而通过默示的方式使航天器因发射或者回收而飞经一国领空时无须征得该国同意的这一实践行为形成了通例,并且最终构成了一项国际习惯法规则。[④] 由此,上述部分空间国家单纯地不实施外层空间武器化活动的行为,实际上构成了通过默示的方式实施禁止外层空间武器化活动的实践行为,因而与前述中国、俄罗斯等空间国家通过明示的方式实施的实践行为一样,均可以形成通例。

此外,需要注意的是,根据国际法院在 1986 年"尼加拉瓜诉美国案"中指出的,实施实践行为的一致性要求并非指全体国家实施的实践行为必须完全一致,而只须多数国家实施的实践行为在整体上是同一的即可;至于少数国家实施的与上述实践行为不相一致的行为,则应当被认为是对由该实践行为形成的通例的违反,而

---

① 参见尹玉海:《反卫星武器的国际法律规制浅析——基于美国反卫星武器发展的视角》,载张振军主编:《空间法学研究年刊(2014 年)》,中国宇航出版社 2015 年版,第 258 页。

② "Asylum Case" (Colombia/ Peru), Judgement of 20 November 1950, International Court of Justice, at p. 14.

③ "Case Concerning Right of Passage over Indian Territory" (Portugal/ India), Judgement of 12 April 1960, International Court of Justice, at p. 9.

④ See David A. Koplow, *ASAT - Isfaction: Customary International Law and the Regulation of Anti - Satellite Weapons*, Michigan Journal of International Law, Vol. 30, 2008 - 2009, p. 1232.

并不形成与之相对的新的通例。[①] 是故，前述个别国家实施外层空间武器化活动的行为并不会使禁止外层空间武器化活动的实践行为因为不符合内容的同一性的要求而无法形成通例。

（二）形成相关国际习惯法规则的心理要素

法国学者弗朗索瓦·惹尼在其于1899年出版的著作《实存私法上的解释方法与发源》中首次就国内法中的习惯的构成提出了须兼具“物质的、可见的惯行”和“非物质的、不可见的内心确信”的二元论，并且以具备“内心确信”作为区分法律惯行与社会惯行的重要标准。[②] 而后，上述二元论被引入国际法领域，演变为国际习惯法的构成须同时满足物质要素，即国家实践，以及心理要素，即法律确信的理论，并且法律确信也被确立为区分国际习惯法与国际礼让等其他不具有法律拘束力的实践行为的重要标准。

由此，在满足了实践行为形成通例这一国际习惯法构成的物质要素的基础上，若要使通例能够最终被接受和认可为相应的国际习惯法规则，还需要满足国际习惯法构成的心理要素。作为国际习惯法构成的心理要素的法律确信，则要求相关国家在实施一项实践行为的过程中，必须认识到其之所以如此实施该实践行为是基于特定的“法律义务感”，即认识到由上述实践行为形成的通例是具有法律拘束力的，而其之所以如此实施该实践行为则正是因为受到这一法律约束。

然而，持物质要素是构成国际习惯法的唯一真正的要素的观点的学者则指出，由于所谓的心理要素，即法律确信是完全主观性的，而国家作为抽象的人的集合并不具备“主观意志”，因此，国家在实施一项实践行为时是否具备法律确信，即是否具有对其之所以如此实施该实践行为因为受到了法律的约束的主观认识，是难以证明，甚至根本无法证明的；[③]并且，尽管常设国际法院曾在“荷花号案”中基于缺乏法律确信的原因否定了法国政府关于肇事的外籍船舶应由其船旗国享有专属管辖权构成一项国际习惯法规则的主张，但是，国际常设法院及其继任者国际法院在其审理的全部案件中也几乎未曾就法律确信是否切实地存在进行过实质性的证明，

---

① “Case Concerning Military and Paramilitary Activities in and against Nicaragua” (Nicaragua v. United State of America), Judgement of 27 June 1986, International Court of Justice, at para. 186.

② 参见[美]安东尼·达马托：《国际法中习惯的概念》，姜世波译，山东文艺出版社2012年版，第38～39页。

③ See Torsten Gihl, *The Legal Character and Sources of International Law*, Scandinavian Studies in Law, Vol. 1, 1957, p. 53.

而更多的是依赖于引申或者推定其存在。①

对此，笔者认为，应当予以明确的是，作为心理要素的法律确信之于国际习惯法的构成是不可或缺的；并且，尽管对法律确信的存在的证明往往面临着相当的困难，但其也并非完全无迹可循。诚然，在部分案件中，国际法院确实采取了将国家单一的实践行为、文字表述的合意，以及法院自身或者其他国际司法机构的判决先例作为依据，进而推定法律确信的存在的做法。不过，在部分对国际习惯法的构成的认定将从根本上影响判决结果的重要案件中，国际法院仍然秉持了相当严谨的态度，要求必须就法律确信的存在做出确定的、充分的证明。②

诚如有学者在对国际法院审理的数起涉及对国际习惯法的构成的认定的案件进行了研究之后指出的，国际法院曾多次强调法律确信作为心理要素之于国际习惯法的构成的重要性，即国家所实施的实践行为应当"以表明一般承认其中包含某项法律规则或者某项法律义务的方式进行"，③应当是"由一项如此要求之既存法律规则确定为义务的确信依据"。④ 同时，有学者还就如何确定法律确信的存在提出了两种具体的证明方法：其一，部分国际条约法律规则可以演化成为具有更加广泛的、普遍的法律拘束力的国际习惯法规则，而相关国家缔结或者意图缔结国际条约本身就足以证明其对自身实施的实践行为具备了法律确信；⑤其二，如果相关国家表明其对其他国家实施的一项实践行为的默许或者抗议是基于国际法义务，那么便可以将此作为证明其对相应的或者相对的实践行为具备法律确信的证据。⑥

由此，一方面，前述中国、俄罗斯等致力于推动禁止外层空间武器化活动的国际立法的空间国家，便当然地被认为具备将禁止外层空间武器化活动视为一项国际法义务的法律确信，并且，这一法律确信的存在是直观的、确定的。然而，另一方

---

① See Hans Kelsen, *The Pure Theory of Law and Analytical Jurisprudence*, Harvard Law Review, Vol. 55, 1941 - 1942, p. 63.

② 参见［英］伊恩·布朗利：《国际公法原理》，曾令良、余敏友等译，法律出版社 2007 年版，第 6 ~ 7 页。

③ "North Sea Continental Shelf" (Federal Republic of Germany/ Denmark; Federal Republic of Germany/ Netherland), Judgement of 20 February 1969, International Court of Justice, at para. 74.

④ "Case Concerning Military and Paramilitary Activities in and against Nicaragua" (Nicaragua v. United State of America), Judgement of 27 June 1986, International Court of Justice, at para. 207.

⑤ See Eric Heinze & Malgosia Fitzmaurice eds., *Landmark Cases in Public International Law*, Kluwer Law International, 1998, p. 73.

⑥ 参见姜世波：《习惯法行程中的法律确信要素——以习惯国际法为例》，载谢晖、陈金钊主编：《民间法》第 8 卷，山东人民出版社 2009 年版，第 11 页。

面,对于其他仅是单纯地不实施外层空间武器化活动的空间国家,则没有明确的证据可以证明,其之所以如此通过默示的方式实施禁止外层空间武器化活动的实践行为,同样是因为具备了将此视为一项国际法义务的法律确信。此外,尽管多数空间国家均曾对个别外层空间武器化活动提出过抗议,但从抗议的理由和内容看,同样无法确定其提出抗议的原因是基于某种特定的"法律义务感"。例如,针对美国于2008年利用反卫星武器摧毁本国的USA-193卫星的行为,包括中、俄、英、日、加等在内的空间国家均提出了抗议,然而,其抗议却仅是通过外交措辞表明对此的不满和指责,而并未指出上述行为是否构成对某一国际法义务的违反。是故,就通过默示的方式或者采取抗议的手段所实施的禁止外层空间武器化活动的实践行为而言,还未有足够充分的证据证明相关空间国家对此是具备法律确信的。

综上所述,对照国际习惯法的构成所需满足的物质要素和心理要素,禁止外层空间武器化活动的实践行为基本符合了物质要素关于实践行为存续的时间、实施的国家的数量,以及实施的一致性这三方面的要求,从而形成作为国际习惯法构成的基础的通例;并且,部分空间国家通过缔结或者意图缔结国际条约的方式所表现出的对上述实践行为的法律确信也是清晰的、明确的。不过,由于另有相当数量的空间国家是通过默示的方式或者采取抗议的手段实施禁止外层空间武器化活动的实践行为的,而证明其在实施上述实践行为时具备了法律确信的证据尚且是不充分的,因此,禁止外层空间武器化活动的实践行为还未能符合构成国际习惯法的心理要素关于法律确信的要求。是故,禁止外层空间武器化活动尚不能被认为已经构成了一项国际习惯法规则。

尽管如此,诚如有学者指出的,国际社会正朝着形成一项禁止外层空间武器化活动的国际习惯法规则的目标迈步,并且步伐越来越快。随着越来越多的国家参与到对外层空间的探索、开发和利用中,国际社会凝聚成一股合力共同推动国际习惯法对外层空间军事化利用的规制,并切实地建立起禁止外层空间武器化活动的国际习惯法规则的希望将会越来越大。① 同时,国际习惯法无须全体国家均做出明示的同意也可成立,并且一经成立便将对整个国际社会产生普遍的法律拘束力,使其较之国际条约法,确实是实现国际法对外层空间军事化利用的规制,尤其是对外层空间武器化的严格限制的一条更加理想的路径。

---

① 参见尹玉海:《反卫星武器的国际法律规制浅析——基于美国反卫星武器发展的视角》,载张振军主编:《空间法学研究年刊(2014年)》,中国宇航出版社2015年版,第258页。

是故,笔者认为,国际社会应当采取更加积极主动的方式促成禁止外层空间武器化活动的国际习惯法规则的确立,如请求国际法院就禁止外层空间武器化活动的国际习惯法规则是否已经在一定程度上形成做出咨询意见,以及由联合国国际法委员会为如何证明相关空间国家在实施禁止外层空间武器化活动时具备法律确信提供专门报告等。

二、武装冲突法基本原则在外层空间武装冲突中的适用

在笔者看来,得以适用于外层空间武装冲突的国际法规范应当包括三方面内容:一是适用于国际法各个领域的国际法基本原则,基于外层空间武装冲突作为一项国际法律行为而得以对其适用;二是以《外空条约》为核心的、专门就外空活动进行规制的外层空间法,基于外层空间武装冲突作为一项特殊的外空活动而得以对其适用;三是规范作战方法、限制作战手段的武装冲突法,基于外层空间武装冲突所具有的"使用武力"的法律性质,以及可能形成的武装冲突的法律事实而得以对其适用。并且,在上述三者中,较之国际法基本原则与外层空间法的适用的明确性和肯定性,武装冲突法在外层空间武装冲突中的适用则还存在一定的问题仍然有待探究。

就武装冲突法是否得以适用于外层空间武装冲突,笔者认为:由于武装冲突法的适用须以武装冲突的法律事实的形成作为根本前提,而仅时间长、规模大、范围广的对武力的使用方才能够形成武装冲突的事实状态,①因此,虽然外层空间武装冲突具有"使用武力"的法律性质,但这并不意味着其必然将形成武装冲突的法律事实,并进而使武装冲突法得以对其适用。申言之,仅在具备了时间长、规模大、范围广的特征的情况下,外层空间武装冲突方才会形成武装冲突的法律事实,而武装冲突法方才得以对其适用。当前,尽管实践中符合上述特征的外层空间武装冲突尚未实际发生,不过,在外层空间军事化利用已经成为现实,并且外层空间武器化和外空军备竞赛愈演愈烈的背景下,基于外层空间武装冲突形成武装冲突的事实状态的巨大可能,应当肯定武装冲突法得以对其适用。

在此基础上,就武装冲突法应当如何适用于外层空间武装冲突,值得注意的是,2016 年 3 月,世界安全基金会和加拿大麦吉尔大学已牵头发起了"适用于外层空间军事化活动的国际法手册"项目(Manual on International Law Applicable to Mil-

① 参见王虎华主编:《国际公法学》(第 4 版),北京大学出版社 2015 年版,第 548 ~ 549 页。

itary Activities in Space)，旨在对现行的外层空间法与国际人道法体系对外层空间军事化活动的适用进行研究。[①] 就此，笔者认为：虽然囿于法律的滞后性，现行武装冲突法体系中尚未形成专门适用于外层空间武装冲突的具体规则，但是，普遍适用于陆战、海战、空战等传统形态战争的，并且体现了武装冲突法的宗旨和价值的各项武装冲突法基本原则，包括限制原则、区分原则和比例原则等，[②]应当同样可适用于外层空间武装冲突。

（一）限制原则的适用

1977 年《日内瓦四公约第一附加议定书》第 35 条第 1 款明确规定，武装冲突当事方选择作战方法和手段的权利并非不受限制。基于此，武装冲突法和外层空间法规范均对“限制原则”的具体内容做出了进一步的规定。具体而言：一方面，根据《日内瓦四公约第一附加议定书》第 35 条第 2、3 款的规定，武装冲突当事方不得采取“引起过分伤害和不必要痛苦”的，以及“旨在或者可能对自然环境引起广泛、长期和严重的损害”的作战方法和手段；另一方面，根据 1967 年《外空条约》第 4 条第 1 款关于不得在外层空间放置、装置、设置核武器和大规模毁灭性武器的规定，当事方在形成了武装冲突的法律事实的外层空间武装冲突中同样不得使用诸如上述的武器。[③]

由此，结合武装冲突法和外层空间法规范关于“限制原则”的规定可以推知，外层空间武装冲突的作战方法和手段所应受到的限制是较为严格的，不仅不得使用核武器和大规模毁灭性武器，并且还不得引起“过分伤害”和“不必要痛苦”，以及不得对自然环境引起“广泛、长期和严重的损害”。这就使部分虽然规模较小，但损害后果较大的新型外空武器，如动能撞击后果可能甚于核武器的天基动能武器等，也得以被排除在应用于外层空间武装冲突的武器的范畴之外，从而减少外层空间武装冲突可能造成的损害后果。不过，诚如有学者指出的，由于所谓的“过分伤害”和“不必要痛苦”均是较为相对的、主观的，无法通过绝对的、客观的统一标准对其进

---

① McGill University, Manual on International Law Applicable to Military Uses of Outer Space: About MILAMOS. 资料来源：https://www. mcgill. ca/milamos/about。

② 参见俞正山主编：《武装冲突法》，军事科学出版社 2001 年版，第 25 ~26 页。

③ 此外，1963 年《禁止在大气层、外层空间和水下进行核武器试验条约》和 1977 年《禁止为军事目的或其他敌对目的使用改变环境的技术的公约》等武装冲突法和外层空间法规范也对外空武器的使用做出了明确的限制性规定。参见李寿平：《21 世纪空间活动新发展及其法律规制》，法律出版社 2016 年版，第 154 页。

行界定，因此，当前对外层空间武装冲突的作战方法和手段是否将引起“过分伤害”和“不必要痛苦”的判断，只得留待实践中以个案方式进行。[①]

（二）区分原则的适用

根据1977年《日内瓦四公约第一附加议定书》第48条和第51条第4款的规定，区分原则要求武装冲突当事方无论何时均应对平民和战斗员，以及民用物体和军事目标加以区分，并且只得以战斗员和军事目标作为进行武力攻击的对象。此处，“战斗员”指的是“属于武装部队或者参与志愿作战部队的人员”；“军事目标”指的是“一切就其性质、位置、目的或用途对军事行动有实际贡献，并且在当时情况下其全部或部分毁坏、缴获或失去效用提供明确的军事利益的物体”。[②]

然而，具体及于外层空间武装冲突，区分原则及其上述区分标准的实际适用却面临相当的困难和障碍。首先，就对民用物体和军事目标的区分而言，以军事化利用人造卫星的情形为例，由于基于其自身的特性和功能，几乎任何一颗人造卫星均具备“双重用途”（dual – use），即均得以平时用于民用、商用，而战时则服务于军事用途，并且，其在民用、商用与军用之间的转换不仅可以瞬时完成，甚至还可能同时进行，[③]因此，据以区分人造卫星的民用或者军用的性质、用途的界限已经越来越模糊，而对人造卫星在外层空间武装冲突发生期间究竟属于民用物体还是军事目标的区分也变得越发困难。其次，就对平民和战斗员的区分而言，身处外层空间从事对外层空间的探索、开发、利用的宇航员在外层空间武装冲突发生期间是否应当被视为战斗员？身处地面从事对天基武器发射系统、人造卫星指挥控制系统等系统的运行，并且不具有军事人员身份的技术人员是否应当被视为战斗员？应当如何区分上述技术人员和其他相关的后勤保障服务人员？诸如此类尚未得到明确的问题均构成了对外层空间武装冲突中的平民和战斗员加以区分的障碍。

（三）比例原则的适用

根据1977年《日内瓦四公约第一附加议定书》第51条第5款的规定，比例原则要求武装冲突当事方在进行武力攻击时，不得使附带造成的平民生命受到损失、伤害，以及民用物体损害与预期的具体和直接的军事利益相比是过分的。申言之，在

---

① 参见梁洁：《外层空间军事利用国际法问题探析》，载《西安政治学院学报》2016年第2期。

② 参见俞正山主编：《武装冲突法》，军事科学出版社2001年版，第45页。

③ 参见尹玉海：《反卫星武器的国际法律规制浅析——基于美国反卫星武器发展的视角》，载张振军主编：《空间法学研究年刊（2014年）》，中国宇航出版社2015年版，第248～249页。

前述区分原则要求武装冲突当事方只得对战斗员和军事目标进行武力攻击的基础上,比例原则进一步要求武装冲突当事方须保持因进行武力攻击而附带造成的对平民和民用物体的损害后果与军事利益之间的平衡,不得为实现军事利益而使附带造成的对平民和民用物体的损害后果与之不成比例。①

由此,根据比例原则,具体及于外层空间武装冲突:一方面,前述核武器和大规模毁灭性武器等已经为限制原则所禁止的武器,以及诸如地基反卫星武器和天基动能武器等所谓的"打击型硬杀伤"外空武器,均不符合比例原则的要求,不得被应用于外层空间武装冲突。这是因为:在"天—天"武装冲突和"天—地"武装冲突中,对上述武器的使用或将产生大量空间碎片,或将严重破坏打击区域,从而使附带造成的对平民和民用物体的损害后果明显超出实现军事利益的必要限度。另一方面,部分不具有物理上的攻击性和破坏性的所谓"干扰型软杀伤"外空武器同样可能与比例原则的要求相悖。例如,倘若一项外空武器旨在通过控制对方天基武器发射系统运行参数并干扰对方卫星定位系统,以使对方的天基武器无法正常发射,而对方的天基武器发射系统又高度依赖于卫星定位系统确定应予打击的军事目标,那么对该外空武器的使用便极有可能因为致使对方的天基武器错误打击了非军事目标,而对平民和民用物体造成严重的损害后果。

三、对中国空天军事立法的建议

对外层空间军事化利用进行国际法规制不仅是为了使更多的国家能够参与对外层空间的和平探索、开发和利用,同时更是为了防范单边主义和霸权主义在外层空间领域的扩张,从而保障国际和平与安全免于受到不利影响和破坏。由此,在对外层空间军事化利用的不同情形进行区分,并且明确其分别是否具有合法性、是否应当被禁止的前提下,一方面应当避免片面地一概否定外层空间军事化利用的全部情形对外空科技的发展和进步造成阻碍;另一方面也应当以更加多元的路径加强国际法对应予禁止的外层空间军事化的情形的规制,从而切实地维护外层空间和国际社会的和平与安全。

同时,不可否认的是,在人类探索、开发、利用外层空间之初,外层空间军事化利用已成为普遍现实,并且,在国家战略利益的推动下,随着外层空间武器化和外空

---

① See Michael N. Schmitt, *Green War: An Assessment of the Environment Law of International Armed Conflict*, Yale Journal of International Law, 1997, Vol. 22, p. 55.

军备竞赛的愈演愈烈,不仅外层空间武装冲突已经初现端倪,“外空战”在未来的爆发也似已不可避免。对此,虽然当前既存的国际法基本原则以及外层空间法和武装冲突法规范已经对可能发生的外层空间武装冲突进行了一定程度的法律规制,但是,其中也还存在诸多问题尚未得到明确的解决。是故,为使外层空间军事化利用的开展得以被置于合理的限度之内,不致对国际法治和国际和平与安全造成威胁或者破坏,国际社会应当采取更大努力,以期能够对此进行更加充分、有效的国际法规制。

具体及于中国,一方面,作为热爱和平的负责任大国,中国应当更加积极地推动外层空间军事化利用的国际法规制的健全和完善;同时,另一方面,为保障国家在开展外空活动中的国家安全利益和空间资产安全,中国也应当从国家层面提升对空天军事立法的重视,为充分地、有效地应对日趋严峻的外层空间军事化利用局势夯实法律基础。

如前所述,当前,已有越来越多的空间国家开始认识到空天军事力量对于推行本国军事战略所能起到的重要的支撑和促进作用,并争相致力于大力建设本国的空天军事力量,以期通过谋取空天军事优势而建立国家军事战略的全局优势。综观当今世界已经具备相当空天军事力量的国家,其在着力推动各类空天武器军备的研发、试验乃至运用的同时,无不辅之以制定、颁布和推行与此相适应的空天军事立法以提供法律支持。

面对因世界各国争相开展空天军事对抗而产生的严峻的空天安全威胁,结合上述部分空天军事强国将空天武器军备与空天军事立法并举的现实状况,应当认识到,中国空天军事力量的建设,不仅应当在“硬实力”方面构建空天领域的新型国防体系,在“软实力”方面加快空天军事立法,深入推进空天领域依法治军,也同样具有现实的必要性和紧迫性。

就宏观思路而言,中国空天军事立法应当充分结合国家空天战略利益的实际需要,将为构建空天领域的新型国防体系提供法律保障为目标,服务于中国的空天军事力量建设。就主体内容而言,中国空天军事立法应当着重从以下几个方面着手推进:

首先,应当在《国防法》等国家层面的相关基本法中补充有关构建空天国防体系的专章内容,并制定据以指导我军具体开展空天军事力量建设的专门战略规划。当前,中国所面临的空天安全威胁,可以被概括为由信息化主导向智能化主导过渡的航空器、弹道导弹、临近空间飞行器、航天器和跨大气层飞行器所共同构成的“五位一体”的垂直空间空天安全威胁。由此，确有必要在国家层面的相关基本法中开辟专章，为构建用以应对上述空天安全威胁的空天国防体系提供明确的法律依据，作为中国空天军事立法的核心组成部分；同时，也确有必要在军队层面制定针对空天军事力量建设的专门战略规划，作为我军积极打造集防空、反导、反临近空间和防天于一体的空天领域新型国防体系，形成以防空和反导为核心、以反临近空间和防天为补充和拓展的空天国防布局的法律规范和指引。

其次，应当将空天军事立法与军民融合发展立法（如现已启动立法进程的“军民融合发展法”）中的相通之处相融合、相贯通，在进一步发挥军民融合发展之于空天军事力量建设所能起到的重要促进作用的同时，也使空天军事力量建设能够与军民融合发展的国家战略的持续深入形成串联和互动。当前，随着军民融合发展的国家战略的持续深入，统一领导、军地协调、需求对接、资源共享的空天领域军民融合深度发展格局正在形成。由此，空天军事立法更应当将如何充分地发挥军民融合发展的重要促进作用纳入考量，而以“军民融合发展法”为主干的军民融合发展立法也更应当对军民融合发展如何更好地在空天领域发挥作用给予特别关注。空天军事立法与军民融合发展立法的协同推进，将有助于空天军事力量建设牢牢把握住空天领域军民融合深度发展的重要战略契机，并通过汇聚各类高端优质的军民融合资源，在空天领域新型国防体系中建立起具有鲜明的军民融合特色的分支体系，包括空天领导管理体系、空天信息服务体系、空天科研生产体系和空天教育文化体系等。

最后，应当根据所面临的空天安全威胁的实际特征，制定可以切实适用于现阶段的空天军事对抗交战规则。从当前世界各国开展空天军事对抗的实践情形看，在未来可预期的一定时期内，中国所面临的空天安全威胁仍将主要来自大气空间，而大气空间也将是未来空天军事对抗的主要战场。由此，现阶段我军应当重点制定据以应对以航空器、弹道导弹和临近空间飞行器作为主要打击武器的大气空间空天安全威胁的空天军事对抗交战规则。至于交战规则的具体内容，虽然囿于国际法律制度的滞后性，在现行的国际武装冲突法体系中尚未有专门适用于空天军事对抗的交战规则，但普遍适用于陆战、海战、空战等传统形态战争的，并且体现了武装冲突法的宗旨和价值的各项基本法律原则，包括限制原则、区分原则和比例原则等，应当同样得以适用于空天军事对抗，并构成空天军事对抗交战规则的核心内容。

此外，由美国国会于 1958 年 10 月 1 日通过的《美国航空航天法》虽然颁布至今已逾60年的时间,并且主要适用于民用领域,但其中有关航空航天军民合作的部分内容对于尚处于起步阶段的中国空天军事立法而言同样具有一定的参考和借鉴意义。根据该法规定,美国航空航天局与美国国防部得以通过"军民联络委员会"开展双方之间的航空航天军民合作,即双方得以共同就航空航天民事活动和军事活动的管辖范围进行磋商和协调,互相通报和交换在各自领域开展航空航天活动的信息与情报,并就开展航空航天活动过程中可能产生的各种分歧达成一致的解决意见。据此,可以考虑在现行的《民用航空法》和正在立法过程中的"航天法"中增补有关航空航天军民合作的内容,重点围绕如何保障和促进航空航天民事活动与军事活动的有机衔接,从而通过以航空航天民事立法作为航空航天军事立法的配套和补充,进一步地丰富和完善空天军事立法的框架体系。

在日益严峻的空天安全威胁对新时期我军军队的现代化、信息化建设提出了更高的要求的同时,加快与之相适应的空天军事立法、深入推进空天领域依法治军则当然地是为新时期我军的军队法治化建设所必须。是故,不仅建设空天军事力量应当成为当前我军军事力量建设的一项重要命题,加快空天军事立法也相应地应当成为当前国家应对外层空间军事化局势、保障国家安全利益和空间资产安全的一个重要方向。

第四节　外层空间网络攻击的法律定性问题

近年来,随着网络技术和外空科技的快速发展,被应用于对外空基础设施进行破坏和对相关情报进行窃取的外层空间网络攻击开始出现,对外层空间和国际社会的和平与安全构成了严重威胁。《网络行动国际法塔林手册2.0版》(以下简称《塔林手册2.0》)虽然制定了若干得以适用于外层空间网络攻击的国际法规则,但由于适用于网络行动的国际法规则本身固有的不确定性客观存在,并无法对包括外层空间网络攻击在内的网络行动进行确定的、强制的法律规制,因此,首先就外层空间网络攻击作出明确的法律定性,是对这一网络行动进行有效的法律规制的前提。

一、外层空间网络攻击的概念内涵与实践特征

美军在2006年《联合信息作战条令》中将计算机网络攻击定义为,"通过计算机网络扰乱、剥夺、削弱或破坏存储在计算机和计算机网络中的信息,或对计算机

和网络本身采取上述行动的作战行动”。该定义强调一项网络行动对计算机和计算机网络或其中的信息实施的行为，并以此作为判断是否构成网络攻击的标准。

北大西洋公约组织（以下简称北约）于2013年发布的《网络行动国际法塔林手册1.0版》将网络攻击界定为，“可以合理预期造成人员伤亡或财产损失的进攻性或防御性的网络行动”，强调以预期后果即人员伤亡或财产损失作为是否构成网络攻击的判断标准。而后，北约于2017年发布的《塔林手册2.0》又将网络攻击界定为，“无论是进攻还是防御，网络攻击是可合理预见的会导致人员伤亡或物体毁损的网络行动”，进一步强调网络攻击可以同时存在于进攻行为和防御行为中。在此基础上，根据《塔林手册2.0》第十章“外层空间法”的相关规定，外层空间网络攻击可以被理解为“从外层空间发出或者穿过外层空间的网络攻击”。[①] 从外层空间网络攻击的实践情形看，其往往具有随机性、匿名性、专业性和多重性等特征。

首先，外层空间网络攻击在攻击时间上具有随机性。外层空间网络攻击借助网络实施，不受时间、空间的限制，只要所需的程序制作完毕即可在任意时间发起攻击。外层空间网络攻击在攻击时间上的随机性导致对实际实施网络攻击的时间的确定和追溯较为困难，并使实施者得以不分昼夜地实施网络攻击，从而基于网络攻击的连续性而使其造成的破坏性后果不断扩大。

其次，外层空间网络攻击在实施主体上具有匿名性。信息技术的普及使任何人都具备了实施网络攻击的能力，而网络空间的虚拟性特征又为网络攻击实施者隐藏身份和掩盖踪迹提供了便利条件。尽管计算机网络、尤其是互联网可以被溯源，但由于网络攻击实施者普遍采取的多路由绕行措施，使得对具体实施者的准确确定仍然十分困难，并且，实践中也鲜有网络攻击实施者主动宣称对其行为负责。[②]

再次，外层空间网络攻击在技术手段上具有专业性。一方面，网络攻击通常是以计算机病毒的方式侵入信息网络，对操作者的网络技术水平有较高的要求。另一方面，由于携带病毒的恶意软件可能隐藏在网络空间的任何一处，因此，为了预防和应对网络攻击，网络信息安全对网络技术水平提出了更高的要求，即必须建立起严密的、高效的安全屏障以保障网络信息安全。

最后，外层空间网络攻击在损害后果上具有多重性。实践中，外层空间网络攻

---

① [美]迈克尔·施密特主编：《网络行动国际法塔林手册2.0版》，黄志雄等译，社会科学文献出版社2017年版，第282页。

② 参见孙义明、李巍编著：《赛博空间——新的作战域》，国防工业出版社2014年版，第370页。

击往往会造成物理性和非物理性的损害后果。在物理性损害方面,外层空间网络攻击可能造成空间、地面基础设施的财产损失,也可能造成空间、地面的人员伤亡;而在非物理性损害方面,损害后果则可能表现为存储在计算机中的信息受到扰乱、剥夺、削弱等各种形式的破坏。此外,外层空间网络攻击造成的损害后果还可能具有持续性和扩散性等特征。

二、网络攻击构成“使用武力”的理论分析

《联合国宪章》第 2 条第 4 款确立的“限制使用武力或武力威胁原则”是当代国际法中的一项基本原则,为国际社会所共同接受和遵循。不过,由于长期以来,国际社会和国内外学界在对“武力”的概念内涵的理解和何种行为或者情形构成“使用武力”的认定方面一直存在争议,因此,对网络攻击是否构成“使用武力”,以及应当适用何种法律对网络攻击进行规制等问题的解决至今仍然面临诸多困难。

《联合国宪章》第 2 条第 4 款规定:各会员国在其国际关系上不得使用威胁或武力,或以与联合国宗旨不符之任何其他方法,侵害任何会员国或国家之领土完整或政治独立;第 51 条规定:联合国任何会员国受武力攻击时,在安全理事会采取必要办法,以维持国际和平及安全以前,本宪章不得认为禁止行使单独或集体自卫之自然权利。会员国有权因行使自卫权而采取其所认为必要行动之权责,以维持或恢复国际和平与安全。

根据上述规定可以推知,《联合国宪章》其实是以“武力”和“武装攻击”为界,把国家对武力的使用划分为三类情形:第一类是没有越过第 2 条第 4 款的门槛,不构成“使用武力”的情形,如断绝外交关系、搜集情报等;第二类是越过第 2 条第 4 款的门槛,构成了“使用武力”,但又未达到“武装攻击”的程度的情形,如调集军队等;第三类则是越过“武装攻击”的门槛,并将导致相对方行使自卫权的情形,如武装侵略。

基于此,针对网络攻击是否构成“使用武力”,目前在国际学界主要有三种理论学说对此展开讨论,分别为“目的论”、“工具论”和“规模和效果标准”。

“目的论”的代表人物夏普(Walter Gary Sharp)在《网络空间与使用武力》一书中主张:所有故意在别国主权领土中造成任何破坏性后果的计算机网络攻击,都是《联合国宪章》第 2 条第 4 款所指的“(非法)使用武力”。计算机网络攻击作为一种经济和政治的胁迫手段,尽管在传统上并不被认为构成“使用武力”,但从《联合国宪章》维持国际和平与安全的宗旨和第 2 条第 4 款保障世界各国的领土完整和政治独立的立法旨意来看,由于经济和政治胁迫也将威胁国际和平与安全,并损害国家

的领土完整和政治独立，因此，计算机网络攻击也应当为《联合国宪章》第 2 条第 4 款所禁止。①

"工具论"的代表人物罗西尼（Marco Roscini）认为，虽然《联合国宪章》第 2 条第 4 款旨在规制的"武装力量"主要表现为对特定武器（或工具）的使用，但随着科学技术的发展，该条款所规制的对象早已不再局限于枪、炮等传统的动能武器，核武器和其他大规模毁灭性武器，以及其他诸多非动能武器的使用也已被国际社会普遍接受为应当受到该条款的规制。由此，倘若使用木马病毒、蠕虫等"武器"实施的网络攻击造成了特定的有形或无形损害，那么其同样构成《联合国宪章》第 2 条第 4 款所禁止的"使用武力"。②

《塔林手册 2.0》总主编迈克尔・施密特提出了"规模和效果标准"，认为如果网络行动的规模和效果相当于使用武力的非网络行动，那么这一网络行动便应当构成"使用武力"。③ 上述主张由国际法院"尼加拉瓜诉美国案"引申而来，即如果一项网络行动的规模和效果与属于使用武力的非网络行动相当，那么便没有理由将这一网络行动从构成"使用武力"的行为的范畴中排除出去。同时，《塔林手册 2.0》国际专家组一致认为，个别网络行动的规模和效果是如此严重，以至于足以被纳入《联合国宪章》第 2 条第 4 款所禁止的"武力攻击"的范畴。

《塔林手册 2.0》制定了八项因素作为评估网络攻击是否构成"使用武力"的标准，分别为严重性、迅即性、直接性、侵入性、效果的可衡量性、军事性、国家介入程度和推定合法性。不过，除了军事性和推定合法性两项因素之外，其他六项因素并非《联合国宪章》所规定的对"使用武力"进行认定的标准。是故，在一定意义上，《塔林手册 2.0》所制定的对网络攻击构成"使用武力"与否的评估标准并非对现行国际法规则的严格适用，而是在前述迈克尔・施密特提出的学术主张的基础上，试图设立的新的国际法规则。④

对此，应当认识到"规模和效果标准"实际上是存在一处较为明显的不足的，即

---

① See Walter Gary Sharp, *Cyberspace and the Use of Force*, Anotonio: Aegis Research Corporation, 1999, p. 140.

② 参见黄志雄：《国际法视角下的"网络战"及中国的对策——以诉诸武力权为中心》，载《现代法学》2015 年第 5 期。

③ 参见［美］迈克尔・施密特主编：《网络行动国际法塔林手册 2.0 版》，黄志雄等译，社会科学文献出版社 2017 年版，第 335 页。

④ 参见陈颀：《网络安全、网络战争与国际法——从〈塔林手册〉切入》，载《政治与法律》2014 年第 7 期。

同样的规模和效果,既可以是通过使用武力造成的,也可以是通过非武力手段造成的;而由于诸多造成了一定规模和效果的行为并未被国际法认定为“使用武力”,因此,造成了相同规模和效果的网络攻击也不应当被认定为“使用武力”。①

三、外层空间网络攻击构成“使用武力”的认定

当前,随着外空科技发展的不断深化,包括通信、导航、运输、贸易、金融、卫生、环境等与人类日常生活休戚相关的众多领域的正常运作,均依赖于人造卫星等外空基础设施的支持。然而,人造卫星及多数外空基础设施却十分易于受到网络攻击。② 外层空间网络攻击既包括对外空基础设施进行破坏的情形,也包括对相关情报进行窃取的情形,均对外层空间和国际社会的和平与安全构成了严重威胁。由此,对外层空间网络攻击进行有效的法律规制具有相当的必要性和紧迫性;而囿于确定的、强制的国际法规则的缺失,对这一网络行动的法律规制又以首先明确其法律性质为前提。

由于《塔林手册 2.0》国际专家组对于部分具体的外层空间网络攻击情形是否构成“使用武力”并未给出明确的意见,因此,确有必要结合前述三项认定网络攻击是否构成“使用武力”的理论学说,对外层空间网络攻击中部分较为突出的实践情形是否构成“使用武力”进行研究,从而为外层空间网络攻击的国际法规制奠定基础:

其一,为发动足够严重的外层空间网络攻击提供庇护场所的情形。

多数学者认为,倘若庇护违反了审慎义务,那么在某些特定情况下,提供庇护应当被认为构成“使用武力”。③ 审慎义务要求一国不得允许其领土或处于其政府控制下的领土或网络基础设施,被用于实施影响他国行使权利或对他国产生严重不利后果的网络行动。一国应采取在相关情形下可行的一切措施,以终止影响他国权利并对他国产生严重不利后果。④

根据“目的论”和“工具论”,在外层空间网络攻击结束后为实施者提供庇护的

---

① 参见黄志雄:《国际法视角下的“网络战”及中国的对策——以诉诸武力权为中心》,载《现代法学》2015 年第 5 期。

② 资料来源:https://pacetoday.com.au/outer-space-threat-cyber-attack/。

③ 参见[美]迈克尔·施密特主编:《网络行动国际法塔林手册 2.0 版》,黄志雄等译,社会科学文献出版社 2017 年版,第 336 页。

④ 参见[美]迈克尔·施密特主编:《网络行动国际法塔林手册 2.0 版》,黄志雄等译,社会科学文献出版社 2017 年版,第 63 ~ 64 页。

行为由于并未造成破坏性后果，因此应当被认定为不构成“使用武力”；而根据“规模和效果标准”，则应当综合考虑实施者在庇护国给予庇护后所实施行为的严重性、效果的可衡量性、军事性、庇护国的介入程度，以确定庇护国的庇护行为是否构成“使用武力”。

其二，外层空间网络攻击虽然造成了严重的负面影响，但却并未造成人员伤亡或财产损失的后果。

有学者认为，对人员的人身伤害或对财产的物理损害是将行为定性为“使用武力”的先决条件。也有专家认为，行为结果的性质（伤害性的或破坏性的）并不重要，行为后续影响的程度才是决定其是否构成“使用武力”的关键。①

根据“目的论”，无论一项行为造成了怎样的破坏性结果，其都应当被认定为构成“使用武力”。由此，即使外层空间网络攻击并未导致人员伤亡和财产损失，但只要其造成了严重的负面影响这一破坏性结果，那么便满足了构成“使用武力”的条件。根据“工具论”，倘若一项行为造成了特定的有形或无形损害，那么即构成“使用武力”。据此，外层空间网络攻击虽然并未导致人员伤亡和财产损失的有形损害，但造成了严重的负面影响这一有形或无形的损害，因而仍然构成“使用武力”。而根据“规模和效果标准”，则需要通过考察外层空间网络攻击所造成的严重的负面影响具体达到了何种程度，方才能够确定其是否构成“使用武力”。

其三，外层空间网络攻击采取网络间谍活动的方式，而在无意中对相对方的网络基础设施造成了严重损害的情形。

网络基础设施是指支撑计算机网络正常运行的物理性结构，通过软硬件设施搭建通信信道，以实现在两个或更多规定的端点之间提供连接传输的网络通信体系。② 有学者认为，虽然上述情形造成了严重的损害后果，但由于结果的产生并非基于故意，因此不应将外层空间网络攻击认定为“使用武力”。③

根据“目的论”，“使用武力”的构成要求行为的实施者具有主观故意，因而，倘若网络基础设施所遭受的严重损害是在无意中造成的，那么外层空间网络攻击便不构成“使用武力”。按照“工具论”，使用木马病毒、蠕虫等“武器”进行的网络攻

---

①　参见[美]迈克尔·施密特主编：《网络行动国际法塔林手册 2.0 版》，黄志雄等译，社会科学文献出版社 2017 年版，第 345 页。

②　参见朱虹：《基于公共产品理论的网络基础设施产权问题研究》，载《情报科学》2006 年第 1 期。

③　参见[美]迈克尔·施密特主编：《网络行动国际法塔林手册 2.0 版》，黄志雄等译，社会科学文献出版社 2017 年版，第 346 页。

击一旦造成损害结果即构成“使用武力”,而无论主观态度如何。由于外层空间网络间谍活动必然涉及使用某种病毒“武器”,因此,基于其同时对网络基础设施造成的严重损害,应当认定其构成“使用武力”。根据“规模和效果标准”,由于外层空间网络攻击造成了严重损害,严重性表明其满足“规模和效果标准”的要求,因此应当被认定为构成“使用武力”。

其四,单独的一项外层空间网络攻击并未达到“武力攻击”的门槛,而由一系列诸如此类的网络攻击构成的外层空间网络攻击行动的情形。

有学者认为,对上述情形进行认定的关键因素在于,由同一发起人(或者行动协调一致的若干发起人)实施的互相关联的攻击是否在总体上达到了一定的规模和效果;如果有确定的证据证明其确已达到,那么便有理由将其视作一次“复合”的武力攻击。[①] 易言之,尽管单一的攻击可能并不构成“使用武力”,但多项单一的攻击在总体上形成一种系统性的攻击,便应当被认定为“使用武力”。由此可见,上述观点体现了“规模和效果标准”的主张,即虽然单一的外层空间网络攻击并未达到“武力攻击”,但持续、系统的网络攻击一旦达到一定的规模和效果,那么便应当将其认定为构成“使用武力”。

此外,根据“目的论”,只要一系列单一的外层空间网络攻击的实施是基于故意,并对相对方造成了破坏性后果,那么便应当将其认定为构成“使用武力”。而根据“工具论”,一系列单一的外层空间网络攻击是否构成“使用武力”,取决于其采取的手段:倘若采取了木马病毒、蠕虫等“武器”进行攻击,则构成“使用武力”;倘若并未采取诸如上述的病毒武器,那么便不构成“使用武力”。

其五,外层空间网络攻击对非相对方的第三方造成破坏性后果的情形。

多数学者认为,外层空间网络攻击对第三方造成的破坏性后果达到了一定的规模和效果,即应当认为其构成“使用武力”;而另有学者则认为,在缺乏主观故意的情况下,即便对第三方造成了破坏性后果,也不应当将外层空间网络攻击认定为“使用武力”。[②]

在上述两种不同的观点中,前者体现了“规模和效果标准”的主张,重在考察外层空间网络攻击对第三方造成的后果的规模和效果,而无论造成后果的原因是否

---

① 参见[美]迈克尔·施密特主编:《网络行动国际法塔林手册 2.0 版》,黄志雄等译,社会科学文献出版社 2017 年版,第 345 页。

② 参见[美]迈克尔·施密特主编:《网络行动国际法塔林手册 2.0 版》,黄志雄等译,社会科学文献出版社 2017 年版,第 346 页。

基于主观故意;后者则体现了“目的论”的主张,要求外层空间网络攻击只有在本身即存在对第三方造成破坏性后果的主观故意的情况下,方才得以被认定为构成“使用武力”。此外,根据“工具论”,倘若对第三方造成破坏性后果的外层空间网络攻击所采取的是木马病毒、蠕虫等病毒“武器”,那么便应当认为其构成“使用武力”。

随着人类探索、开发、利用外层空间的进程的不断推进,在丰富的经济资源和战略利益的诱惑、驱使下,部分拥有先进外空科技的空间国家开始竞相拓展其在外层空间的“势力版图”。由此,在对外层空间的探索、开发、利用为人类文明的发展和进步作出贡献的同时,相关国家对外层空间控制权的争夺,以及日益频繁且形式越发多样的外层空间活动,也引起了国际社会的诸多矛盾、冲突。此外,外层空间网络攻击基于其随机性、匿名性、专业性和多重性等特征,已经对外层空间和国际社会的和平与安全构成了现实的严重威胁。

《塔林手册 2.0》是国际社会为了能够对包括外层空间网络攻击在内的各种形式的网络攻击进行有效的法律规制所做的努力。虽然截至目前,《塔林手册 2.0》所制定的相关规则尚无法作为对外层空间网络攻击进行确定的、强制的法律规制的依据,不过,在首先明确了外层空间网络攻击的法律定性的基础上,通过国际社会对此的持续关注和深入研究,应当能够形成更加科学合理和切实可行的法律规制手段,以符合国际法治的要求。

第三章

外空自然资源开发、利用的国际法规制

区别于人类为开展探索、开发、利用外层空间的外空活动而发射进入外层空间的各类人造物体(航天器),外空自然资源指的是外层空间和天体中蕴含的自然生成的、非人造的各类资源;而基于外空科技能力所及,目前能够为人类掌握和利用的外空自然资源主要包括月球等近地天体上的矿产资源,以及环绕地球轨道(包括近地轨道和地球静止轨道等)资源。① 随着商业航天产业在世界各主要空间国家越发蓬勃地发展,越来越多的国家和非国家实体开始加入到对尚且十分有限的外空自然资源的竞相开发和利用中,由此不仅引发了激烈的利益争夺,甚至还对国际社会的共同利益造成了不利的影响。是故,针对不同类型的外空自然资源的开发、利用在实践中面临的现实问题,确有必要采取相适应的国际法规制措施,以保障对外空自然资源的开发、利用的合理、有序,符合外层空间国际法治的要求。

第一节　外空矿产资源开发、利用的国际法规制

长久以来,世界各国政府和学界对外空矿产资源(月球及

---

① 参见李寿平:《21 世纪空间活动新发展及其法律规制》,法律出版社 2016 年版,第 81 页。

其他近地天体上的矿产资源)的法律性质和权利归属应当如何始终莫衷一是,从而使上述问题一直困扰着整个国际社会。[①] 在这一特殊的现实背景下,美国于2015年颁布的《外空资源开发和利用法案》无疑对本就存在相当争议的外空矿产资源的法律性质和权利归属问题造成了更大的冲击——该法案不仅鼓励具有美国公民身份的私人实体参与对外空矿产资源的开发和利用,并为此提供法律保障,还肯定了私人实体对其开发的外空矿产资源享有包括所有权在内的一系列权利。这一在国际社会尚未就外空矿产资源的法律性质和权利归属达成一致的情况下所采取的单边做法,必然将对包括中国在内的世界其他空间国家基于外空矿产资源的经济利益、乃至安全利益,以及整个国际社会的共同利益造成十分不利的影响。[②]

一、美国《外空资源开发和利用法案》及其法律争议

(一)美国《外空资源开发和利用法案》的核心内容

美国《外空资源开发和利用法案》实际上是于2015年11月10日和16日由美国参众两院先后通过的,并于25日由时任美国总统奥巴马签署的《美国商业外空发射竞争法》[③](U. S. Commercial Space Launch Competitiveness Act)的标题四(Title Ⅳ),原题为"外空资源开发和利用";而根据上述《美国商业外空发射竞争法》标题四项下的第401条(Sec. 401)的规定,该标题可以被直接引述为"2015年外空资源开发和利用法案"。[④] 至于该法案的正文内容,则作为修订《美国法典》第51编第5分编(Subtitle Ⅴ of Title 51)的新增章节(Chapter 513),被规定在《美国法典》中的相应编目项下。[⑤]

美国《外空资源开发和利用法案》由三个条款组成,即《美国法典》第51301条(Sec. 51301)"定义"(Definitions),第51302条(Sec. 51302)"商业开发和商业回收"

① 参见赵云:《外层空间法中的热点问题评议》,载《北京航空航天大学学报(社会科学版)》2010年第1期。

② 参见王国语、陶阳子:《美国〈2015外空资源探索与利用法〉的分析及应对建议》,载《中国航天》2015年第12期。

③ 资料来源:https://www.congress.gov/bill/114th-congress/house-bill/2262/actions。

④ U. S. Commercial Space Launch Competitiveness Act (Public Law 114-90), Title Ⅳ - Space Resource Exploration and Utilization, Sec. 401: This title may be cited as the "Space Resource Exploration and Utilization Act of 2015".

⑤ H. R. 1508 (Report No. 114-153), United Nations House of Representativeness, 15 June 2015, Sec. 2: In general, Subtitle Ⅴ of Title 51, United States Code, is amended by adding at the end the following new chapter: Chapter 513 - Space Resource Exploration and Utilization.

(Commercial Exploration and Commercial Recovery),以及第 51303 条(Sec. 51303)"小行星资源和外空资源的权利"(Asteroid Resource and Space Resource Rights)。①其中,《美国法典》第 51303 条明确了具有美国公民身份的私人实体对其开发的外空矿产资源所享有的包括所有权在内的一系列权利。这是《外空资源开发和利用法案》最为核心的,同时也引发了极大争议的内容。

根据该条规定,参与《外空资源开发和利用法案》所称的小行星矿产资源或者其他外空矿产资源商业回收的美国公民,对其依照包括美国所承担的国际义务在内的所应适用的法律而取得的小行星矿产资源或者其他外空矿产资源,享有包括占有、所有、运输、使用和出售的权利。② 此外,根据《美国商业外空发射竞争法》第 403 条(Sec. 403)的规定,《外空资源开发和利用法案》的颁布并不意味着美国基于国家的层面对任何天体主张主权、主权性的或者排他性的权利、管辖权和所有权。③由此,应当注意的是,《外空资源开发和利用法案》在赋予私人实体对外空矿产资源的所有权的同时,仅否定了美国作为国家不得对外层空间及天体主张主权或其他相关权利,而并未就美国作为国家对外层空间及天体中的矿产资源的所有权予以明确的否定。

(二)美国《外空资源开发和利用法案》引发的法律争议

在现行外层空间国际法律制度中,1967 年《外空条约》与 1979 年《月球协定》分别就国家不得对外层空间(包括月球和其他天体)主张主权并以任何方式据为己有,以及包括国家在内的任何实体和自然人不得对月球及其自然资源主张主权或者据为己有作出明确的规定——前者第 2 条规定:"外层空间,包括月球和其他天体,不得因主张主权,使用或者占领,或者其他任何方式,而被国家据为己有。"后者第 11 条第 2、3 款规定:"月球不得因主张主权,使用或者占领,或者其他任何方式,而被国家据为己有。""月球的表面或者表面下层,其任何部分或者其中的自然资源,不应成为任何国家,政府间或者非政府间国际组织,国家组织或者非政府实体或者任何自然人的财产。"

---

① United States Code, Title 51 – National and Commercial Space Programs, Subtitle Ⅴ – Programs Targeting Commercial Opportunities, Chapter 513 – Space Resource Exploration and Utilization.

② United States Code, Title 51, Subtitle Ⅴ, Chapter 513, Sec. 51303.

③ U. S. Commercial Space Launch Competitiveness Act (Public Law 114 – 90), Title Ⅳ, Sec. 403: It is the sense of Congress that by the enactment of this Act, the United States does not thereby assert sovereignty or sovereign or exclusive rights or jurisdiction over, or the ownership of, any celestial body.

由于截至目前，美国仅批准加入了《外空条约》而并未批准加入《月球协定》，[①]因此，根据“条约必须遵守”和“条约不拘束非缔约国”的国际条约法原则，美国仅须遵守上述《外空条约》关于国家不得对外层空间主张主权并以任何方式据为己有的规定，而上述《月球协定》关于任何实体和自然人不得对外空自然资源主张主权或者据为己有的规定则无法对美国产生法律拘束力。是故，又因为从上述《外空条约》相关规定的字面含义看，其仅禁止国家作为“据为己有”的主体，并且所禁止的“据为己有”的对象也仅以外层空间及天体为限，而不包括外空自然资源，所以美国《外空资源开发和利用法案》赋予私人实体对外空矿产资源的所有权的规定，以及私人实体享有对外空矿产资源的所有权本身，均是与美国所承担的国际法律义务不相违背的。

不过，虽然《外空资源开发和利用法案》并未直接赋予美国作为国家对外空矿产资源的所有权，但是，由于其同时也并未明文禁止私人实体将所掌握的外空矿产资源的所有权通过出售或者其他方式转让至国家，并且，如前所述，其也未就美国作为国家对外空矿产资源的所有权予以明确的否定，因此，实践中仍然极有可能出现美国通过购买或者其他方式自私人实体处取得外空矿产资源的所有权的情形。

鉴于此，笔者认为，美国《外空资源开发和利用法案》一方面在立法上避免了与美国所承担的国际法律义务，即前述《外空条约》的相关规定产生直接的冲突，而另一方面则又在事实上为美国自私人实体处取得外空矿产资源的所有权保留了实践操作的余地，旨在为美国作为国家取得外空矿产资源的所有权提供间接的、隐含的国内法依据。由此，诚如有学者指出的，美国颁布《外空资源开发和利用法案》以鼓励私人实体开发和利用外空矿产资源，并肯定私人实体对其开发的外空矿产资源享有包括所有权在内的一系列权利的真实目的，在相当程度上应当是为了满足国家自身对于取得外空矿产资源的所有权的诉求。[②]

应当认识到，虽然美国《外空资源开发和利用法案》本身并未与美国所承担的国际法律义务相违背，但是，美国通过颁布该法案以直接地赋予私人实体对外空矿产资源的所有权，并间接地、隐含地为其作为国家取得外空矿产资源的所有权创设

---

① United Nations Office for Outer Space Activities, Status of international agreements relating to activities in outer space as at 1 January 2022. 参见 http://www.unoosa.org/documents/pdf/spacelaw/treatystatus/AC105_C2_2017_CRP07E.pdf。

② 参见王国语、陶阳子：《美国〈2015 外空资源探索与利用法〉的分析及应对建议》，载《中国航天》2015 年第 12 期。

条件的单边做法,不仅将对规范外空矿产资源开发和利用的现行外层空间国际法律制度造成冲击,还将可能引发空间国家通过本国私人实体开展开发、利用乃至占有外空矿产资源的"外空竞赛",从而使国际社会围绕外空矿产资源的法律性质和权利归属问题的纷争更加严重。

二、外空矿产资源的法律性质与权利归属

事实上,美国《外空资源开发和利用法案》在颁布之后便迅速受到国际社会的普遍关注,除了引发国际社会对于构建外空矿产资源开发和利用的国际机制的高度重视外,该法案本身在国际法上的合法性问题也在国际社会引起了广泛争议。在2016年4月4日至15日召开的联合国外空委法律小组委员会第55届会议期间,多个国家的代表团围绕该法案的合法性问题展开了激烈的争论,并大致形成了三种不同观点:否定法案的合法性,肯定法案的合法性,以及回避法案的合法性问题,主张径行构建外空矿产资源开发和利用的国际机制。①

对此,笔者认为,造成上述世界各国就法案的合法性问题各执己见的核心原因,应当是其对外空矿产资源的法律性质和权利归属的认识大相径庭;而美国《外空资源开发和利用法案》的合法性问题的实质,实际上也正是长期困扰着国际社会的、又由该法案再次推向高潮的外空矿产资源的法律性质和权利归属问题。

(一)外空矿产资源的法律性质

诚如有学者指出的,外空矿产资源的权利归属问题从根本上是由外空矿产资源自身的法律性质未能得到明确所引起的,而外空矿产资源的法律性质问题则又源于具有普遍法律拘束力的外层空间法规则的缺失。② 申言之,在现行外层空间国际法律制度中居于"宪章"地位的1967年《外空条约》通篇均未提及"外空自然(矿产)资源"的情况下,1979年《月球协定》首次将"外空自然资源"纳入国际空间法的调整范围——根据其第11条第1款的规定,"外空自然资源"(月球及其自然资源)被抽象地定性为"人类共同继承财产"。不过,由于截至2023年1月1日,仅18个

① A/AC. 105/1113, Report of the Legal Subcommittee on its fifty - fifth session, held in Vienna from 4 to 15 April 2016, paras. 74 - 83.

② 参见赵云:《外层空间法中的热点问题评议》,载《北京航空航天大学学报(社会科学版)》2010年第1期。

国家批准加入了《月球协定》,[①]导致《月球协定》本身及其上述规定的法律拘束力均十分有限,因此,外空矿产资源的法律性质问题便被进一步地演化为"什么是人类共同继承财产",以及"外空矿产资源是否属于人类共同继承财产"这两个问题。[②]

一般认为,"人类共同继承财产"概念的起源可以追溯至罗马财产法中的"公有物"(*res communis*)制度,后者指的是为全体罗马市民共同所有的公共财产,不得为个人以排除他人所有的方式而享有排他的财产权。[③] 在国际法的语境中,"人类共同继承财产"的概念和相关法律制度则是在国际海洋法领域首先得到确立的——联合国大会第25届会议通过第2749号决议(《关于各国管辖范围以外海洋底床下层土壤之原则宣言》),将"海床、洋底和底土及其资源"明文确认为"人类共同继承财产";[④]而后,1982年《联合国海洋法公约》(UNCLOS)第136条就"海床、洋底和底土及其资源"作为"人类共同继承财产"作出了正式规定。

基于此,根据《联合国海洋法公约》第137、140、141条的规定,[⑤]并结合"人类共同继承财产"法律制度在国际海洋法领域的相关实践可以推知,国际海洋法领域中的"人类共同继承财产"的概念及其法律制度应当包含以下几个方面的内容:其一,不得由任何国家行使主权或者主张主权性权利,不得由任何国家或者私人实体(自然人、法人)据为己有;其二,由全人类共同开发、利用;其三,开发、利用须为全人类的共同利益,开发、利用所取得的收益须由全人类共享;其四,开发、利用须专为和平目的,并不得歧视;其五,须为后世人类而进行保护。[⑥]

那么上述国际海洋法领域中的"人类共同继承财产"概念及其法律制度是否同样适用于外层空间,外空矿产资源又是否属于"人类共同继承财产"? 有学者认为,

---

① United Nations Office for Outer Space Activities, Status of international agreements relating to activities in outer space as at 1 January 2022. 参见 http://www.unoosa.org/oosa/en/ourwork/spacelaw/treaties/status/index.html。

② 参见王国语:《拉开外空采矿竞赛的序幕? ——美国行星采矿立法的法律政策分析》,载《国际太空》2016年第5期。

③ See Lea Brilmayer & Natalie Klein, *Land and Sea: Two Sovereignty Regimes in Search of a Common Denominator*, New York University Journal of International Law and Politics, Vol. 33, 2001, p. 706 – 707.

④ The General Assembly, A/RES/2749 (XXV), 17 December 1970, para. 1.

⑤ UNCLOS, Article 137 Legal status of the Area and its resources, Article 140 Benefit of mankind, Article 141 Use of the Area exclusively for peaceful purposes.

⑥ See Christopher C. Joyner, *Legal Implications of the Concept of the Common Heritage of Mankind*, International and Comparative Law Quarterly, Vol. 35, 1986, p. 190 – 199. See also Mary V. White, *The Common Heritage of Mankind: An Assessment*, Case Western Reserve Journal of International Law, Vol. 14, 1982, p. 535 – 537.

"人类共同继承财产"法律制度已经构成了一项国际习惯法规则,并且,由于其不仅被规定在国际海洋法法律文件中,还被规定在外层空间法法律文件中,因此,尽管具体的适用情况可能因为所适用的领域的差异而有所不同,但其应当在国际海洋和外层空间中得以适用。① 与之相对地,有学者则认为,"人类共同继承财产"法律制度尚未构成国际习惯法,并且,其仅是国际海洋法领域中的一项法律制度,不应适用于外层空间。②

对此,笔者更倾向于认同后者的观点,这是因为:首先,"人类共同继承财产"法律制度并非一项国际习惯法规则。针对有学者基于前述引入"人类共同继承财产"概念的联合国大会第 2749 号决议以 118 票赞成、0 票反对、14 票弃权获得通过的事实,认为"人类共同继承财产"法律制度由此具备了国家实践和法律确信,从而构成国际习惯法的观点,③应当认识到:一方面,众所周知,联合国大会决议仅具有建议性质而不具备法律拘束力,并且,对联合国大会决议的通过也并非创设国际法,是故,联合国成员国就上述大会第 2749 号决议投赞成票的行为至多只得表示其认同"人类共同继承财产"这一全新概念的表述,而无法充分说明其在心理上已经将"人类共同继承财产"的理念接受为法律。同时,另一方面,诚如有学者指出的,由于无论是在联合国大会第 2749 号决议通过之后,还是在《联合国海洋法公约》生效之后,国际社会均未能够就"人类共同继承财产"法律制度的实施形成反复多次、前后一致的实践,因此,已有的国际社会的实践是难以证明"人类共同继承财产"法律制度具备了构成国际习惯法所必需的国家实践的。④

其次,"人类共同继承财产"法律制度不应适用于外层空间,外空矿产资源并非"人类共同继承财产"。事实上,《月球协定》将外空自然(矿产)资源定性为"人类共同继承财产"的规定一直以来均远未得到国际社会的普遍认可——时至今日,仅有 18 个国家批准加入生效已逾 40 年的《月球协定》,并且世界各主要空间国家均未批准加入该条约的事实表明,世界多数国家对于将"人类共同继承财产"法律制度适用于外层空间,或者说,将外空自然(矿产)资源定性为"人类共同继承财产",

---

① 参见王铁崖:《论人类的共同继承财产的概念》,载邓正来编:《王铁崖文选》,中国政法大学出版社 2003 年版,第 69 页。

② 参见李强:《论〈月球协定〉中"人类共同继承财产"概念的法律地位》,载《兰州学刊》2009 年第 6 期。

③ 参见王铁崖:《论人类的共同继承财产的概念》,载邓正来编:《王铁崖文选》,中国政法大学出版社 2003 年版,第 89 页。

④ 参见李寿平、赵云:《外层空间法专论》,光明日报出版社 2009 年版,第 95 页。

是持否定的、或者至少是质疑的态度的。此外，外空科技发达的空间国家与外空科技欠发达、甚至尚不具备外空科技的国家对《月球协定》将外空自然（矿产）资源定性为“人类共同继承财产”的规定进行解释的立场和视角也截然不同——前者希望将其作为本国据以收回开发、利用外空矿产资源的成本和收益的法律依据，而后者则将其视为借以重新分配外空矿产资源及其开发、利用所得的收益，以改善本国经济状况的契机。[①] 由此，在国际社会对外层空间法领域中的“人类共同继承财产”的概念内涵都尚且存在严重分歧的情况下，将外空矿产资源定性为“人类共同继承财产”便更加无从谈起了。

（二）外空矿产资源的权利归属

由于“人类共同继承财产”法律制度不适用于外层空间，外空矿产资源也并非“人类共同继承财产”，因此，“人类共同继承财产”法律制度所包含的权利归属规则便无法被适用于确定外空矿产资源的权利归属，从而使得对外空矿产资源权利归属的确定仍需通过对现行外层空间国际法律制度的相关规则和国际社会的相关实践进行分析。由此，又鉴于前述美国《外空资源开发和利用法案》对私人实体享有外空矿产资源所有权的规定在国际社会引发的一系列争议，笔者认为，应当将存在于外空矿产资源之上的权利区分为所有权（right of appropriation）、使用权（right to use）与收益权（right to earnings），并分别对上述不同类型的权利的归属进行厘清。

1. 外空矿产资源所有权的归属

由《外空条约》第 2 条确立的“不得据为己有”原则是现行国际空间法制度中的一项基本原则，该原则首见于联合国大会第 1721（XVI）号决议，[②]而后在联合国大会第 1960（XVIII）号决议（《外空宣言》）中被作为探索和利用外层空间所应遵循的九项原则之一，[③]并最终被《外空条约》确立为外层空间法领域的一项基本原则。根据该原则，任何国家不得对外层空间主张主权，或者以任何方式据为己有。

不过，诚如前文指出的，倘若从《外空条约》第 2 条规定的字面含义看，则不仅“不得据为己有”原则规范的主体仅限于国家，其规范的对象也仅限于外层空间及

---

① See Fabio Tronchetti, *The Exploration of Natural Resources of the Moon and other Celestial Bodies, a Proposal for Legal Regime*, Martinus Nijihoff Publishers, 2009, p. 130. See also Kelly M. Zullo, *The Need to Clarify the Status of Property Rights in International Law*, Georgetown Law Journal, Vol. 90, 2002, p. 2424 – 2426.

② The General Assembly, A/RES/1721A（XVI）, 20 December 1961, para. 1.

③ The General Assembly, A/RES/1962（XVIII）, 13 December 1963, Art. 3.

天体,而不包括外空矿产资源。正因如此,国际社会始终不乏观点认为,“不得据为己有”原则并不禁止私人实体将外层空间及天体据为己有,也不禁止国家或者私人实体将外空矿产资源据为己有。例如,有学者指出,个人应当得以代表其自身,或者代表其他个人、私人社团或者国际组织,合法地占有外层空间的任何部分。①

对此,笔者认为,根据现行外层空间国际法律制度的相关规则和国际社会的相关实践,不仅私人实体不得将外层空间及天体据为己有,国家或者私人实体也不得将外空矿产资源据为己有(不得享有外空矿产资源的所有权)。这是因为:

首先,《外空条约》第6条规定,无论一国的外空活动是由政府机构还是非政府实体开展的,该国均应当对其负国际责任,并保证其符合《外空条约》的各项规定;同时,非政府实体在开展外空活动时,还应当取得所属国的授权并接受其持续的监督。由于根据“不得据为己有”原则,国家自身都尚且不得将外层空间及天体据为己有,因此就更遑论授权本国的非政府实体将外层空间及天体据为己有了;倘若一国授权本国的非政府实体占有外层空间及天体,那么该国便将被认为有意通过非政府实体将外层空间及天体据为己有,并因此构成对“不得据为己有”原则的违反。②

是故,诚如有学者指出的,由于私人实体对外层空间及天体的占有须以其所属国对外层空间及天体的占有为前提,而国家对外层空间及天体的占有从根本上是无法实现的,③因此,《外空条约》第2条本就无须对禁止私人实体将外层空间及天体据为己有做出明确的规定,因为对国家将外层空间及天体据为己有的禁止已经充分表明对私人实体将外层空间及天体据为己有的禁止了。④

其次,有学者提出,在《外空条约》第2条未明文禁止国家或者私人实体将外空矿产资源据为己有的前提下,为平衡国家和私人实体因开发、利用外空矿产资源而应取得的利益与国际社会的共同利益,可以将外空自然资源区分为“不可移动财

---

① See Stephen Gorove, *Interpreting Article Ⅱ of the Outer Space Treaty*, Proceedings of the Colloquium on the Law of Outer Space, Vol. 11, 1968, p. 40.

② 参见凌岩:《试论对月球和其他天体的所有权》,载凌岩主编:《国际空间法问题新论》,人民法院出版社2006年版,第59页。

③ See Virgiliu Pop, *Appropriation in Outer Space: The Relationship between Land Ownership and Sovereignty on the Celestial Bodies*, Space Policy, Vol. 16, 2000, p. 275.

④ See Patricia M. Sterns & Leslie I. Tennen, *Preliminary Jurisprudential Observation Concerning Property Rights on the Moon and Other Celestial Bodies in the Commercial Space Age*, Proceedings of the Colloquium on the Law of Outer Space, Vol. 39, 1996, p. 50.

产”(immoveable property)和“可移动财产”(moveable property),并且,属于“不可移动财产”的外空自然资源在任何情况下均不得被据为己有,而属于“可移动财产”的外空矿产资源能否被据为己有则需视具体情况而定。①

对此,在肯定上述观点兼顾不同利益诉求的中立性的同时,笔者认为,不仅《外空条约》谈判过程中多个国家代表的声明实际上已经表明,《外空条约》第2条应当是同时禁止了国家和私人实体将外空矿产资源据为己有;②即便是在实践中有限地认同外空矿产资源得以被据为己有,其可能造成的不利后果都将是相当严重的。一方面,具备必需的外空科技的空间国家必将争相开展对外空矿产资源的开发和利用,竭尽所能地将尽可能多的外空矿产资源据为己有,导致当前为人力所能取得的外空矿产资源尽数被在国际社会中仅占极少数的空间国家所占有,从而对国际社会的共同利益造成巨大的损害。另一方面,各空间国家在各自将外空矿产资源据为己有的过程中,不可避免地将因外空矿产资源的所有权归属问题产生矛盾和纠纷,而由于在现行外层空间国际法律制度中,并不存在确定外空矿产资源所有权归属的规则和相应的争端解决机制,因此,不仅空间国家将外空矿产资源据为己有的过程将是混乱的、无序的,因外空矿产资源的所有权归属问题而引发的争端也将可能引发空间国家间更大规模的、更加剧烈的冲突,甚至促使外层空间军事对抗的爆发,由此对外层空间国际法治和国际和平与安全造成破坏。

2. 外空矿产资源使用权和收益权的归属

有学者提出:对私人实体享有外空矿产资源所有权的禁止,剥夺了对私人实体开发、利用外空矿产资源的投资回报的保障,使私人实体丧失了继续投入大量财力、承担巨大风险以开发、利用外空矿产资源的外在动力,从而将导致整个外空矿产资源开发、利用活动陷入发展缓慢,甚至停滞不前的困境。是故,应当赋予私人实体对外空矿产资源的所有权,以使其在可期待的经济利益的吸引下,更加积极地投入到对外空矿产资源的开发和利用。③

然而,应当认识到,虽然吸引私人实体参与对外空矿产资源的开发和利用,以顺应当前世界范围内商业航天产业蓬勃发展的时代潮流,并通过最大化地发掘外

---

① 参见张振军:《月球资源开发国际法律制度研究》,中国宇航出版社2012年版,第81~82页。

② See Fabio Tronchetti, *The Non-Appropriation Principle under Attack: Using Article Ⅱ of the Outer Space Treaty in Its Defense*, Proceedings of the Colloquium on the Law of Outer Space, Vol. 50, 2007, p. 258.

③ 参见贾海龙:《外层空间自然资源开发制度的缺陷和展望》,载《北京航空航天大学学报(社会科学版)》2010年第6期。

空矿产资源的经济价值,以反作用于刺激外空科技的发展进步,确实是十分必要的,但是,根据前文的论述可以推知,外空矿产资源被据为己有所造成的不利后果将远远超出其所能带来的益处,因为较之开发、利用外空矿产资源所取得的经济利益,外层空间国际法治和国际和平与安全毋庸置疑地处于更加重要的地位。

由此,即便是基于吸引私人实体参与对外空矿产资源的开发和利用的目的,赋予私人实体对外空矿产资源的所有权的观点都是无法成立的;与之相对地,作为更具合理性和可行性的替代选择,笔者认为,应当在确定外空矿产资源使用权和收益权的归属时,在从整体上符合"全人类的共同利益"的理念的同时,适当地侧重对实际开展外空矿产资源开发、利用的私人实体的利益的惠及。具体而言:

外空矿产资源的使用权既包括为科研使用外空矿产资源的权利,也包括为商业而使用的权利。该项权利最为显著的特征是不以排他的方式使用外空矿产资源,从而区别于"通过使用的占有"(appropriation by means of use),[①]即排他地对外空矿产资源进行使用。外空矿产资源的收益权着重指为商业使用外空矿产资源以获取经济利益的权利。该项权利的内容主要包括直接出售开发取得的外空矿产资源以获取经济利益,以及将使用外空矿产资源生产的相关产品进行出售以获取经济利益等。[②]

应当肯定的是,就私人实体对外空矿产资源的使用权和收益权,现行外层空间国际法律制度至少是持默许的态度的——从前述《外空条约》第 6 条关于国家须对由政府机构和非政府实体开展的外空活动负国际责任的规定看,属于非政府实体的私人实体应当得以作为开展包括开发、利用外空矿产资源在内的外空活动的主体;而私人实体在开发、利用外空矿产资源的过程中,必然将行使对外空矿产资源的使用权和收益权。对此,有学者补充指出,虽然《外空条约》并未明文赋予私人实体探索、开发和利用外层空间的权利,但其也承认私人实体在对外层空间的探索、开发和利用中发挥着重要的作用。[③] 另有学者指出,在不将外空矿产资源据为己有的前提下,私人实体应当得以在相当广泛的范围内开展对外空矿产资源的开发和

---

① See Ram S. Jakhu, *Principle of Non – Appropriation of Outer Space and the Geostationary Satellite Orbit*, Proceedings of the Colloquium on the Law of Outer Space, Vol. 26, 1983, p. 21.

② See Leslie I. Tennen, *Outer Space: A Preserve for All Humankind*, Houston Journal of International Law, Vol. 2, 1979, p. 149.

③ See Stephen Gorove, *The Concept of Common Heritage of Mankind*, in Stephen Gorove ed., Studies in Space: Its Challenges and Prospects, Sijthoff & Noordhoff International Publishers, 1977, p. 49 – 51.

利用以获取经济利益。①

至于私人实体对外空矿产资源的使用权和收益权的权利份额，应当认识到：诚然，根据《外空条约》第 1 条的规定，任何外空活动的开展均应当遵循为全人类的共同利益的精神；并且，根据《月球协定》第 11 条第 7 款（d）项的规定，应当由全人类共同分享开发、利用外空矿产资源所带来的收益。不过，上述《月球协定》中的条款同时规定，对于直接或者间接地为外空矿产资源的开发、利用做出贡献的国家的利益，应当予以特别的考虑。由此，又基于前述以经济利益吸引私人实体参与对外空矿产资源的开发、利用的必要性，保障私人实体得以因开发、利用外空矿产资源而取得适当比例的投资回报，是合乎情理的；②同时，鉴于私人实体确实为开发、利用外空矿产资源投入了大量财力并承担着巨大风险的事实，为公平起见，在确定对外空矿产资源的使用权和收益权的权利份额时，也应当对私人实体为开发、利用外空矿产资源所做的实际投入予以特别考虑。③

综上所述，一方面，在任何情况下，私人实体均不得享有对外空矿产资源的所有权；而另一方面，私人实体应当得以享有对外空矿产资源的使用权和收益权，并且，其所享有的权利份额应当惠及其因开发、利用外空矿产资源而应取得的利益。

三、中国引领构建外空矿产资源开发、利用国际法律机制

（一）中国对美国《外空资源开发和利用法案》的应对

如前所述，尽管现行外层空间国际法律制度并未对私人实体享有外空矿产资源所有权作出明文的禁止性规定，但是，基于“不得据为已有”的外层空间法基本原则的应有之义，以及对私人实体因开发、利用外空矿产资源而应取得的利益与国际社会的共同利益的平衡，将外空矿产资源的所有权赋予私人实体在法理和情理上均是不合理、不可行，并且不必要的。美国《外空资源开发和利用法案》虽然在立法上并未与美国所承担的国际法律义务产生直接的冲突，但其赋予私人实体对外空

① See Leslie I. Tennen, *Outer Space: A Preserve for All Humankind*, Houston Journal of International Law, Vol. 2, 1979, p. 149.

② See Patricia M. Sterns & Leslie I. Tennen, *International Recognition of the Art of Living in Space: The Emergence of Settlement Competence*, Proceedings of the Colloquium on the Law of Outer Space, Vol. 22, 1979.

③ See Rosenfeld, *Solar Energy and the Common Heritage of Mankind*, Proceedings of the Colloquium on the Law of Outer Space, Vol. 21, 1978, p. 58.

矿产资源的所有权的规定,不仅已经对开发、利用外空矿产资源的国际秩序造成了冲击,甚至可能破坏外层空间国际法治和国际和平与安全。

对此,国际社会已经在政府间和非政府间层面采取行动以争取确立能够更加合理地规制外空矿产资源开发、利用的国际规则——例如,成立于 2016 年的非政府间国际性研究组织"海牙国际外空资源治理工作组"即致力于推动构建一个能够为外空矿产资源开发、利用创造有利环境的国际框架;①其于 2019 年 11 月 12 日发布的《外空资源活动国际框架发展要素》(Building Blocks for the Development of an International Framework on Space Resource Activities)明确了对外空矿产资源的开发、利用不仅应当考虑实际参与各方的利益,还应当对国际社会和全人类的共同利益有所惠及。②

作为外空科技水平正处于快速上升阶段的空间国家,中国更应当对上述《外空资源开发和利用法案》做出积极的应对,并进而引领构建规制外空矿产资源开发、利用的国际机制:一方面,随着外空科技的发展进步,中国在未来必然将加入到开发、利用外空矿产资源的空间国家的行列;而鉴于外空矿产资源虽然价值巨大但却数量有限的特征,以及用以开发、利用外空矿产资源的外空科技兼具民用性和军用性的事实,为了保障本国的国家经济利益和国家安全利益,中国应当对私人实体的外空矿产资源所有权予以否定。同时,另一方面,作为负责任大国,中国也应当对将外空矿产资源据为己有的单边做法予以抵制,并通过推动完善现行外层空间国际法律制度,引领构建规制外空矿产资源开发、利用的国际机制,以保障整个国际社会在外空矿产资源的开发、利用上所应取得的利益,并维护外层空间国际法治和国际和平与安全。

就中国为应对美国《外空资源开发和利用法案》而应予采取的具体措施,笔者认为,其应当包含国内法和国际法两个层面:在国内法层面,应当将为商业航天产业发展提供明文法律依据作为目前正在立法制定过程中的"航天法"的一项重要内容,并在此指引下,明确外空矿产资源的法律地位及其所有权和使用权、收益权的

---

① The Hague International Space Resources Governance Working Group,资料来源:https://www.universiteitleiden.nl/en/law/institute-of-public-law/institute-of-air-space-law/the-hague-space-resources-governance-working-group。

② Building Blocks for the Development of an International Framework on Space Resource Activities, Article 1.1 "The international framework should create an enabling environment for space resource activities that takes into account all interests and benefits all countries and humankind".

归属，以及国家和私人实体开发、利用外空矿产资源所须遵守的法律规则。在国际法层面，则应当根据前述外空矿产资源的法律性质和权利归属的应有之义，在尊重现行外层空间国际法律制度的相关规则的同时，推动国际社会共同修正其缺陷、弥补其不足，并基于保障国际社会的共同利益与维护国际法治的公平正义的立场，引领构建规制外空矿产资源开发、利用的国际机制。由此，又因为较之制定国内法和推动完善现行外层空间国际法律制度，引领构建相关国际机制将更加直接、有效地对《外空资源开发和利用法案》做出应对，故下文将就此进行详细论述。

（二）中国引领构建外空矿产资源开发、利用国际法律机制的整体思路

为使所构建的国际机制得以符合外空矿产资源法律性质和权利归属的应有之义，并平衡国家和私人实体因开发、利用外空矿产资源而应取得的利益与国际社会的共同利益，笔者认为，构建这一国际机制所应遵循的整体思路应当包含以下两方面内容：其一，明确外空矿产资源不得被据为已有的基本准则；其二，确立自由但有限制的外空矿产资源开发、利用制度。

1. 明确外空矿产资源不得被据为己有的基本准则

应当认识到，无论是被用于商业目的还是科研目的，也无论是处于外层空间原位还是已经被采集、移走，外空矿产资源均应当肯定地、绝对地不得被据为己有。

有学者提出：由于根据《月球协定》第 6 条第 2 款的规定，为科研目的，国家不仅得以采集并移走外空矿产资源的标本，还得以保留对其的处置权，以及进行使用，因此，这似乎表明了《月球协定》对于被用于科研目的的外空矿产资源的所有权归属的立场——国家应当得以取得上述外空矿产资源的所有权。[①] 然而，事实上，上述《月球协定》的规定赋予国家的仅是对用于科研目的的外空矿产资源标本的处置权和使用权，而并非所有权；并且，国家所享有的这两项权利本身也并非排他的，因为国家还须为科研而与其他国家分享部分外空矿产资源标本。此外，诚如有学者指出的，虽然实践中确实存在个别空间国家对由本国采集、移走的用于科研目的的外空矿产资源标本进行占有的情形，但是，由于被占有的外空矿产资源标本的数量是如此有限，以至于这一占有行为还不足以被视为将相应的外空矿产资源据为己有；并且，上述个别空间国家占有外空矿产资源标本的实践，也远未构成为科研

① 参见张振军：《月球资源开发国际法律制度研究》，中国宇航出版社 2012 年版，第 83 页。

而得以取得外空矿产资源所有权的国际习惯法。[①] 是故,即便是被用于科研,外空矿产资源也不得被据为己有。

另有学者提出:不得被据为己有的外空自然资源,应当以处于外层空间原位的外空自然资源为限,而不应包括已经被采集、移走的外空矿产资源。[②] 对此,笔者认为:由于外空矿产资源的价值仅在其被采集、移走并用于商业目的或者科研目的的情况下方才得以实现,从而使得恰恰是得以被采集、移走的外空矿产资源的所有权方才将受到竞逐,因此,倘若上述外空矿产资源不在不得被据为己有之列,那么便必然将引发争相对其进行采集、移走、乃至占有的"外空竞赛",进而对开发、利用外空矿产资源的国际秩序造成冲击。并且,随着外空科技的发展进步,越来越多的外空矿产资源终将得以被采集、移走。由此,将得以被采集、移走的外空矿产资源排除在不得被据为己有的对象范畴之外,最终就将使得"外空(自然)资源不得被据为己有"这一理念失去应有的实际意义。是故,得以被采集、移走的外空矿产资源同样不得被据为己有。

2. 确立自由但有限制的外空矿产资源开发、利用制度

诚然,为了吸引国家和私人实体持续积极地投入对外空矿产资源的开发、利用,以最大化地发掘外空矿产资源的价值,准许其自由地开发、利用外空矿产资源确实是十分必要的。不过,国家和私人实体得以享有的开发、利用外空矿产资源的自由也不应当是绝对的,而是应当受到对开发、利用的方式、程度和范围,以及对因开发、利用而取得的收益的归属的限制。

首先,根据《月球协定》第 11 条第 5 款的规定,待到对外空矿产资源的开发、利用切实可行时,国际社会即应当建立相应的国际制度对此进行指引。由此,虽然从实然的角度看,国际社会目前尚未建立起如上所述的国际制度,但是,从应然的角度看,国家和私人实体开发、利用外空矿产资源的方式、程度和范围的自由终究是应当受到这样一项国际制度的规范和限制的。并且,诚如有学者指出的,由于在整个国际社会,具备实际开发、利用外空矿产资源的外空科技的国家和私人实体仅是极少数,因此,倘若一概而论地赋予开发、利用外空矿产资源的自由,那么,这一形式上的公平必然将导致实质上的不公,并对外空科技欠发达,甚至尚不具备相关外空

---

① See Leslie I. Tennen, *Towards a New Regime for Exploration of Outer Space Mineral Resources*, Nebraska Law Review, Vol. 88, 2010, p. 812.

② 参见李寿平:《21 世纪空间活动新发展及其法律规制》,法律出版社 2016 年版,第 93 页。

科技的国家的利益造成损害。[①]

其次，针对因开发、利用外空矿产资源而取得的收益的归属问题，国内外学界形成了截然不同的观点——有学者认为，任何因开发、利用外空矿产资源而取得的收益均必须由全人类共同分享；[②]与之相对地，另有学者则认为，国家和私人实体应当得以对其因开发、利用外空矿产资源而取得的收益（物质成果）享有排他的权属。[③] 对此，在笔者看来，上述两种观点对因开发、利用外空矿产资源而取得的收益的归属的不同认识，实际上是源于其各自对维护全人类的共同利益，与维护国家和私人实体的利益的不同立场，且均不免有过于绝对之虞；而根据前文的论述可以推知，对于因开发、利用外空矿产资源而取得的收益，在确定其归属时应当保证公平并有所侧重，即在从整体上符合“全人类的共同利益”的理念的同时，适当地侧重对实际开展外空矿产资源开发、利用的国家和私人实体的利益的惠及，以实现对国家和私人实体的利益与国际社会的共同利益的平衡。

（三）中国引领构建外空矿产资源开发、利用国际法律机制的具体途径

就具体如何构建规制外空矿产资源开发、利用的国际机制而言，笔者认为，结合当前其他国际法领域构建相关国际机制的已有实践（如随着 1982 年《联合国海洋法公约》的生效而于 1994 年 11 月 16 日正式成立的国际海底管理局），建立一个专门对外空矿产资源的开发、利用进行规范指引和统筹管理的国际外空矿产资源管理机构，应当是较为适宜的。

由于国际外空矿产资源管理机构的建立，必然将依赖于整个国际社会，尤其是外空科技发达的空间国家与外空科技欠发达，甚至尚不具备相关外空科技的国家对此达成一致，因此，以此作为构建规制外空矿产资源开发、利用的国际机制的具体途径，其困难之大和所需花费的时间之长是可以想见的。不过，在笔者看来，相较之下，建立这一国际外空矿产资源管理机构的积极意义则更加突出：一方面，对于中国而言，推动建立国际外空矿产资源管理机构将显著提升其在外层空间事务中的话语权，并为其抵制诸如美国《外空资源开发和利用法案》等旨在将外空矿产资源据为己有的单边做法提供有利的国际平台。同时，另一方面，诚如有学者指出的，

---

① 参见尹玉海、王明月：《外空法中“人类共同继承财产”概念探析》，载《北京航空航天大学学报（社会科学版）》2011 年第 1 期。

② See Leslie I. Tennen, *Outer Space: A Preserve for All Humankind*, Houston Journal of International Law, Vol. 2, 1979, p. 149.

③ 参见李寿平：《21 世纪空间活动新发展及其法律规制》，法律出版社 2016 年版，第 94 页。

专门的国际外空矿产资源管理机构也确实是供实际开展外空矿产资源开发、利用的国家和私人实体进行沟通交流，并由国际社会对因开发、利用外空矿产资源而取得的收益进行分配的最佳场所。①

由此，作为规制外空矿产资源开发、利用的国际机制，除了当然地应当遵循前述两项构建国际机制的整体思路之外，拟建立的国际外空矿产资源管理机构还应当具备明确且具体的目标、职能以及组织架构，以切实有效地开展工作。

1. 目标

如前所述，外空矿产资源的价值必须通过对其的开发、利用得到实现，因此，在坚持外空矿产资源不得被据为己有的基本原则的基础上，虽然开发、利用外空矿产资源的自由不应当是不受限制的，但是，相较于一味地设置限制，国际外空矿产资源管理机构更应当在为法理和情理所允许的范围内尽可能地为开发、利用外空矿产资源提供自由。这是因为：倘若国际机制过多地介入或者控制对开发、利用外空矿产资源的权利和收益的分配，那么便极易产生动摇外空矿产资源开发、利用的市场化，以及挫伤国家和私人实体开发、利用外空矿产资源的积极性的消极后果，②并由此对整个外空矿产资源开发、利用活动的开展造成阻碍。是故，国际外空矿产资源管理机构对开发、利用外空矿产资源的自由的限制本身也应当是有限的——其应当以保证国家和私人实体不得将外空矿产资源据为己有，以及在不影响他方利益和国际社会的共同利益的前提下，对外空矿产资源进行开发、利用为必要；而在上述必要范围之外，国际外空矿产资源管理机构则应当为开发、利用外空矿产资源提供尽可能充分的自由。

同时，作为开发、利用外空矿产资源的自由所包含的一项重要内容，对用以开发、利用外空矿产资源的外空科技，以及因开发、利用外空矿产资源而取得的收益的分享，同样应当是自由的。具体而言：国际空间外空矿产资源管理机构不得强制国家或者私人实体分享上述外空科技或者收益，而是应当在保证国家和私人实体不得垄断外空科技和排他地占有收益的情况下，准许其自由地决定是否分享，以及向何者和怎样进行分享。并且，他方获得上述外空科技和收益也不应当是无偿的，

---

① See Carl Q. Christol, *An International Regime, Including Appropriate Procedures, for the Moon, Article 11, Paragraph 5 of the 1979 Moon Treaty for the Moon*, Proceedings of the Colloquium on the Law of Outer Space, Vol. 23, 1980, p. 147.

② See Richard Berkley, *Space Law Versus Space Utilization: The Inhibition of Private Industry in Outer Space*, Wisconsin International Law Journal, Vol. 15, 1997, p. 437.

而是应当以公平合理的市场价格给付对价。① 之所以要求如上所述的这一对外空科技和收益的分享的自由，是因为：一方面，通过在一定的限制条件下肯定其对分享外空科技和资源的自由以表明对其利益的侧重，将有利于吸引国家和私人实体持续积极地投入对外空矿产资源的开发、利用；而另一方面，将不得垄断外空科技和排他地占有收益作为对上述国家和私人实体所享有的分享的自由的限制条件，同时也将切实地保障国际社会的共同利益。

2. 职能

为将前述构建规制外空矿产资源开发、利用的国际机制的整体思路付诸实践，并实现上述其自身的宗旨，国际外空矿产资源管理机构须具备的职能应当主要包括：

其一，登记和公示。开展外空矿产资源开发、利用的国家和私人实体应当将各项相关情况向国际外空矿产资源管理机构进行报告，由后者登记在案并向国际社会进行公示；登记和公示的内容应当包括：用以开发、利用外空矿产资源的外空科技情况，开发、利用所针对的目标天体和目标资源情况，以及因开发、利用而取得的收益情况等。

对国家和私人实体开发、利用外空矿产资源的情况进行登记和公示，将有利于拟在后开展外空矿产资源开发、利用的他方知悉在前的开发、利用的情况，以避免双方或者各方因开发、利用所针对的目标天体或者目标资源的冲突而产生矛盾纠纷；还将有利于对相应的外空科技或者收益存在需求的他方知悉所需的外空科技或者收益的情况，以据此与相关国家或者私人实体就对外空科技或者收益的分享进行沟通。

其二，收费和管理。国际外空矿产资源管理机构应当向开展外空矿产资源开发、利用的国家和私人实体征收费用，并在确定所征收的费用的具体金额时考虑以下因素：国家和私人实体为开发、利用外空矿产资源而投入的成本情况及其所能取得的收益情况，因外空矿产资源的开发、利用而受到影响的环境的状况，以及受到影响的国家的经济状况。② 国际外空矿产资源管理机构所征收的上述费用实际上可以被视为国家和私人实体为开发、利用外空矿产资源而给付的对价；其依据正在

---

① See Yun Zhao, *An International Space Authority: A Governance Model for a Space Commercialization Regime*, Journal of Space Law, Vol. 30, 2004, p. 289.

② See Yun Zhao, *An International Space Authority: A Governance Model for a Space Commercialization Regime*, Journal of Space Law, Vol. 30, 2004, p. 291 – 292.

于,在准许国家和私人实体通过开发、利用外空矿产资源而取得利益的同时,国际社会的共同利益也应当得到保障。① 由此,国际外空矿产资源管理机构在收取上述费用之后,即应当为国际社会的共同利益而对其进行使用。

国际外空矿产资源管理机构对外空矿产资源的开发、利用进行管理的核心,应当是要求国家和私人实体不得将外空矿产资源据为己有,以及不得垄断用以开发、利用外空矿产资源的外空科技和排他地占有因开发、利用而取得的收益。此外,国际外空矿产资源管理机构还应当要求对外空矿产资源的开发、利用须符合和平利用外空的外层空间法基本原则,即不得开展军事化活动、不得对环境造成有害污染和不利改变,以及应当与外层空间可持续性发展原则的要求相一致,包括不得穷竭地对外空矿产资源进行开采等。至于对国家或者私人实体违反上述要求的行为的处置,笔者认为,由于相关违反行为损害的是整个国际社会的共同利益,因此,可以考虑由国际外空矿产资源管理机构代表国际社会就此向国际司法或仲裁机构提起诉讼或仲裁,从而通过法律方法解决相应的国际争端。

3. 决策机制

诚如有学者指出,现行外层空间国际法律制度设立的多项旨在规范外空活动的国际机制,之所以无法在实践中发挥应有的作用,均是由其未能实现对外空活动的参与方与非参与方之间的利益的平衡所导致的。② 由此,由于国际外空矿产资源管理机构的决策机制决定了其据以开展工作的权力来源,并对其能否顺利地被付诸实践具有重要影响,因此,在对此进行确定时,必然应当将实现对开发、利用外空矿产资源的参与方与非参与方之间的利益的平衡纳入考量。

具体而言:首先,无论是否具备开发、利用外空矿产资源的外空科技,也无论是否实际开展对外空矿产资源的开发、利用,任何国家(私人实体由其所属国作为代表)均得以成为国际外空矿产资源管理机构的成员,并共同组成机构的大会。大会应以"不少于三分之二多数"多数决或其他适宜的表决机制,制定或者修改机构的组织约章和法律政策文件,选举产生机构的主要领导人员,以及通过机构的经费预决算计划等。同时,国际外空矿产资源管理机构还应当设立秘书处等专门内设机构,以具体落实日常工作安排,并协助大会开展工作,包括对外空矿产资源的开发、

① See Jeremy L. Zell, *Putting a Mine on the Moon: Creating an International Authority to Regulate Mining Rights in Outer Space*, Minnesota Journal of International Law, Vol. 15, 2006, p. 516 - 517.

② See Kevin V. Cook, *The Discovery of Lunar Water: An Opportunity to Develop a Workable Moon Treaty*, Georgetown International Environmental Law Review, Vol. 11, 1999, p. 695 - 696.

利用情况进行登记和公示,以及编制经费预决算计划等。

其次,根据平衡开发、利用外空矿产资源的参与方与非参与方之间的利益的需要,应当在国际外空矿产资源管理机构的成员国中选取若干特定国家组成理事会,作为机构的决策机关。对组成机构理事会的国家的确定可以以国际海底管理局理事会的组成作为参照,即由一定数量的实际开展外空矿产资源开发、利用的国家和具备开发、利用的外空科技的国家,以及相同数量的不具备开发、利用外空矿产资源的外空科技的国家,和若干基于公平分配而处于相应的地理位置的国家共同组成。① 理事会应同样采取"不少于三分之二多数"多数决或其他适宜的表决机制,且所需进行决策的事项应当包括但不限于:确定国家或者私人实体开发、利用外空矿产资源的行为是否构成将外空矿产资源据为己有,是否构成垄断外空科技或者排他地占有收益;对国家或者私人实体的违反行为提出要求变更、修正或者终止的建议;在国家或者私人实体拒不接受建议的情况下,决定向国际司法或仲裁机构提起诉讼或仲裁。

第二节　人造卫星轨道资源利用的国际法规制

人造卫星轨道资源的紧张程度决定了世界各国在利用人造卫星轨道资源的过程中极易产生矛盾纷争。现行外层空间登记法律制度仅有涉及人造卫星发射进入外层空间的规定,而没有涉及人造卫星退出外层空间的相关问题或人造卫星成为空间碎片的法律责任问题。实践中,在轨退役人造卫星使对人造卫星轨道资源的利用具有排他性,初始发射国得以对人造卫星轨道资源享有独占的使用权,即构成了实质上的所有权,这显然是与不得据为己有的外层空间法基本原则相冲突的。是故,确有必要明确对人造卫星轨道资源进行利用的权利应为非排他的、有期限的使用权,并且,通过登记取得的人造卫星轨道资源的使用权,是可以因法律行为发生转移的。

具体而言,可以类推适用私法上的"继受取得"制度,②使非初始发射国得以通

① See Yun Zhao, *An International Space Authority: A Governance Model for a Space Commercialization Regime*, Journal of Space Law, Vol. 30, 2004, p. 289.

② "继受取得",是指将已存在的权利通过一定的法律行为转移至其他主体,且该继受权利可以是不完全的所有权,如占有、使用权等。参见[德]卡尔・拉伦茨:《德国民法通论》(上册),王晓晔、邵东健、程建英等译,法律出版社 2013 年版,第 312 页。

过继受取得人造卫星轨道资源的使用权(人造卫星轨道资源利用的继受权)。一方面,现行外层空间国际法律制度并未否定权利主体(主要为国家)之间对人造卫星轨道资源的使用权进行转移;同时,另一方面,肯定人造卫星轨道资源利用的继受权,并为此制定明确的法律规则,还可以实现人造卫星轨道资源利用价值的最大化和对外空自然资源的可持续利用,进而促进相关外空活动的积极发展。

一、人造卫星轨道资源利用的法律争议

人造卫星轨道资源是世界各国开展对外层空间的探索、开发、利用的外空活动所必需的重要资源,而其作为外空自然资源的有限性又同时使得国家间往往因为对其迫切的需求而产生矛盾纷争。① 例如,中国"北斗二号"卫星导航系统在发射"北斗 G1"卫星时,就曾与日本和俄罗斯两国发生争议——日、俄认为中国发射新的人造卫星所使用的轨道将会影响本国已在该轨道上的人造卫星的正常运行;而中国则主张此前曾就本国在前的其他人造卫星的发射和在该轨道上的运行进行过登记,是故,虽然原人造卫星已不在轨,但本国应仍有权利再次将人造卫星发射进入该轨道。就此,中国还采用多星共轨技术成功解决了上述同轨人造卫星的交叉影响问题,最终顺利发射了"北斗 G1"卫星。上述因发射"北斗 G1"卫星引发的争议针对的是地球静止轨道资源;而根据国际电信联盟的相关规则和平均分配经纬度的习惯做法,该类人造卫星轨道资源可分配的总量是确定的、有限的,世界各国相应地能够被分配到的资源数量同样是受到限制的。② 由此,人造卫星轨道资源及国家围绕其的争夺的紧张和激烈程度可见一斑。

针对上述情形,确立人造卫星轨道资源利用的继受权将使一国的人造卫星得以使用他国在前发射的、而今已不在轨的人造卫星所使用的同一轨道资源,同时也将使一国无法基于本国的人造卫星曾经使用过某一轨道资源便得以当然地永久且排他地享有对该轨道资源的使用权。③ 从现行外层空间国际法律制度和相关国际规则的规定看,针对国家对人造卫星轨道资源使用权的取得,国际电信联盟制定的分配规则确立了"先到先得"的原则,《登记公约》也将对人造卫星使用轨道资源的

---

① 参见李寿平:《外空安全面临的新挑战及其国际法律规制》,载《山东大学学报(哲学社会科学版)》2020 年第 3 期。

② 参见夏春利:《ITU 空间频率轨道资源分配与协调规则研究》,载《北京理工大学学报(社会科学版)》2011 年第 6 期。

③ 参见罗杨橤:《卫星轨道资源使用权的继受问题研究》,载《国际太空》2021 年第 10 期。

信息进行国际登记作为国家取得轨道资源使用权的前提条件,[①]不过,并无相关规定明确国家对人造卫星轨道资源利用的权利期限,以及当在前发射的人造卫星离轨之后,国家是否还能够继续享有相应轨道资源的使用权。

就此,为使对人造卫星轨道资源利用继受权规则的构建切实可行,应对以下各项问题加以厘清:一是人造卫星轨道资源利用的权利期限问题,这同时涉及人造卫星轨道资源利用权利的法律性质问题,即其是确定期限的使用权还是永久的"所有权";二是不同类型的人造卫星和与之相应的轨道资源的利用权利的继受取得问题;三是继受取得人造卫星轨道资源利用权利所应遵循的规则问题。

二、人造卫星轨道资源利用权利的法律性质

人造卫星轨道资源利用的权利期限问题,是指国家在基于"先到先得"的分配规则和对国际登记义务的履行而取得特定人造卫星轨道资源的利用权利之后,其得以享有这一利用权利的时间是以其首先占据了轨道资源并进行了国际登记的人造卫星正常在轨运行的时间为限,还是即便该人造卫星已不在轨,也仍然继续占用轨道资源并排除他国人造卫星的利用,而无论是否再次实际发射人造卫星进入轨道。如果是前者,那么人造卫星轨道资源利用权利便是一项确定期限的使用权;如果是后者,那么其则是一项事实上的"所有权"(基于持续的、不定期限的、排他的占有)。

对此,应当认识到:尽管与前文讨论外空矿产资源的法律性质一样,作为外空自然资源,人造卫星轨道资源同样并非"人类共同继承财产",现行外层空间国际法律制度也并未明确禁止对其的永久占用,但是,倘若人造卫星轨道资源得以被独占,那么由此将引发的不利后果可能较之将外空矿产资源据为己有更为严重。鉴于探索、开发、利用外层空间的外空活动对人造卫星轨道资源的高度依赖性,以及人造卫星轨道资源自身的有限性、稀缺性,倘若其得以被个别国家永久地排他占用,那么不仅将对外空活动发展起步较晚的国家显失公正,并对国际社会的共同利益造成不利影响,从而与"全人类共同利益原则""平等自由原则"等外层空间法基本原则的要求相悖,还更将激化、升级国家间围绕人造卫星轨道资源的争夺和矛盾,甚至可能动摇外层空间国际法治和国际和平与安全。是故,国家对人造卫星轨

---

① See Rathore Ekta, *Gupta Biswanath*, *Emergence of Jus Cogens Principles in Outer Space Law*, in Astropolitics, Vol. 18, issue 1, 2020.

道资源享有的利用权利应当是确定期限的使用权，而非得以永久地排他占用的、事实上的“所有权”；这也是人造卫星轨道资源利用权利得以被继受取得的关键前提。在此基础上，基于人造卫星和与之相应的轨道资源的不同类型，应当有针对性地确定人造卫星轨道资源利用权利继受取得的具体情形：返回式人造卫星在完成外空活动任务后便将离轨，因而其发射国应当通过重新进行国际登记以再次取得其所使用的原轨道资源的利用权利，而不得直接径行发射人造卫星继续占用原轨道资源。非返回式人造卫星在完成外空活动任务或设计寿命届满后则有可能仍滞留在运行轨道上，不过，这不应成为其发射国保留其所使用的原轨道资源的利用权利的依据——一方面，一旦非返回式人造卫星完成外空活动任务或设计寿命届满，则无论是否仍滞留在运行轨道上，均意味着其发射国对其所使用的原轨道资源的利用权利期限届满，不得通过直接径行发射人造卫星等其他方式继续占用；另一方面，虽然现行外层空间国际法律制度并未规定发射国负有义务必须主动清除滞留在运行轨道上的失效或废弃的人造卫星，但是，为保障世界各国都能够平等地享有正常使用人造卫星轨道资源的权利，倘若滞留在运行轨道上的失效或废弃的人造卫星对在后发射并使用相同轨道资源的其他人造卫星造成了损害，那么其发射国应当为此承担相应的法律责任。①

三、人造卫星轨道资源利用继受权规则的构建

人造卫星轨道资源利用的继受权指的是，当一国发射的人造卫星完成外空活动任务或设计寿命届满，该国对人造卫星使用的轨道资源所享有的利用权利的期限即告届满，该国应通过向联合国秘书长进行报告或其他适当的方式，②使上述情况为国际社会所知悉，从而使世界各国、当然也包括该国在内，均得以再一次基于“先到先得”的分配规则和对国际登记义务的履行而取得轨道资源的利用权利；并且，一国此前对相关轨道资源利用权利的享有，不应导致对此处重新取得该轨道资源利用权利的机会和条件的区别对待。③

---

① 参见李寿平：《试论空间环境损害的国际责任》，载赵海峰主编：《空间法评论》第 1 卷，哈尔滨工业大学出版社 2006 年版，第 88 页。

② 《登记公约》第 4 条第 3 款规定，发射国应将曾进行过登记的、原在运行轨道内的空间物体现已“不复存在”的情况向联合国秘书长进行报告。以此为基础，向联合国秘书长进行报告或可以作为发射国向国际社会公告其对轨道资源所享有的利用权利的期限届满的可行方式。

③ 参见罗杨堞：《卫星轨道资源使用权的继受问题研究》，载《国际太空》2021 年第 10 期。

如前所述,国家根据《登记公约》的相关规定就其发射的人造卫星进行国际登记,是使人造卫星得以使用相应的轨道资源,即该国取得相应的人造卫星轨道资源利用权利的必要前提。据此,进行国际登记应当同样作为为取得人造卫星轨道资源利用继受权而必须满足的前提条件。在此基础上,为确立人造卫星轨道资源利用的继受权,还应构建必要的基本规则。

(一)应在进行国际登记所需提供的信息中加入人造卫星轨道资源利用的期限信息

前文已经述及,确立人造卫星轨道资源利用继受权的法理基础,是国家对人造卫星轨道资源的利用权利的法律性质为确定期限的使用权;这就意味着一国发射的人造卫星对特定轨道资源进行使用的期限必然是有限的和确定的,并且应当是在对该人造卫星进行发射时即可以明确的。是故,将人造卫星轨道资源利用的期限信息加入进行国际登记所需提供的信息,是切实可行的。至于加入上述信息的作用和意义则在于,倘若一国拒绝公开其所发射的人造卫星对特定轨道资源进行使用的期限,并以人造卫星未完成外空活动任务或设计寿命未届满等理由,始终占用相关轨道资源,那么其实际上便是在将相关轨道资源据为己有——这不仅与人造卫星轨道资源利用权利本身的法律性质相冲突,还对人造卫星轨道资源利用的继受权的实现造成了严重的妨碍。对此,确有必要通过将人造卫星轨道资源利用的期限信息加入进行国际登记所需提供的信息中,以保障人造卫星轨道资源利用的继受权应然的可行性。

实践中,确有国家对本国发射的人造卫星使用轨道资源的期限信息进行国际登记。例如,中国就曾多次在其提供的人造卫星国际登记信息中,主动地加入了人造卫星的设计寿命信息(据此便可以基本明确相关人造卫星使用特定轨道资源的期限),①并且,中国所发射的人造卫星的设计寿命/在轨期限等信息还可以从公开出版物中得到佐证。② 由此,无论是间接地提供人造卫星的设计寿命信息,还是直接地(更多的可能是基于测算)提供人造卫星使用轨道资源的期限信息,都可以达到使一国对人造卫星轨道资源的利用权利的期限为国际社会所知悉的效果。

---

① United Nations Office for Outer Space Activities, Notifications from States & Organizations: China. 参见 http://www.unoosa.org/oosa/en/spaceobjectregister/submissions/china.html。

② 相关公开出版物,如刘宗林主编:《中国航天100SHOW:长征系列运载火箭一百次发射精彩记录》,中国宇航出版社2007年版。

当然,由于人造卫星的设计寿命及其使用轨道资源的期限均是事先预计的,难免可能与投入在轨运行后的实际情况有所出入,因此,将人造卫星轨道资源利用的期限信息进行国际登记,并非要求一旦登记的期限届满,无论人造卫星是否实际完成了外空活动任务或设计寿命届满,都必须即刻终止其对轨道资源的使用,而是可以设计一个合理的“缓冲”期限(不宜过长),允许人造卫星在此期限内完成其外空活动任务,以尽可能充分地发挥其探索、开发、利用外层空间的价值;当上述“缓冲”期限届满,则相应的人造卫星轨道资源利用权利即告终止,并应相应地开放对该人造卫星轨道资源利用权利的继受权的取得。此外,倘若人造卫星在上述“缓冲”期限内造成了《责任公约》第2、3条规定的损害后果,那么其发射国仍应为此承担相应的法律责任。①

(二)明确失效或废弃人造卫星的清除义务

倘若初始发射国享有的人造卫星轨道资源利用权利的期限届满后,其他国家通过进行国际登记继受取得了该人造卫星轨道资源的利用权利,而初始发射国发射的人造卫星仍滞留在相应的运行轨道上(该人造卫星即已失效或废弃),那么显然将对在后取得人造卫星轨道资源利用权利的国家(可称为继受发射国)充分有效地利用轨道资源造成妨碍,不仅可能影响其发射的人造卫星的正常在轨运行,甚至还可能引发碰撞等安全风险。

对此,从权利本位的视角看,应当由初始发射国承担对上述失效或废弃的人造卫星的清除义务,这是因为:在所享有的人造卫星轨道资源利用权利终止,且其他国家取得了同一轨道资源利用的继受权的情况下,初始发射国理应尽可能将相应的人造卫星运行轨道恢复至未利用前的状态,以保障继受发射国得以充分有效地利用轨道资源;否则,不仅初始发射国在享有并实际行使了人造卫星轨道资源的利用权利之后,无须承担保障轨道资源确实可以被持续利用的基本义务,继受发射国也将因为失效或废弃的人造卫星的存在而虽然取得了轨道资源利用的继受权但却无法充分有效地行使权利,这显然是不利于人造卫星轨道资源利用继受权的确立和实现的。不过,现行外层空间国际法律制度并未将主动清除空间碎片(包括失效或废弃的人造卫星)规定为空间物体发射国应予履行的强制性义务,而联合国外空委与机构间空间碎片协调委员会(Inter – Agency Space Debris Coordination Committee,IADC)发布的《空间碎片减缓指南》也仅是将清除空间碎片作为发射国自愿采

① 参见李寿平:《现代国际责任法律制度》,武汉大学出版社2003年版,第42页。

取的措施。[①] 是故,尽管情理使然,但在并不存在强制性的法律义务的情况下,初始发射国几乎不可能会主动地清除其已不再利用的轨道资源所涉的失效或废弃人造卫星(尽管是由其发射的);并且,倘若在现行外层空间国际法律制度未作出相关规定的情况下强制要求初始发射国承担上述清除义务,那么也将极有可能导致人造卫星轨道资源利用的继受权制度遭到广大空间国家的排斥和抵制。

鉴于此,由继受发射国承担失效或废弃人造卫星的清除义务是更加合理可行的。一方面,继受发射国为充分有效地行使其继受取得的人造卫星轨道资源的利用权利,在主动清除滞留在相应运行轨道上的失效或废弃人造卫星方面必然具有相对更高的积极性,以保障其发射的人造卫星得以正常在轨运行。同时,另一方面,继受发射国所承担的清除义务应是一项"可为"的选择性义务而非"应为"的强制性义务,即倘若继受发射国不具备主动清除空间碎片的外空科技,或主观上不具有主动清除空间碎片的意愿,那么其也并非必须在主动清除轨道资源所涉的失效或废弃人造卫星之后,方才得以利用该轨道资源,而只是需自行承担可能引发的碰撞等安全风险;当然,倘若初始发射国滞留在运行轨道上的失效或废弃人造卫星造成了继受发射国发射进入运行轨道的人造卫星的损坏或其他损害后果,那么仍可以根据《责任公约》的相关规定,处置相应的法律责任问题。

---

① 参见龙杰:《外空活动长期可持续性建设的国际法依据——以空间碎片主动移除为视角》,载《北京航空航天大学学报(社会科学版)》2018 年第 4 期。

第四章

外层空间国际合作法律机制

国际合作原则是国际法和外层空间法领域的一项基本原则,而国际合作同时也是“人类命运共同体”理念的一项重要内涵。根据“人类命运共同体”理念对外层空间国际合作进行深化完善,中国在开展外层空间国际合作的过程中应当秉持以“合作共赢”作为合作的价值意涵,以妥善兼顾自身国家利益和国际社会的整体利益作为合作的价值追求的根本宗旨。中国可以重点将开展空间站建设国际合作作为具体践行外层空间国际合作根本宗旨的实施路径,采取以中国作为主导的空间站建设国际合作模式,一方面通过吸引发达国家参与合作,以保障自身在国际合作中的国家利益,另一方面通过为发展中国家创造参与合作的机会,以尽可能地带动实现整个国际社会基于国际合作的整体利益。在实际开展外层空间国际合作的过程中,欧洲航天合作实践机制的成熟做法和合理经验可以为中国航天国际合作的顺利发展提供有益的启示。

第一节　外层空间国际合作的基本内涵

一、外层空间国际合作的法律依据

无论是在一般国际法领域,还是在特别的外层空间法领域,国际合作原则均是一项十分重要的基本原则;而基于该原则在世界各国探索、开发、利用外层空间的外空活动实践得到长足发展,外层空间国际合作的基本内涵也已随之得以被初步明确。

根据《联合国宪章》第 1 条第 3 款的规定，"促进国际合作"被确立为联合国的四项宗旨之一，是世界各国之所以凝心聚力建立联合国的一项重要目的；[①]并且，为了实现"促进国际合作"的这一宗旨，《联合国宪章》又以专章的形式（第九章"国际经济及社会合作"）不仅明确了国际合作的具体内容和为促进国际合作所应实施的具体举措（第 55 条），还更明文要求世界各国必须通过与联合国合作以及相互合作的方式促进国际合作（第 56 条）。由此，国际合作便从事实上成为了以国家为主的国际法主体在从事国际交往的过程中所必须遵守的一项行为准则。

在此基础上，国际合作原则之所以得以成为一项国际法基本原则，主要是基于 1970 年《国际法原则宣言》的确认和推动[②]——该宣言将"依照宪章彼此合作之原则"，即国际合作原则明文确立为世界各国据以建立友好关系及合作的国际法原则之一，并具体丰富了国际合作原则的内涵——世界各国无论在政治、经济和社会制度上存在何种差异，均应当在国际关系的各个方面开展国际合作；世界各国应当在经济、社会和文化方面，以及在科学技术方面为了国际文化和教育的进步，开展国际合作；世界各国在开展国际合作的过程中，应当着重促进整个国际社会，尤其是发展中国家的经济增长。[③]

在外层空间法领域，国际合作原则更是自现行外层空间国际法律制度构建之初起，便始终被作为一项据以指导世界各国探索、开发和利用外层空间的重要原则。同时，促进国际合作也正是外层空间法的核心价值目标和所应具备的基本功能之一。[④] 在外层空间国际法律体系居于"宪章"地位的 1967 年《外空条约》不仅在序言中明示了国际社会订立该条约的一项主要目的，即希望在和平探索、利用外层空间的科学和法律方面促进广泛的国际合作，而且还在多项具体的条文规定中就促进国际合作予以了反复强调，主要包括第 1 条规定应当促进和鼓励对外层空间进行自由地科学考察的国际合作，第 3 条规定应当在探索、开发、利用外层空间的各项外空活动中促进国际合作和了解，以及第 9 条规定应当在探索、开发、利用外层空间

---

① 参见许光建主编：《联合国宪章诠释》，山西教育出版社 1999 年版，第 11 页。

② 参见王虎华主编：《国际公法学》（第 4 版），北京大学出版社 2015 年版，第 63 ~ 64 页。

③ The United Nations, General Assembly, A/RES/2625(XXV), Declaration on Principles of International Law concerning Friendly Relations and Co – operations among States in accordance with the Charter of the United States, 24 October 1970.

④ 参见马新民：《外层空间法的发展：框架、目标与方向》，载《国际法研究》2015 年第 2 期。

的过程中以合作和互助原则作为准则等。据此,鉴于《外空条约》已经为国际社会,尤其是各主要空间国家所普遍接受,因此,上述该条约相关条文的规定应当足以构成对国际合作原则作为外层空间法领域的一项基本原则的权威说明。①

在《外空条约》的基础上,由联合国大会于1996年12月13日通过的《外层空间国际合作宣言》(第51/122号决议)进一步明确了外层空间国际合作的基本内涵,即国际合作原则在实际应用于外空活动实践的过程中所应具备的基本要素,主要包括:其一,应当遵守《联合国宪章》和以《外空条约》为代表的国际法和外层空间法的规定(第1条);其二,应当旨在谋求国际社会的整体利益和全人类的共同利益(第1条);其三,应当在公平和可以相互接受的基础上开展国际合作(第2、3条);其四,应当采取最有效和适当的方式开展国际合作(第4条);其五,应当特别顾及发展中国家(对技术援助以及财政和技术资源)的需要(第5条);其六,应当注重适当发挥外层空间应用和国际合作的潜力(第6条);其七,应当加强联合国外空委在国际合作中的作用(第7条);其八,应当鼓励世界各国参与国际合作(第8条)。②

由于探索、开发、利用外层空间的外空活动本身即具有鲜明的跨越国界的国际性,因此,世界各国在从事外空活动的过程中便不可能、也不应当完全独立,而是必须通过开展国际合作方才能够充分地实现自身和彼此之间基于对外层空间的探索、开发、利用所应取得的利益。③ 是故,在肯定了外层空间国际合作之于外空活动发展的必要性和重要性的同时,上述《外层空间国际合作宣言》赋予外层空间国际合作的基本内涵也着实满足了外层空间国际合作应当有助于促进外空活动发展,并妥善顾及世界各国在从事外空活动过程中的相关利益的功能要求。

二、外层空间国际合作的现实状况

自从外层空间作为继陆地、海洋、大气空间之后,人类文明拓展的“第四疆域”,之于世界各国均具有显著的经济价值和战略意义;同时,随着对外层空间探索、开发、利用的不断深入,日趋纷繁复杂的外空活动也给国际社会带来了诸多共同性问

---

① See He Qizhi, *Basic Principles of International Cooperation in the Peaceful Use of Outer Space*, 26 Proc. on L. Outer Space 251 (1983).

② The United Nations, General Assembly, A/RES/51/122, “Declaration on International Cooperation in the Exploration and Use of Outer Space for the Benefit and in the Interest of All States, Taking into Particular Account the Needs of Developing Countries”, 13 December 1996.

③ 参见王铁崖主编:《国际法》,法律出版社1995年版,第245页。

题,关系全人类的共同命运,反映了全人类的共同利益。基于此,诚如有学者指出的,正是因为外空活动的蓬勃发展,使得外层空间国际合作在当前变得尤为迫切①。外空活动发展的实践表明,对外层空间的进一步探索、开发和利用不应当也不可能仅仅依靠个别空间国家单独进行,而必须由世界各国通过开展国际合作共同予以实现。

不过,尽管具有迫切的现实需要和如前所述的充分的法律依据,但是,外层空间国际合作在具体实践中仍然面临诸多现实问题。其中,最为核心的一项是如何保障发展程度不同、外空科技水平参差的世界各国能够达成国际合作的合意,并在此基础上通过实际开展国际合作,真正地平等从事外空活动,并公平共享基于对外层空间的探索和利用而取得的利益。② 该问题对实践中的外层空间国际合作造成的困扰在于:一方面,倘若外层空间国际合作实际上成为仅由个别具备先进外空科技的空间国家占据绝对主导的"独角戏",那么虽然空间国家为探索、开发、利用外层空间而大量投入的资金、资源和技术将在一定程度上促进外空活动的发展,但广大的世界其他国家的相关利益便无从得到兼顾。然而,另一方面,倘若外层空间国际合作重在强调实现国际社会的整体利益,那么又极有可能使得个别空间国家因为预期利益无法得到充分满足而大大降低对外层空间的探索和利用进行大量投入的驱动力,进而导致外空活动发展的缓慢甚至停滞不前。

由此,对上述问题的解决,尤其是对合作过程中的个体国家利益和国际社会的整体利益的恰当平衡,应当是为实现外层空间国际合作所必需的。

第二节 中国外层空间国际合作的发展现状

一、"人类命运共同体"理念对外层空间国际合作的深化完善

自党的十八大报告首次正式提出"人类命运共同体"理念,至习近平总书记于2013年3月首倡"构建人类命运共同体",后又在党的十九大报告中系统阐述"人类命运共同体"的深刻内涵,并将"推动构建人类命运共同体"确立为新时代中国特色社会主义思想的基本方略,"人类命运共同体"理念以和平发展、合作共赢为核心理念,以建设利益共同体、价值共同体、发展共同体、安全共同体和合作共同体为核心

---

① 参见李寿平:《21世纪空间活动新发展及其法律规制》,法律出版社2016年版,第227页。

② 参见李寿平、赵云:《外层空间法专论》,光明日报出版社2009年版,第17页。

内容,[①]已经成为当前国际社会变革全球治理体系、构建新型国际关系的共同价值规范。[②]

从党的十九大报告等相关报告、讲话、文件对"人类命运共同体"理念的内涵所作的阐述可以推知,国际合作应当是"人类命运共同体"的一项重要内涵,并且,开展国际合作也应当是推动构建"人类命运共同体"的必然要求——在党的十九大报告第十二部分"坚持和平发展道路,推动构建人类命运共同体"中,"(国际)合作"一词出现了10次之多,相对应的内容主要包括:"坚定不移在和平共处五项原则基础上发展同各国的友好合作";"推进大国协调和合作";"加强同发展中国家团结合作";"加强同各国政党和政治组织的交流合作";"积极促进'一带一路'国际合作",以及"打造国际合作新平台"。[③] 此外,在莫斯科国际关系学院、博鳌亚洲论坛2015年年会、第70届联合国大会一般性辩论、联合国日内瓦总部等多个重大国际场合,习近平总书记在论及"人类命运共同体"理念时也一再明确指出:和平、发展、合作、共赢已经成为当今世界的时代潮流,国际社会应当推动建立以合作共赢为核心的新型国际关系,"人类命运共同体"的构建、共同繁荣的世界的建设,均需要坚持合作共赢。[④] 由此可见,"人类命运共同体"理念不仅以国际合作作为一项重要内涵,还更对国际合作本身进行了丰富和拓展,即将其由单纯的"合作"发展演进为"合作共赢"。

申言之,"人类命运共同体"视角下的国际合作应当具有以下两个层次:首先,国际合作,即国家之间的合作、区域之间的合作、民族之间的合作,是人类实现和平和繁荣的必经之路;而越是关乎全人类的共同命运和共同利益的共同性问题,越是需要全人类通过合作共同应对。在当今世界的不稳定性和不确定性日益突出、各类全球性危机和挑战不断加剧的现实背景下,没有任何一个国家能够凭借一己之

---

① 参见韩庆祥:《强国时代》,红旗出版社2018年版,第264页。

② 参见冯颜利、唐庆:《习近平人类命运共同体思想的深刻内涵与时代价值》,载《当代世界》2017年第11期。

③ 习近平:《决胜全面建成小康社会 夺取新时代中国特色社会主义伟大胜利——在中国共产党第十九次全国代表大会上的报告》,载《人民日报》2017年10月28日,第5版。

④ 习近平:《顺应时代前进潮流 促进世界和平发展——在莫斯科国际关系学院的演讲》,载《经济日报》2013年3月24日,第2版;习近平:《迈向命运共同体开创亚洲新未来——在博鳌亚洲论坛2015年年会上的主旨演讲》,载《人民日报》2015年3月29日,第2版;习近平:《携手构建合作共赢新伙伴 同心打造人类命运共同体——在第七十届联合国大会一般性辩论时的讲话》,载《人民日报》2015年9月29日,第2版;习近平:《共同构建人类命运共同体——在联合国日内瓦总部的演讲》,载《人民日报》2017年1月20日,第2版。

力独立应对,而是必须依靠世界各国共同面对、共同解决。由此,唯有确立同舟共济的“人类命运共同体”国际合作意识,国际社会方才能够有效地应对各类全球性危机和挑战。①

其次,“人类命运共同体”视角下的国际合作应当是“合作共赢”的国际合作,即将国际合作与“全人类共同利益观”相结合,②要求国际合作须以实现共赢、并最终实现全人类共同利益作为价值追求。“合作共赢”指的是合作各方应当“在追求自身利益时兼顾他方利益,在寻求自身发展时促进共同发展”,③是对“人类命运共同体”理念平等性和互利性的基本特征的直接反映。④ 应当肯定的是,“人类命运共同体”理念将国际合作由单纯的“合作”向“合作共赢”所做的发展演进,不仅将关注单一国家、少数国家利益转变为关注国际社会整体利益,并将实现全人类共同利益作为合作的价值追求,还将合作模式由单方受益模式转变为各方惠益共享模式,从而极大地提高了国际合作的价值等级。⑤

基于上述“人类命运共同体”理念对国际合作所做的深化完善,“人类命运共同体”视角下的外层空间国际合作同样应当包含以下两个方面:首先,由于随着外空活动的蓬勃发展,越来越多的国家、国际组织乃至私人实体开始参与到对外层空间的探索、开发和利用中,使因外空活动引发的诸多问题所影响的已不再仅仅是国际社会中的个别或者少数成员,而是逐渐成为关乎全人类福祉的共同性问题,因此,世界各国必然需要通过开展形式多样、内容丰富的外层空间国际合作,以应对外空活动中的各类共同性问题(如外层空间军事化利用问题和外空自然资源的开发、利用问题等)。为此,外层空间国际合作可以采取双边、多边、全球、区域等多种合作形式,合作内容则可以包括科学技术、资金资源、法律政策、组织架构等各个层面。⑥

其次,外层空间国际合作中的“合作共赢”应当具体表现为特别顾及发展中国

---

① 参见黄德明、卢卫彬:《国际法语境下的“人类命运共同体意识”》,载《上海行政学院学报》2015年第6期。

② 参见黄瑶、林兆然:《国际法视角下人类命运共同体的构建》,载《法治论坛》2018年第2期。

③ 习近平:《迈向命运共同体开创亚洲新未来——在博鳌亚洲论坛2015年年会上的主旨演讲》,载《人民日报》2015年3月29日,第2版。

④ 参见陈明琨:《人类命运共同体的内涵、特征及其构建意义》,载《理论月刊》2017年第10期。

⑤ 参见谢海霞:《人类命运共同体的构建与国际法的发展》,载《法学论坛》2018年第1期。

⑥ 参见尹玉海、颜永亮:《浅析外空活动长期可持续性的国际合作问题》,载《北京航空航天大学学报(社会科学版)》2017年第2期。

家的需要,这既是前述《外层空间国际合作宣言》赋予外层空间国际合作的基本内涵,同时也是"人类命运共同体"理念对外层空间国际合作应具备实现国际社会整体利益的功能的应然要求。须注意的是,"特别顾及发展中国家的需要"并非要求牺牲外空科技发达的空间国家的利益以片面地成就发展中国家的利益,而是旨在实现合作过程中的空间国家与发展中国家之间的利益平衡,即一方面保障空间国家因大量投入对外层空间的探索、利用而本应取得的利益,同时另一方面尽可能地为发展中国家谋求和创造利益,并由此周全地实现整个国际社会基于从事外空活动的整体利益。① 是故,"人类命运共同体"理念对外层空间国际合作须是"合作共赢"的要求,应当是通过妥善兼顾合作主导方的国家利益和国际社会的整体利益予以达成的。

二、中国外层空间国际合作的既有实践和根本宗旨

自开始对外层空间的探索、开发、利用起,中国便始终将开展外层空间国际合作作为本国在从事外空活动过程中的一项重要内容;尤其是自 20 世纪 70 年代中期以来,中国在空间科学、空间技术和空间应用等诸多领域开展了广泛的国际合作,并取得了相当显著的成果。② 从整体上看,中国的外层空间国际合作在合作形式上既重视在联合国和其他国际组织、空间机构框架下的多边合作,也重视与世界其他国家的双边合作,既重视与发达空间国家之间的合作,也重视与发展中国家之间的合作;而在合作内容上,中国的外层空间国际合作则包括了卫星导航、遥感应用、对地观测、深空探测、载人航天、空间碎片治理等诸多领域,几乎涵盖了外空活动的各主要方面。③

根据国务院新闻办公室最新发布的《2021 中国的航天》白皮书,中国自 2016 年以来与 19 个国家和地区、4 个国际组织签署了 46 项空间合作协定或谅解备忘录,并积极参与了联合国框架下的空间合作平台,外层空间国际合作达到了前所未有的高峰:在双边合作层面,中国不仅与俄罗斯、德国、英国、法国、荷兰、意大利等发达空间国家和欧洲空间局开展了内容丰富的双边空间合作,并努力与美国消除彼此在空间合作中的法律政策障碍,进而在战略与经济对话框架下开展更加紧密的空

---

① 参见赵云:《外空活动中国际合作原则的适用:形式和实体要求》,载《国际太空》2015 年第 1 期。
② 参见李寿平:《21 世纪空间活动新发展及其法律规制》,法律出版社 2016 年版,第 251 页。
③ 参见中华人民共和国国务院新闻办公室:《2021 中国的航天》,人民出版社 2022 年版。

间合作，还与巴西、印度、哈萨克斯坦、印度尼西亚等国建立或者巩固了双边空间合作机制，加强了与更广大的发展中国家的空间合作与交流。在多边合作层面，中国积极参加联合国外空委及其科技小组委员会和法律小组委员会的各项工作，参与包括外空活动长期可持续性在内的多项外层空间国际规则的磋商，并配合联合国在北京设立的空间科学与技术教育亚太区域中心进行空间人才教育培训。[①] 此外，作为亚太空间合作组织的东道国，中国还积极参与了该国际组织框架下的多项空间合作项目，并以此为推动各成员国（主要为发展中国家）和整个亚太地区的空间能力建设提供了巨大助力。[②]

鉴于此，中国的外层空间国际合作实际上已经具备了"人类命运共同体"视角下外层空间国际合作的"合作"的内涵，并且，与发展中国家开展广泛深入的空间合作，并以此帮助发展中国家提升空间能力建设的实践表明，中国在开展外层空间国际合作的过程中也确实对发展中国家的利益予以了充分的顾及。[③] 不过，在诸如空间站建设等高水平、深层次的外空活动领域，中国外层空间国际合作的开展则还存在较为明显的不足，亟待加强；[④]而上述领域同时也恰恰是当前发达空间国家与发展中国家在外层空间国际合作中的利益冲突的焦点所在，并且对中国自身的外空利益同样具有十分重大的影响。

由此，中国外层空间国际合作"合作共赢"的价值意涵，以及妥善兼顾国家利益和国际社会的整体利益的价值追求，即中国外层空间国际合作的根本宗旨，便可以重点通过在空间站建设领域开展国际合作加以践行。中国的空间站建设国际合作的开展应当采取正确的合作模式，一方面通过吸引更多的发达空间国家的参与，以首先保障自身基于开展合作而应得的国家利益，另一方面通过为发展中国家的参与创造机会，以兼顾发展中国家通过参与合作所能取得的利益。

空间站一般是指以研究、探测和开发外层空间为目的的永久性载人或不载人

---

① 参见中华人民共和国国务院新闻办公室：《2021 中国的航天》，人民出版社 2022 年版。

② 参见赵云：《亚太空间法国际合作机构的构建》，载《北京理工大学学报（社会科学版）》2011 年第 5 期。

③ See Liao Minwen, *Evolution from Policy towards Law: International Cooperation in the Peaceful Uses of Outer Space*, 56 Proc. Int1 Inst. Space L. 621 (2013). 另参见赵云：《外空可持续性发展的新视角和新途径：以中国外空合作为例》，载《国际法研究》2017 年第 3 期。

④ 参见李寿平：《21 世纪空间活动新发展及其法律规制》，法律出版社 2016 年版，第 251 页。

的空间物体群或系统;[1]同时,空间站的建设又普遍具有高科技、高投入、高风险的固有特征,由此决定了空间站建设领域国际合作的必然性,即世界各主要空间国家在进行空间站建设时往往均不可避免地需要与其他空间国家开展合作。[2] 然而,由美国、加拿大、俄罗斯、日本、巴西以及欧洲空间局成员进行合作,并于 1998 年开始付诸在轨使用的国际空间站(ISS)的建设,却拒绝了中国和广大发展中国家的参与,表明在个别发达空间国家主导下的空间站建设领域的国际合作存在相当的封闭性和局限性。

而今,中国自主研制的"天宫号"空间站(CSS)的建造阶段任务已全面完成,将于 2023 年开始运行阶段的各项任务,且设计运行寿命为 10 年以上;同时,由于国际空间站的计划运行寿命截至 2024 年,因此,倘若国际空间站不再延长运行寿命,那么中国空间站就将成为彼时一段时期内全世界唯一在轨使用的空间站。[3] 由此,基于已经取得的空间站建设的主动权,中国更应当在"人类命运共同体"视角下的外层空间国际合作理念的指引下,在空间站建设领域的国际合作中积极作为。

空间站建设领域的国际合作除了必然涉及科技、政治、经济、安全和外交等宏观层面的因素之外,空间站的登记主体安排和所有权归属、空间站的有关权利分配和责任承担、对因空间站利用而可能引发的国际争端的解决等将直接影响空间站实际运行的具体操作层面的因素,也同样应当在开展国际合作的过程中被纳入考量。[4] 是故,中国空间站建设国际合作的合作模式即应当确保经由该合作模式确定的各项因素是能够与中国外层空间国际合作的根本宗旨相适应的。

---

① 参见贺其治:《外层空间法》,法律出版社 1992 年版,第 230 页。截至 2023 年 1 月,全世界已成功发射并投入正式运行的空间站包括苏联/俄罗斯的"礼炮 6 号"、"礼炮 7 号"、"和平号"空间站,美国的"天空实验室"空间站,以及国际空间站。

② 参见王宝坤:《中国航天国际合作的几点思考》,载《国防科技工业》2008 年第 12 期。

③ 《2026 年中国空间站会是人类唯一空间站吗?》,载国务院国有资产监督管理委员会网 2018 年 4 月 13 日,http://www.sasac.gov.cn/n2588025/n2641616/c8861491/content.html。

④ 参见赵云、龙杰:《中国空间站国际合作模式选择及管辖权分析》,载《安徽师范大学学报(人文社会科学版)》2018 年第 3 期。

第三节　“人类命运共同体”视角下的中国空间站建设国际合作

一、既有国际实践对中国空间站建设国际合作模式的参考和启示

根据截至目前的空间站建设国际实践，国际社会中已经形成了三类相当典型的空间站建设国际合作模式，分别为“苏联模式”、“国际空间站模式”和“欧洲空间局模式”。三者不仅在具体操作层面具有各自鲜明的特征和差异，且在实践中均收到了较为显著的成效，由此应当可以对中国空间站建设国际合作的模式选择起到一定的参考和启示的作用。

（一）“苏联模式”

苏联于1971年4月19日发射升空的“礼炮1号”空间实验室是全世界首个空间站。自此之后，至1982年4月11日，苏联又接连发射升空了6座“礼炮”系列空间站，并于1986年2月20日发射升空了“和平号”空间站。①

由于上述各空间站均是由苏联以一国之力单独建造并进行运行的，且在轨使用的时间又基本均在“冷战”期间（“和平号”空间站除外），因此，苏联在空间站建设领域开展的国际合作实则是较为有限的：一方面，苏联不仅对各空间站主张排他性的所有权，还以本国作为唯一登记主体对各空间站进行登记，由此使各空间站的所有权、管辖权和控制权均由该国独占掌握，而参与空间站建设国际合作的其他国家则无法对空间站进行任何的管辖和控制。另一方面，在整个20世纪70年代，苏联均仅在华约框架内开展空间站建设国际合作，仅社会主义阵营国家得以参与其中；即便是自20世纪80年代中后期起，苏联开始与资本主义阵营国家开展合作，其合作的范围也仅限于空间实验室科学实验和宇航员培训等个别领域。②

由此可见，所谓的“苏联模式”实际上是苏联在“冷战”的特殊历史背景下，通过开展空间站建设国际合作以推行强权外交政策、争夺外层空间军事霸权的工具；③而其因单一的技术和资金来源后继乏力而最终失败的结局则从反面更加强调了唯

---

① *The Salyut Era: First Space Stations*, RussianSpaceWeb. com, http://www. russianspaceweb. com/spacecraft_manned_salyut. html.

② 参见王金华：《载人航天国际合作的历史和现状》，载《国际太空》1996年第4期。

③ See Andrew J. Young, *Law and Policy in the Space Station's Era*, Martinus Nijhoff, 1988, p. 10.

有平等参与、公平共享的国际合作方才是空间站建设的正途。[①] 是故,中国开展空间站建设国际合作所采取的合作模式必须是真正开放的、包容的。

(二)"国际空间站模式"

"国际空间站模式"是当前空间站建设领域国际合作较为成功的范例,国际空间站建设的各个阶段,包括设计、建造、发射、运行乃至维护保障,均由各参与方合作进行,充分体现了参与方之间广泛深入的国际合作。并且,国际空间站并非作为一个整体登记在单一国家名下,而是由各参与方分别就其向国际空间站提供的部分进行登记,由此使各参与方不仅能够对由其提供的国际空间站的特定部分享有所有权,还能够对上述部分保留管辖权和控制权,并能够因从事空间站建设的需要而对国际空间站的其他设备和资源行使一定的使用权。[②]

在此基础上,国际空间站建设国际合作的各参与方根据于 1998 年 1 月 29 日共同签署的《关于民用国际空间站的合作协定》,对国际空间站运行过程中可能产生的损害责任承担、知识产权保护、刑事责任追究等多项具体操作层面的问题进行了规定,从而明确了合作中的义务划分和责任分担。[③] 同时,国际空间站建设国际合作也由此形成了以现行外层空间国际法律体系的相关规则为依据,以上述协定的相关规定为核心,辅之以各参与方之间的谅解备忘录以及其他涉及国际空间站建设的双边或多边协议的一套结构完整、层次分明的法律框架。[④]

不过,与此同时,应当认识到:由于受制于复杂的国际政治因素的影响,由美国主导的国际空间站建设国际合作的实践情形实际上却并未能够符合外层空间国际合作应是"合作共赢"的要求。除了前述针对发展中国家所表现出的局限性和封闭性之外,在合作参与方的选择方面,国际空间站建设国际合作实践还存在将美国的个体国家利益置于绝对优先地位的问题——美国之所以在苏联解体之后的较短时间内便愿意接纳俄罗斯作为国际空间站建设的合作参与方,不仅是因为俄罗斯在

---

① 参见吴晓丹、赵海峰:《中国载人航天国际合作问题研究》,载《北京理工大学学报(社会科学版)》2013 年第 2 期。

② 参见李寿平、赵云:《外层空间法专论》,光明日报出版社 2009 年版,第 32 页。

③ "Agreement among the Government of Canada, Governments of Member States of the European Space Agency, the Government of Japan, the Government of the Russian Federation, and the Government of the United States of America Concerning Cooperation on the Civil International Space Station", Washington, 29 January 1998.

④ 参见夏春利:《论国际空间站的法律框架与国际空间合作立法》,载《北京航空航天大学学报(社会科学版)》2010 年第 5 期。

空间站建设领域已经取得了相当丰富的成果(基于对苏联相关外空科技的继承),从而有助于降低美国在国际空间站建设中的资金、技术、人力等各方面成本的投入,更是因为俄罗斯较之"冷战"时期的苏联,在意识形态上与美国更加接近,由此使得美国得以将开展国际空间站建设国际合作作为在外交层面牵制和制约俄罗斯的又一项重要杠杆。①

综上所述,中国的空间站建设国际合作对上述"国际空间站模式"的经验的吸收应当是批判性的、甄别性的:一方面,"国际空间站模式"高度的合作水平和完备的法律制定应当为中国空间站建设国际合作的合作模式予以借鉴;而另一方面,中国的空间站建设国际合作应当始终坚持中国外层空间国际合作的根本宗旨,在自身基于国际合作的国家利益得到必要保障的同时,更应当以带动实现整个国际社会基于国际合作的整体利益为先。

(三)"欧洲空间局模式"

"欧洲空间局模式"不同于"苏联模式"是由苏联作为空间站所有权和管辖权的唯一权利主体,也不同于"国际空间站模式"是由国际合作的各参与方各自享有空间站特定部分的所有权和管辖权,而是在欧洲空间局成员国共同享有空间站所有权和管辖权的前提下,由欧洲空间局作为其成员国的统一代表,对空间站进行登记,并代表其成员国实际开展空间站建设国际合作。目前,"欧洲空间局模式"的主要实践为欧洲空间局(代表其 11 个成员国)参与国际空间站建设国际合作,向国际空间站提供包括"哥伦布"空间实验室和自动运载飞船等重要部分,并就上述部分享有所有权和行使管辖权、控制权。②

从实践情况看,"欧洲空间局模式"的实行以欧洲空间局内部各成员国之间极高的一体化程度为基础,在空间站建设领域的国际合作中确实取得了一定的成功。而基于此,有观点即提出,中国同样可以以亚太空间合作组织为平台,通过参照欧洲空间局机构设置、决策机制和法律框架等方面的经验,开展包括空间站建设领域

---

① See Joan M. Abelman, *Challenges to U. S. – Russian Cooperation in the Manned Space Program*, Maxwel Air Force Base, Air University, 1996, p. 14.

② European Space Agency, International Space Station European Elements, http://www.esa.int/Our Activities/Human and Robotic Exploration/International Space Station/International Space_Station_European_elements.

在内的外层空间国际合作。[①] 对此,应当认识到:一方面,无论是在亚太空间合作组织内部还是在整个亚太地区,各有关国家在政治、经济等领域的制度和政策均存在较为突出的差异,并在相当一段时期内无法达到欧洲空间局各成员国之间的一体化程度水平。同时,另一方面,亚太空间合作组织在空间能力以及从事外空活动的技术储备和资本投入方面,较欧洲空间局也存在十分明显的差距:亚太空间合作组织成员国除中国外,其他国家均不具备空间发射能力,个别国家甚至尚不具备主动从事外空活动的能力;而在整个亚太地区,也仅有中国、日本、印度等极少数国家具备空间发射能力。

是故,中国的空间站建设国际合作并不适宜照搬"欧洲空间局模式",而是应当采取适应自身客观实际的、实践中切实可行的合作模式。

二、以中国作为主导的空间站建设国际合作模式

根据"人类命运共同体"视角下开展外层空间国际合作的根本宗旨,并结合上述各项既有空间站建设国际合作模式提供的参考和启示,笔者认为,中国空间站建设国际合作应当采取以中国作为主导的合作模式,即由中国作为空间站主体部分的登记主体,享有空间站主体部分的所有权,并行使空间站的主要管辖权和控制权,同时,允许国际合作的其他参与方就其提供的空间站部分享有所有权和行使相应的、次要的管辖权和控制权。[②]

(一)中国空间站建设国际合作模式的合理性

采取以中国作为主导的合作模式的合理性在于:首先,由于"天宫号"空间站主体部分的设计和建造均是由中国自主完成的,且将来的发射和运行也将由中国自主进行,因此,中国作为空间站主体部分的登记主体,并据此享有相应的所有权以及行使空间站的主要管辖权和控制权是完全合乎情理的。同时,以中国作为主要权利主体、国际合作的其他参与方作为次要权利主体的合作模式,将既不致似"苏联模式"因唯一权利主体能力有限而难以为继,也不致似"国际空间站模式"因权利主体数量过多而易于引发权利冲突,从而有助于保障空间站运行的统一和高效。

---

① See Zhao Haifeng, *Current Legal Status and Recent Developments of APSCO and Its Relevance to Pacific Rim Space Law and Activities*, Journal of Space Law, Vol. 35, issue 2, 2009.

② 参见赵云、龙杰:《中国空间站国际合作模式选择及管辖权分析》,载《安徽师范大学学报(人文社会科学版)》2018 年第 3 期。

其次,“天宫号”空间站建设的国际合作对于发达空间国家和发展中国家均具有相当的吸引力。对于发达空间国家而言,由于在国际空间站的运行寿命届满之后,“天宫号”空间站就将成为全世界唯一在轨使用的空间站,因此,基于通过新的平台继续发展本国空间能力的考虑,发达空间国家必然将愿意接受、甚至主动寻求与中国开展空间站建设国际合作。对于发展中国家而言,由于多数国家尚不具备主动从事外空活动的能力,只得被动地从他国的外空活动中受益,而中国在此前开展的外层空间国际合作中则已经为发展中国家提供了空间能力建设等重大利好,因此,倘若中国开放空间站建设国际合作,那么必然会受到广大发展中国家的欢迎。

当然,不可否认的是,上述在理论上所具备的充分的合理性,并无法保证以中国作为主导的空间站建设国际合作模式在实践中的开展便必然畅行无阻;尤其是前述由美国主导的国际空间站建设国际合作断然将中国排除在外的事实,不免令作为当前国际社会最为重要的两股航天力量的中、美双方能否实现在空间站建设领域的国际合作存在相当的不确定性。

对此,应当认识到:虽然中、美在外层空间军事化利用、外空自然资源开发和利用、空间碎片治理等外空活动领域的诸多方面均存在认识分歧和利益冲突,但维持外层空间和平与稳定、保障外空活动的自由和可持续发展同时也是双方共同的外空战略目标;并且,双方均十分重视外层空间国际合作,尽管美国更多地追求的是国际合作中的领导地位,以及对多边国际规则的约束的规避,而中国则更加强调平等互利的国际合作,并致力于通过多边国际规则对主权国家进行约束。① 这就使得中、美在外空活动领域的紧张关系并非不可调和,双方也并非不具备开展空间站建设国际合作的可能,特别是在当前外层空间环境本身恶化加剧的现实背景下,中、美更是均有着通过与对方的空间站建设国际合作以进一步促进本国航天产业发展的迫切需要。②

是故,应当有理由相信,在外层空间国际合作的根本宗旨的指引下,基于开放、包容的合作理念,以及对所应具备的基本特征和具体措施的确立和健全完善,以中国作为主导的空间站建设国际合作模式的合理性在实践中将同样能够得到验证。

---

①　参见王联合、王东远:《中美外层空间安全博弈探析》,载《美国问题研究》2015 年第 1 期。

②　参见辛嘉洋:《中美空间站领域合作的法律政策研究》,北京理工大学 2016 年硕士学位论文,第 23 ~ 24 页。

（二）中国空间站建设国际合作模式的基本特征

为实现外层空间国际合作“合作共赢”的价值意涵，以中国作为主导的空间站建设国际合作模式应当具备以下三项基本特征：其一，应当具备充分的包容性，以保障国际合作高度的合作水平。如前所述，中国在其他诸多外空活动领域已经开展了多项形式多样、内容丰富的国际合作，并取得了显著的成效。基于此，在空间站建设领域，中国同样应当包容各种形式和内容的国际合作——对于但凡符合客观实际，能够满足中国外空利益需要并可能带动实现国际社会整体利益的合作形式和合作内容，均应当考虑予以采纳和实施。

其二，应当具备必要的透明度，以吸引发达空间国家参与合作。有学者指出，透明度问题是以美国为代表的个别发达空间国家对中国的空间政策和外空活动进行质疑的主要对象，并且，有关发达空间国家也往往基于透明度问题而以意识形态差异或者国家安全威胁为理由，拒绝中国参与国际空间站建设的国际合作。[①] 由此，中国确有必要重视对空间站建设国际合作的透明度的提升，以消除发达空间国家对此的疑虑和戒备，从而通过吸引更多的发达空间国家的参与以保障自身基于国际合作的相应利益。

其三，应当具备高度的开放性，为发展中国家参与合作创造机会。诚然，鉴于多数发展中国家尚不具备基本的空间能力的现实，中国并无法从与发展中国家的合作中直接获益，也无法通过与发展中国家的合作实现空间能力建设的协同促进。不过，基于外层空间国际合作应当妥善兼顾国家利益和国际社会整体利益的价值追求，中国的空间站建设国际合作并不应当将发展中国家排除在外，而是应当接受发展中国家在力所能及的限度内，通过各种形式参与到各种内容的国际合作中，并在合理的范围内共同分享基于国际合作所取得的利益。

（三）中国空间站建设国际合作的具体实施

就以中国作为主导的合作模式在空间站建设国际合作中的实际施行，笔者认为，应当根据具体合作内容的不同，有针对性地采取相应的不同合作方式。根据既有国际实践，空间站建设国际合作的合作内容通常包括舱段（空间站各部分）合作、宇航员互访和培训合作、空间运输和救援合作，以及空间科学、技术和应用的联合

---

① 参见吴晓丹、赵海峰：《中国载人航天国际合作问题研究》，载《北京理工大学学报（社会科学版）》2013 年第 2 期。

研究合作等主要类型。①

在这之中，对于舱段合作和联合研究合作，鉴于其较高的技术、资源投入要求和潜在风险，应当在以双边或多边合作协议就合作的各项细节做出具体约定的基础上，采取由中国全面负责、其他各参与方进行配合的合作方式；对于空间运输和救援合作，由于空间运输是为维持空间站运行提供供给所必需的基本手段，而空间救援又是任何参与空间站建设国际合作的国家基于人道主义均无可推卸的基本义务，因此，应当在以双边或多边协议就合作的整体框架做出概括性约定的基础上，采取由中国和其他各参与方根据实际情况共同负责的合作方式；对于宇航员互访和培训合作，由于其应当更多地由提供方与接受方根据相互之间的协调意志自由决定实施与否，因此，可以采取相对灵活的合作方式，一方面无须通过合作协议做出强制性的约定；另一方面则可以由任一参与方在需要时随时提出请求，并自行寻求与其他参与方进行合作。②

为保障以中国作为主导的空间站建设国际合作模式能够在实践中得到切实有效的执行，确有必要就中国空间站建设国际合作制定一套完备的法律框架。对此，应当根据中国空间站建设国际合作的客观实际和现实需要，并适当参照前述“国际空间站模式”法律制定的结构和层次，以确定该法律框架的各项内容。③ 具体而言：

首先，应当将现行外层空间国际法律体系的相关原则确立为指导开展空间站建设国际合作的基本原则，并对诸如“和平利用外空原则”“全人类共同利益原则”“不得据为己有原则”等将对空间站建设产生重大影响的外层空间法基本原则的应有之义，做出明确的、肯定的界定。其次，应当制定一项为国际合作的全体参与方所共同遵循的多边合作协议，作为空间站建设国际合作的“基本法”。该多边合作协议应当至少涵盖空间站的登记主体安排和所有权归属、管辖权和控制权的行使，以及空间站运行过程中可能产生的损害责任承担、知识产权保护、刑事责任追究和国际争端解决等具体操作层面的各项基本内容。最后，应当以双边或多边协议作为国际合作的各参与方相互之间开展具体合作的法律依据，以此对双方或各方为开展不同内容的合作所采取的不同的合作方式进行约定。

---

① 参见周建平：《我国空间站工程总体构想》，载《载人航天》2013 年第 2 期。

② 参见周黎妮等：《外国空间站国际合作模式分析及对我国的启示》，载《装备学院学报》2015 年第 2 期。

③ 参见夏春利：《论中国载人空间站国际合作的法律环境》，载《载人航天》2012 年第 1 期。

第四节 欧洲航天合作实践机制及其启示

作为推动当今世界航天产业发展的主要力量，中国和欧洲基于主观意愿和客观现实，理应进一步深入开展彼此间的航天国际合作。① 为了在与欧洲的航天国际合作中能够居于更加积极主动的地位并取得更加充分合理的收益，中国应当全面了解欧洲开展航天合作的具体实践及基本特征，从而有针对性地就如何切实有效地加强中欧航天国际合作确定己方对策。欧洲航天合作在实践中已基本形成了多主体相互结合地共同在国家层面、欧洲空间局层面和欧盟整体层面同时开展多层面合作的机制。据此，中国可以以中欧航天合作委员会框架下的《2015—2020 年中欧航天合作大纲》等相关国际协议为基础，以欧洲多主体、多层面的航天合作实践机制为参照，探索加强中欧航天国际合作的整体思路和具体路径。

一、中、欧航天国际合作的现实状况

当前，中国和欧洲的航天事业发展各自都呈现出规模加大且增速迅猛的趋势：从发射空间物体的数量看，中、欧发射活动活跃，发射数量稳居世界前列，根据联合国外空事务办公厅 2020 年年度报告，②中国在 2020 年发射的并向联合国秘书长进行国际登记的人造卫星和其他空间物体达 76 项，在全世界国家中仅次于美国；而欧洲地区（包括欧洲空间局、欧盟成员国和非欧盟成员国）发射的空间物体的登记数量共计 116 项，远远超出世界其他地区。从航天领域的经济支出看，2020 年中国在航天领域的经济支出为 132.8 亿美元，占全球航天领域经济支出总量的 15%，仅次于美国，排名世界第二位；欧洲空间局则排名世界第三位，获得的航天领域经济支出预算为 83 亿美元。由此可见，中、欧是世界航天活动的主要参与者，是推动世界航天产业发展的两支主要力量。

从历史的角度看，中、欧在航天领域的国际合作早在 1980 年中国与欧洲空间局

---

① 欧洲空间政策研究所于 2007 年就曾专门发布了题为《中国的空间姿态，对欧洲的影响》的研究报告，分析了中、欧航天国际合作的优势与劣势、机遇与阻碍，并就如何深化合作提出了诸多建议；而中国历次发布的航天白皮书也均将欧洲作为开展航天国际合作的重要对象，并积极开展与欧洲整体层面（欧盟、欧洲空间局）和欧洲国家之间的合作对话。

② United Nations Office for Outer Space Affairs, Annual Report 2020, http://www.unoosa.org/documents/pdf/annualreport/UNOOSA_Annual_Report_2020.pdf.

签订促进空间科学信息互换的协议起就拉开了序幕。[①] 此后的数十年间，中国始终保持与欧洲国家和航天组织的合作关系，开展了一系列航天合作项目，合作的领域不断扩张，合作的程度不断加深。2014 年，中国与欧洲空间局在中欧航天合作联合委员会机制下签署《2015—2020 年中欧航天合作大纲》，明确在深空探测、空间科学、对地观测、测控服务、空间碎片、教育培训等领域开展合作；此外，中国还与法国、德国、荷兰、瑞士等欧洲国家签署了航天合作备忘录，并与欧洲气象卫星应用组织签署了航天合作协议。[②] 可以说，中、欧之间的航天国际历史悠久且成果丰硕，并在未来还将有更加广阔的合作空间。

中国与欧洲的航天国际合作实践可以分为中国与欧盟之间的合作和中国与欧洲空间局之间的合作两个层面——考虑到欧盟与欧洲空间局在法律地位、职能范围、成员国构成和程序规则等方面是完全不同的两个国际组织，分为两个层面进行分析更为合理。此外，中、欧航天国际合作实践，还可以从中国与个体欧洲国家之间的合作的层面进行梳理。欧洲航天活动主体本身即包括欧盟、欧洲空间局、欧洲国家等三类主体，故中、欧航天国际合作确需从三个层面展开。

（一）中国与欧盟之间的航天国际合作

中国与欧盟之间的航天国际合作始于“伽利略计划”全球导航卫星系统的建设。2001 年，欧盟通过决议开放与非欧盟成员国开展“伽利略计划”的合作；2003 年，中国与欧盟签署了开展“伽利略计划”合作的协定，明确了中国与欧盟将在相关的科学研究、无线电频谱、工业、贸易和市场开发，以及标准化等多个方面进行合作，并在合作机制、资金支持和争议解决上做出了安排。

上述协定奠定了中国与欧盟“伽利略计划”合作的框架基础、法律依据和操作指引，标志着中国与欧盟“伽利略计划”合作进入实质性操作阶段。在此基础上，中国与欧盟在“伽利略计划”合作上不断深入推进——2004 年，中国与欧盟续签双边《科技合作协定》；[③]2005 年，中国国家遥感中心与伽利略卫星导航有限公司签订

---

① ESA，ESA Director General salutes China's First Human Space Flight，https://www.esa.int/Science_Exploration/Human_and_Robotic_Exploration/ESA_Director_General_salutes_China_s_first_human_space_flight.

② 中华人民共和国国务院新闻办公室：《2016 中国的航天》，人民出版社 2022 年版。

③ 中华人民共和国科学技术部：《中国基础研究十年回眸——国际篇》，载中华人民共和国科学技术部官网，http://www.most.gov.cn/kjbgz/201105/t20110526_87100.html。

“伽利略计划”总承包协议；①截至2006年，中国与欧盟围绕“伽利略计划”合作签订并付诸实施的合作项目共11个，②双方在此数年间的合作达到了较高的水平。

然而，中国与欧盟“伽利略计划”合作随后便出现了严重的波折。一方面，欧盟内部在就“伽利略计划”的特许经营权问题进行谈判的过程中出现了不同国家和产业之间的利益分歧，并且，因为经费预算几度超支，导致计划关键的在轨验证阶段被一再推迟；③另一方面，受国际政治环境影响，中国与欧盟的政治关系发生了微妙转变，而中国自主开展的“北斗”导航卫星系统的建设也引起了国际社会的高度关注。2007年，欧盟成立了“伽利略计划”监管机构，并将非欧盟成员国排挤在了“伽利略计划”的主导和决策层之外。由此，中国等加盟“伽利略计划”的非欧盟成员国与欧盟的相关合作基本宣告终结。④

（二）中国与欧洲空间局之间的航天国际合作

1997年，来自中国国家空间科学中心的刘振兴教授在欧洲空间局“星簇”科学工作组会议上提出了“双星计划”，吸引了欧洲空间局的持续关注和积极回应。2001年，中国与欧洲空间局签署了开展“双星计划”合作的协议。⑤ “双星计划”是由中国国家航天局设计、开发、发射与运作的TC－1、TC－2两颗人造卫星，配合欧洲空间局“星簇计划”的四颗人造卫星，开展对地球空间的六点探测。截至目前，“双星计划”的两颗人造卫星仍在运行中。

“龙计划”是中国与欧洲空间局在对地观测领域开展的国际合作，具体由中国国家遥感中心与欧洲空间局合作进行。早在1994年，中国与欧洲空间局就签署了“欧洲遥感卫星”（European Remote Sensing Satellite，ERS）数据应用的合作协议；1997年，中国与欧洲空间局决定进一步加强对ERS数据应用的合作。在1998年中国特大洪水灾害的抢险救灾过程中，ERS的数据应用（例如利用雷达图像进行洪水

---

① 中华人民共和国科学技术部：“我国签署参加‘伽利略计划’总承包协议”，载中华人民共和国科学技术部官网，http://www.most.gov.cn/gnwkjdt/200503/t20050312_19638.html。

② 中华人民共和国科学技术部：“中欧伽利略计划合作已签署11个项目合同”，载中华人民共和国科学技术部官网，http://www.most.gov.cn/kjbgz/200604/t20060412_30413.html。

③ 国家航天局：“欧洲伽利略计划再遇红灯”，载国家航天局官网2008年4月28日，http://www.cnsa.gov.cn/n6758968/n6758973/c6772000/content.html。

④ 国家航天局：“2006年中国卫星应用进展”，载国家航天局官网2008年4月28日，http://www.cnsa.gov.cn/n6758968/n6758973/c6771939/content.html。

⑤ ESA，East Meets West in Near－Earth Space—Double Star，https://www.esa.int/esapub/bulletin/bulletin118/chapter3_bul118.pdf.

测绘)发挥了重要作用。在此基础上,2004 年,“龙计划”正式启动,主要应用于对农业、森林、空气质量、气候变化、洪水、海洋等对象的监测和研究。[①] “龙计划”以四年为周期,截至目前已圆满完成四期项目,并已开启第五期项目的合作;第五期项目涵盖了气候变化、大数据分析等 10 个研究领域的 55 个合作项目,将极大地丰富卫星数据共享资源和扩大参研科学家的规模。[②]

2015 年,“太阳风—磁层相互作用全景成像卫星计划”(以下简称“SMILE 计划”)成为“中欧联合空间科学卫星任务”遴选出的空间探测国际合作项目,由中国科学院与欧洲空间局联合开展,并于 2021 年开始进行人造卫星发射。[③] “SMILE 计划”由中欧双方科学家共同提出、共同实施,是深度开展航天国际合作的一个新模式和新典范。[④]

(三)中国与欧洲国家之间的航天国际合作

截至目前,中国与法国、德国、意大利、荷兰、瑞士、英国等多个欧洲国家开展过航天国际合作,并基本均通过磋商谈判、签订协议以确定合作的具体实施。以中、法航天国际合作实践为例,1997 年,中国与法国政府签订了《研究与和平利用外层空间合作协定》;2014 年,两国签订了关于加快推进天文卫星和海洋卫星研制的合作备忘录;2015 年,两国签订了关于推进海洋卫星研制的合作谅解备忘录,进一步明确了相关航天合作项目的后续安排。近年来,中国与更多的欧洲国家签订了航天国际合作协议,包括与荷兰签订空间光学仪器联合实验室协议,与比利时签订空间科学、技术和应用领域合作谅解备忘录,与瑞士签订探索与和平利用外层空间合作谅解备忘录等,为与欧洲各国的航天国际合作奠定了扎实基础。

在明确的合作协议的规范指引下,中国与欧洲国家之间的航天国际合作的开展卓有成效。例如,以上述多项合作协议为基础,中国与法国构建起了航天国际合作联合委员会机制,有力保障了各个合作项目的有序开展;又如,在 2007 年正式揭

① ESA, The Dragon Programme—ESA and China Cooperate in Earth Observation, https://www.esa.int/esapub/bulletin/bulletin119/bul119_chap3.pdf.

② 中华人民共和国科学技术部:“科技部副部长黄卫出席中欧科技合作‘龙计划’四期总结暨五期年度汇报交流会开幕式”,载中华人民共和国科学技术部官网,http://www.most.gov.cn/kjbgz/202107/t20210726_176095.html。

③ 国家航天局:“中欧联合空间科学卫星任务遴选结果公布”,载国家航天局官网 2015 年 6 月 5 日,http://www.cnsa.gov.cn/n6758823/n6758840/c6772778/content.html。

④ 中国科学院国家空间科学中心:“空间天气学国家重点实验室”,载中国科学院国家空间科学中心官网,http://www.nssc.cas.cn/jgsz2015/key/kjtqx/,最后访问日期:2023 年 5 月 1 日。

牌成立的"中英空间科学与技术联合实验室"作为中国与英国在空间科技研究和管理领域的沟通平台,以及双方航天合作项目的支撑平台、信息及人员的交流平台,在促进中、英两国的空间科技合作和信息交流、人员互访等方面发挥了重要的主导作用。中国与欧洲国家之间的航天国际合作正更加深入、广泛地发展,国际影响力正不断提升。

二、欧洲航天合作实践机制的具体内容

欧洲航天合作项目丰富,参与主体众多,在此仅具体阐述其中最具影响力的数个项目,包括:"伽利略计划"和欧洲地球同步卫星导航增强服务系统、"哥白尼计划"全球环境与安全监测系统,以及目前已经初步开展并将于未来大力发展的空间态势感知系统和政府卫星通信系统。欧洲航天合作项目的参与主体主要包括欧盟及其所属机构、欧盟国家以及私营实体,通过灵活的机制安排实际进行合作;而通过对上述各方主体在各个航天合作项目中所承担的角色和分工的梳理,将能够对欧洲航天合作实践机制的整体脉络形成较为全面、清晰的把握。

(一)"伽利略计划"和欧洲地球同步卫星导航增强服务系统

"伽利略计划"和欧洲地球同步卫星导航增强服务系统是欧洲最为重要的卫星导航系统项目——EGNOS 使用美国的全球定位系统(The Global Positioning System,GPS)和俄罗斯的全球卫星导航系统(Global Navigation Satellite System,GLONASS)的卫星信号服务于民用或非商业目的,以加强卫星信号在世界各地理区域的覆盖,提高服务的可靠性;而"伽利略计划"则是为了使欧洲能够拥有独立于 GPS 和 GLONASS 的自主卫星导航系统。由此,EGNOS 实则为"伽利略计划"奠定了技术、市场等方面的基础,并作为增强系统继续支持"伽利略计划"的开展。①

"伽利略计划"由欧盟委员会、欧洲航天计划署(The European Union Agency for Space Programme,EUSPA)和欧洲空间局共同参与。欧盟是"伽利略计划"的所有者,而欧盟委员会则代表欧盟全面负责对计划的管理、监督和实施。在此基础上,欧盟委员会委托欧洲空间局进行导航卫星的设计、部署、系统更新和基础设施开发,

① Communication from the Commission to the European Parliament and the Council – Integration of the EGNOS programme in the Galileo programme, COM/2003/0123 final, https://eur-lex.europa.eu/legal-content/EN/TXT/HTML/?uri=CELEX:52003DC0123&from=EN.

并授权欧洲航天计划署提供导航卫星与终端用户的连接服务。① 由此，在“伽利略计划”的合作中，欧盟委员会总体负责，而欧洲空间局和欧洲航天计划署的职能则可以分别归纳为“硬件开发”和“软件运营”。

值得指出的是，上述“伽利略计划”合作模式的确立也曾走到过“十字路口”——“伽利略计划”在启动时拟采取公私合作制的财政方案，但在计划进行过程中却多次出现经费预算超支的问题，加之各个公私部门之间又存在利益和风险预判上的严重分歧，导致公私合作制的谈判陷入僵局并被终止。由此，最初为公私合作而设立的“伽利略计划”联合执行体被欧洲全球卫星导航系统监管局（The European GNSS Supervisory Authority）取代，②后者重组为欧洲全球卫星导航系统局（European GNSS Agency），③此后又发展为欧洲航天计划署，作为“伽利略计划”执行机构的职能、责任和义务几经变更，方才最终确立。

（二）“哥白尼计划”

“哥白尼计划”作为欧盟的地球观测计划，其名称的演变即体现了欧盟对“安全”的重视程度的不断提升——由“全球环境安全监测”发展为“全球环境与安全监测”。2014 年，Sentinel - 1A 卫星的发射开启了“哥白尼计划”的空间段部分；同年，欧盟通过了“哥白尼计划”的具体建设规则。④

“哥白尼计划”由欧盟委员会全权负责，主要为对项目的实施进行协调安排和资金管理。该项目的其他参与主体包括欧盟所属机构、欧盟成员国、欧洲空间局、欧洲气象卫星应用组织（European Organisation for the Exploitation of Meteorological Satellites，EUMETSAT）、欧洲中期天气预报中心（European Centre for Medium-Range Weather Forecasts，ECMWF）和非盈利的墨卡托国际海洋公司（Mercator Ocean International）等，由欧盟委员会授权执行大气监测服务、海洋环境监测服务、土地监测服务、气候变化服务、危情管理服务和安全服务这六项服务。此外，上述参与主体在获

---

① EUSPA，Who is involved in Galileo?，https://www.gsc - europa.eu/galileo/faq#involved.

② COUNCIL REGULATION（EC）No. 1942/2006，amending Regulation（EC）No. 1321/2004 on the establishment of structures for the management of the European satellite radio - navigation programmes.

③ REGULATION（EU）No. 912/2010 of the European Parliament and of the Council，setting up the European GNSS Agency，repealing Council Regulation（EC）No. 1321/2004 on the establishment of structures for the management of the European satellite radio navigation programmes and amending Regulation（EC）No. 683/2008 of the European Parliament and of the Council.

④ Copernicus，20 years of History，https://www.copernicus.eu/sites/default/files/2018 - 10/History_Factsheet_vf.pdf.

得欧盟委员会的授权后，还可以通过订立商业合同的方式将服务提供外包给私营实体。

“哥白尼计划”的合作模式表现出以下鲜明的特征：该合作项目充分利用并发挥了不同参与主体各自的专业特长以更好地提供专业化服务，例如，大气监测服务交由欧洲中期天气预报中心实施，海洋环境监测服务交由墨卡托国际海洋公司实施；而涉及安全敏感问题的服务则由欧盟所属机构负责，例如，边境监管交由欧洲边境保护局（European Border and Coast Guard Agency）实施，海洋监管交由欧洲海洋安全局（European Maritime Safety Agency，EMSA）实施。此外，“哥白尼计划”还充分展示了欧洲航天项目的公私合作模式，尤其是在服务提供的市场化方面，往往由活跃的私营实体扮演着更加重要的角色。

（三）空间态势感知系统

欧洲的空间态势感知系统（Space Situational Awareness，SSA）是欧洲空间局于2008年部长理事会上获得授权、并于2009年正式启动的一项选择性项目。[①]该项目目前已经在空间监视与跟踪部分取得了一定的实践成果，而空间天气监测预报和近地天体探测两个部分仍处于计划阶段。

在空间态势感知系统的合作中，欧洲卫星中心（European Union Satellite Centre，EUSC）承担了整体的组织和协调工作，包括为空间态势感知系统建设确定发展能力计划和进行推广，以及与有意愿参与合作的欧盟国家或欧洲空间局成员国共同成立专家组，以保障空间态势感知系统的数据、信息安全并提供服务；[②]而法国、德国、意大利、波兰、葡萄牙、罗马尼亚、西班牙等多个国家则安排了本国航天主管机构与欧洲卫星中心共同开展空间态势感知系统的能力建设。此外，除了自主选择参与的欧洲空间局成员国外，空间态势感知系统还得到了其他国际组织和国家在能力建设和财政方面的支持。

（四）政府通信卫星系统

在2021年发布的欧洲航天计划中，政府通信卫星（GOVSATCOM）系统建设被

---

① 所谓选择性项目是指可以由欧洲空间局成员国自行选择是否参与的项目（如选择不参与，则通过做出正式声明予以明确即可）。欧洲空间局将其开发的航天合作项目分为选择性和强制性两类，以提高成员国自主参与的灵活度，保障项目的高效开展，是较为成功的合作模式范例。ESA Convention，Article V：1. The activities of the Agency shall include mandatory activities，in which all Member States participate，and optional activities，in which all Member States participate apart from those that formally declare themselves not interested in participating therein.

② SatCen，Space Situational Awareness（SSA），https://www.satcen.europa.eu/page/ssa.

列为“其他部分”,这是在 2018 年欧洲议会和理事会关于建立欧洲航天计划署的航天计划提案的基础上发展确立的。政府通信卫星系统主要涉及欧盟外交和安全政策的全球战略,并通过合并军民用户需求以寻求投资支持。

欧洲航天计划规定政府通信卫星系统的参与主体应为欧盟成员国、欧盟理事会、欧盟委员会以及欧盟对外行动署(European External Action Service,EEAS),而欧洲航天计划署则具体负责系统用户网络的建立、发展、协调和管理,以及定义该计划的安全基线和地面安全基础设施的架构等筹备工作。① 其中,欧盟对外行动署的主要任务为执行欧盟共同外交和安全政策以及共同安全与防务政策这两项欧盟的专属权能。② 由此不难看出,政府通信卫星系统建设的管理权能集中于欧盟,由欧盟统一调配,并由欧盟成员国开展紧密的合作。

三、欧洲航天合作实践机制的基本特征

(一)确立统一航天计划为航天合作提供法律依据

2021 年 4 月,欧盟第 2021/696 号条例通过,确立了欧盟新的统一航天计划,并为这一计划的落实设立了新的专门机构,即欧洲航天计划署。在欧盟法律体系中,“条例”(Regulation)是具有法律约束力并适用于欧盟及其全体成员国的立法,③由此,2021 年欧洲航天计划为欧盟开展航天合作提供了明确的法律依据。

2021 年欧洲航天计划对欧洲各项航天合作项目的经费预算、资金来源、财政安排、所有权归属、安全保障以及具体执行等事项均作出了详细规定,以确保各个项目统一、有序的开展和运行。同时,对航天合作项目的多方参与主体,欧洲航天计划也作出了较为明确的指引,要求欧盟各成员国在经济、科技等领域秉持合作原则,共同推进航天项目的顺利开展,并对欧洲空间局、欧洲气象卫星应用组织等相关国际组织在不同项目中的角色作出了安排。可以说,2021 年欧洲航天计划为一段时期内欧洲航天合作实践机制的顺畅运行提供了坚实的法律保障。

(二)依托专业航天机构为航天合作搭建平台

在 2021 年欧洲航天计划的配套设计中,欧洲航天计划署的设立是一项新的组

---

① EUSPA, GOVSATCOM Services, https://www.euspa.europa.eu/european - space/govsatcom/govsatcom - services.

② Council Decision, Establishing the organisation and functioning of the European External Action Service, 2010/427/EU, https://eeas.europa.eu/sites/default/files/eeas_decision_en.pdf.

③ European Union, Regulations, Directives and Other Acts, https://europa.eu/european - union/law/legal - acts_en.

织安排。从欧洲航天计划署自身纵向的发展历史看,其利用其前身欧洲全球卫星导航系统局的技术专长、市场情报、安全知识和在欧盟内部建立起来的广泛的合作基础,承担起了各项最新航天项目的主管职责,并将欧盟的航天应用与服务提升至了更高的水平。横向对比欧洲内部的其他航天合作参与主体,2021 年欧洲航天计划第 70 条明确规定了欧洲航天计划署之于欧盟各成员国应享有该国法律赋予法人的最广泛的法律能力,①这是欧洲其他航天相关机构或国际组织所无法比拟的。

并且,通过前文对各项欧洲航天合作项目的梳理也可以看出,在具体项目的最新安排中,欧洲航天计划署往往作为主导机构,享有对项目进行统筹管理和监督的权利,并可以将项目的具体实施委托给欧洲空间局、欧洲气象卫星应用组织等相关国际组织,从而既能保证项目实施的专业性,同时也能弥补过往实践在项目的统一管理和责任承担方面的欠缺。由此可见,欧洲航天计划署的设立为欧洲航天合作搭建了具有枢纽功能的重要平台。

(三)对航天合作项目的参与高度灵活

以欧洲空间局为代表的欧洲国家间航天国际组织是欧洲航天事业发展的核心力量,同时也是欧洲开展航天合作的主要平台——一方面,其本身即可以独立运作完整的航天合作机制,由成员国参与其开发的航天合作项目;而另一方面,其又是欧洲航天合作的参与主体,与其他国际组织和国家共同参与各项欧洲航天合作项目。

在诸多欧洲国家间航天国际组织中,除了欧洲空间局之外,其他如欧洲气象卫星应用组织②、欧洲中期天气预报中心③等也将其开发的航天活动(包括航天合作项目)分为强制性和选择性两类。其中,强制性航天活动主要为基础活动,包括航天教育、航天科研等,旨在使成员国获得为开展航天活动所必需的信息和资源,以

① Regulation 2021/696, Article 70:2. In each of the Member States, the Agency shall enjoy the most extensive legal capacity accorded to legal persons under their national laws. It may, in particular, acquire or dispose of movable and immovable property and be a party to legal proceedings.

② Convention for the Establishment of a European Organisation for the Exploitation of Meteorological Satellites, Article 2:6. The programmes of EUMETSAT shall include mandatory programmes in which all Member States participate and optional programmes with participation by those Member States that agree so to do.

③ Convention Establishing the European Centre for Medium – Range Weather Forecasts, Article 11:3. An Optional Programme is a Programme proposed by a Member State or group of Member States in which all Member States participate apart from those that formally declare themselves to be non – participating States and which contributes to the purposes and objectives of the Centre in accordance with Articles 2(1) and 2(2).

提高航天能力建设;而选择性活动一般为空间物体的设计、开发、发射、运行等具体航天活动,成员国可以根据自身意愿和能力自主决定是否参与以及参与的程度,以确保各项活动的顺利开展。基于此,欧洲航天合作具有极高的灵活度,合作的渠道多、平台广,且合作机制高效。

(四)私营主体参与航天合作项目的界限分明

当前,私营主体已经成为世界航天市场的一支重要力量,在各类航天活动的开展中所发挥的作用越发突出;不过与此同时,私营主体之于航天活动的利益追求也不可避免地会与国家政府主体的利益目标产生分歧,例如,前述"伽利略计划"在实施过程中便曾陷入公私合作制的僵局。

对此,经过一段时期的实践摸索和经验总结,欧洲航天合作项目在公私合作方面逐渐形成了一方面以代表"欧洲全体"的欧盟等国际组织或国家政府作为项目的所有者、决策者;另一方面通过签订授权委托合同等方式,将项目的具体实施交由私营主体进行,使私营主体得以在符合欧洲公共利益的前提下更加积极地参与到项目中的合作模式。基于此,私营主体得以使航天合作项目更具商业化特征,有助于使项目成果更好地惠及整个欧洲,促进实现欧洲航天活动部分市场化的目标,故而成为了最具成效的公私合作模式。

第五章

微小卫星星座建设空间交通管理法律机制

当前,基于建设成本低、利用效率高等优势,微小卫星星座发展势头强劲,在轨数量不断增长,从而导致一方面因本就相当拥挤的近地轨道空间变得越发紧张而大大增加了空间物体碰撞事故发生的可能性;另一方面又囿于微小卫星虽数量庞大但体积微小且在轨寿命短暂的特征而更易对外层空间环境造成不利影响。申言之,微小卫星星座的快速发展已经为国际社会带来了加剧外空活动的安全风险、加大空间碎片的治理难度、激化频轨资源的权利争夺,以及诱发军事化利用微小卫星星座的国际博弈等日趋严峻的问题。

由于现行国际空间交通管理制度无法满足对微小卫星星座建设进行充分有效的规制的现实需要,因此,确有必要从国际法律规则的制定和实施(执行)两个层面出发,借鉴国际和国家层面有关微小卫星星座建设空间交通管理的实践经验,具体从完善国际条约和相关国际文件,以及健全核查和协调措施、确立法律争端解决措施等方面入手,构建以国际合作为基础的微小卫星星座建设空间交通管理法律机制,以适应微小卫星星座的发展需求,确保机制构建能够与技术发展相契合。

第一节　微小卫星星座建设的既有国际实践及其主要特征

一、微小卫星星座建设的既有国际实践

(一)美国

根据 NewSpace 网站的统计数据,截至 2023 年 1 月 1 日,世界范围内已经部署的商业微小卫星星座建设项目为 321 个。① 其中,美国太空探索技术公司(SpaceX)于 2015 年起开始部署并付诸实施的“星链”(Starlink)计划应当是最受瞩目的一项。该项目计划于 2019 年至 2024 年在外层空间组建一个由 12,000 颗(后计划增加至 42,000 颗)“星链”卫星组成的通信卫星网络,从而为全球提供低成本的网络通信连接服务;而自 2019 年 5 月 23 日通过“一箭 60 星”的方式(一枚“猎鹰 9 号”运载火箭一次性搭载 60 颗卫星)成功发射首批卫星起,截至 2023 年 11 月 19 日,该项目已发射了总计 79 批、共 4288 颗卫星。② 除了 SpaceX 的“星链”计划之外,OneWeb(一网)、Amazon(亚马逊)、Google(谷歌)、Facebook(脸书)等诸多全球知名的通信和互联网公司也都相继部署了卫星数量从数百颗至数千颗的商业微小卫星星座建设项目,且多数已付诸实施。

美国在微小卫星星座建设方面具备绝对的技术和经济优势,美国实施的是微小卫星全面发展战略,即在微小卫星通信、对地观测、空间攻防、科学试验等多个领域都进行了广泛的发展与应用。美国利用其技术和经济优势陆续部署了多个覆盖全球的低轨移动通信微小卫星星座系统,如铱星系统等。并且,美国的部分商业微小卫星公司也正在或计划建设商业微小卫星网络,例如,OneWeb 公司计划发射 648 颗低轨卫星,以从 2019 年开始为全球提供高速互联网服务;③初创科技公司 Outernet(外联网)项目计划发射上百颗卫星,以在世界范围内提供单向广播通信服务。④ 此外,在技术试验方面,美国也已形成了较为成熟的微小卫星技术试验体系,可以充分利用现有的微小卫星技术验证平台,对新型载荷和其他高新技术开展试验。

---

① 自 21 世纪初以来世界各国发射以及计划发射的微小卫星星座情况可参见 https://www. newspace. im。

② 参见美国太空探索技术公司官网发射数据:https://www. spacex. com/launches/。

③ 参见美国 OneWeb 公司官网发射数据:https://oneweb. net。

④ 参见美国 OneWeb 公司官网发射数据:https://oneweb. net。

(二)欧洲

欧洲各国的民用和商用微小卫星星座建设经过较长时间的发展,技术水平紧追美国,并已取得了一定的成果;同时,不同欧洲国家的微小卫星星座建设还各有侧重和特色——英国主要发展对地观测微小卫星星座,尤以环境与灾害监测微小卫星星座最为典型,例如,该国的SRT公司开发的Ocean—Scan微小卫星星座即用于全球海洋监测。[①] 法国主要发展应用于对地观测、电子侦察、空间科学、技术试验等多个领域的微小卫星,例如海洋遥感微小卫星星座、低轨道电子侦察微小卫星星座"蜂群",以及研究电离层活动的地震电磁微小卫星星座等。德国主要发展对地观测、空间科学微小卫星星座,例如,该国的侠眼(Rapid Eye)商业对地观测卫星系统主要应用于对全球农业、林业、能源的地理空间信息提供,并具备通过遥感测绘制图,辅助保险公司对受灾农作物进行评估等功能。[②] 此外,美、欧合资的O3b公司已运营了多颗中低轨道通信卫星,为尚未接入互联网的世界欠发达国家和地区提供互联网接入服务。[③]

(三)中国

在西方国家如火如荼地开展商业微小卫星星座建设的同时,自2015年10月26日《国家民用空间基础设施中长期发展规划(2015—2025年)》发布起,在一系列国家层面的利好政策的鼓励下,中国商业航天产业发展迅猛,商业微小卫星星座建设也随之快速起步;而在国家发改委于2020年4月20日正式将卫星互联网等通信网络基础设施纳入"新基建"范畴之后,中国的商业微小卫星星座建设进入到高潮期,并进而成为国家商业航天产业发展的重要支柱之一。据统计,自2016年起,中国已部署(部分已开始实施)的商业微小卫星星座建设项目近40个,规模从十余颗卫星至数百颗卫星不等,其中,既有中国航天科技集团公司、中国航天科工集团公司等国家航天企业加码布局,也有大批民营航天企业蜂拥而入。

中国微小卫星星座的研发工作起步较晚,但是发展较快。2007年,中国发射了由浙江大学研制的首颗公斤级微小卫星"皮星一号",用于进行"皮星"系列微小卫星的基本功能验证和微电子机械系统、姿态控制技术验证等实验。2014年,中国首颗新型通信试验卫星"灵巧"成功完成了低轨卫星移动通信业务试验,验证了星载

---

① 参见Ocean Scan计划官网数据:https://www.oceanscan.org。

② 参见欧洲空间局官网关于Rapid Eye数据:https://earth.esa.int/eogateway/missions/rapideye。

③ 参见O3b公司官网发射数据:https://www.ses.com/our-coverage/launches。

智能天线、星上信号处理、卫星集群通信等关键技术。2015 年，长征六号运载火箭完成了“一箭 20 星”的发射任务，自此之后，中国在轨微小卫星的数量开始不断增多。

2017 年成立的中国科学院微小卫星创新研究院具备研制通信、遥感、导航、科学等多种功能的微小卫星的能力，成功发射了新一代“北斗”导航卫星、暗物质粒子探测卫星、量子科学实验卫星等，并广泛参与了涉及微小卫星星座建设的国际合作项目。自中国商业小卫星产业创新联盟于 2018 年成立以来，目前已有百余家国家航天机构和民营航天企业参与其中。该联盟旨在引导和推动中国商业小卫星产业有序健康发展，提升产业综合实力，为中国商业微小卫星星座建设的发展提供了积极助力。

二、微小卫星星座建设的主要特征

（一）微小卫星星座自身的特殊性

微小卫星虽数量庞大但体积微小且在轨寿命短暂的特征是导致微小卫星星座难于管理的一个重要原因：

首先，数量庞大的微小卫星给空间物体登记带来了相当的困难，而缺乏有效的登记则又将对空间交通管理产生十分不利的影响。[①] 从 1975 年《登记公约》生效后至今的空间物体登记的实践情形看，由于世界各国在进行空间物体登记时仍时常出现拖延登记、瑕疵登记等情况，因此，即便是对一项普通空间物体的发射活动进行及时且周全的登记都已经实属不易，更不消说是对动辄数十颗微小卫星同时发射入轨的微小卫星星座的登记了。

其次，体积微小（甚至小于外层空间中部分体积较大的空间碎片）的微小卫星给针对其的跟踪和监测工作带来了相当的困难，由此增加了其与其他空间物体发生碰撞的风险，并降低了碰撞事故发生后的快速处理反应能力。同时，由于微小卫星的在轨寿命往往较为短暂（通常在 2 ~ 3 年），且在其在轨寿命到期、丧失功能之后，世界各国基于经济和技术层面的考量，几乎均不会对其进行回收，因此，大量丧失功能的微小卫星便被滞留在近地轨道中，并最终成为形态各异的空间碎片，从而

---

① 参见联合国大会文件：The United Nations General Assembly, Recommendations on Enhancing the Practice of States and International Intergovernmental Organizations in Registering Space Objects [R]. GA/RES/62/101, 2007。

不仅对近地轨道的空间环境造成了破坏,更对相应的空间交通管理造成了十分不利的影响。

再次,由于低轨微小卫星星座的应用场景多种多样且卫星的数量众多,因此往往难以判断其中每颗卫星的真实用途,这就给军事化利用微小卫星星座创造了空间——低轨遥感卫星本身就具有极高的军民两用性,而通过星座系统则能够进一步提高遥感数据的获取、分发速度,并缩短重访周期,从而具备更高的军事价值。同样地,低轨通信卫星星座作为高轨通信卫星的有力补充,在填补能力缝隙的同时,还能够进一步缩短控制链条,直接服务战区,并使整个卫星系统的生存能力大大提高。

最后,微小卫星星座因为更低的建设成本而导致网络安全防御能力较弱。① 一方面,由于使用的是相对成熟的制造和发射技术(可以直接移植一般人造卫星技术),因此,微小卫星的各方面生产成本较之一般人造卫星明显更低;并且,数字化技术、标准化制造和垂直化产业链还使微小卫星的生产成本得以进一步降低。然而,另一方面,囿于资金所限和压缩成本的需要,微小卫星星座的所有者往往不会对星座系统进行必要的网络安全防护,从而导致其更易被入侵或破坏。

(二)微小卫星星座所处轨道的特殊性

基于体积微小、设计在轨寿命短暂、结构相对简单等特征,微小卫星并不具备在高轨道进行运行的能力,因而主要是以地球近地轨道作为其运行空间。与此同时,由于近地轨道距离地球表面较近,对空间物体发射和维持运行的要求相对较低,因此,目前绝大多数在轨运行的通信、监测、对地观测卫星和空间站等空间物体也都普遍是在近地轨道内进行运行的。

当前,随着航天科技的进步和人类对外层空间的探索、开发、利用的不断深入,近地轨道内不仅存在数以千百计的正常运行的空间物体,而且还有难以计数的大量的空间碎片滞留其中,使得整个轨道空间已然拥挤不堪且存在严重的安全隐患②。在此情况下,以密集阵列运行的微小卫星星座的大量涌入无疑会进一步加剧近地轨道空间的负担和加大相应的空间交通管理的压力,使近地轨道内空间物体

---

① 参见徐能武、高杨予兮:《低轨小卫星星座发展中的国际安全治理研究》,载《社会科学》2020 年第 7 期。

② 参见尹玉海:《空间碎片与近地轨道环境污染的法律协调》,载《中国航天》2001 年第 7 期。

碰撞事故发生的可能性大大增加。[①] 同时,近地轨道空间所面临的上述困境甚至还可能加剧全球地缘政治的紧张局势。[②]

(三)微小卫星星座发射主体的特殊性

微小卫星星座所具备的用途广泛、建设成本低廉、技术门槛较低、发展前景广阔等竞争优势,使其成为了诸多外空活动主体的重点发展项目,其发射主体既包括世界各主要空间国家政府,也包括诸如 SpaceX 等资金技术雄厚的私营航天企业和其他私人实体。

诚然,多元化主体参与微小卫星星座建设对于国际航天市场,尤其是商业航天市场的发展而言确实能够起到较为积极的促进作用,但这同时也会给针对微小卫星星座的空间交通管理增加一定的困难:一方面,微小卫星的发射、运行主体和登记主体之间的关系复杂交错,难以确定实际的管理主体并对管理工作进行有效的分工、协调;另一方面,由于尚未确立明确的技术准入标准,因此,不同主体发射和运行的微小卫星的技术水平和产品质量难免存在较大差异,而其中并不具备充分的资金和技术实力的私营航天企业发射、运行的微小卫星出现的高故障率等问题显然将增加相应的空间交通管理的难度。[③] 例如,私营航天企业在进行微小卫星星座建设的过程中,往往基于节约成本的考虑,在信息共享、主动避碰等方面缺乏积极性和主动性,又如,因为不为微小卫星装载推进系统而使其无法主动避碰,并在部署进入运行轨道后无法再进行后续操纵。

第二节　现行外层空间国际法律制度规制微小卫星星座建设的不足

作为在外层空间国际法律体系中具有“宪章”地位的国际法律文件,1967 年《外空条约》为外空活动的开展确立了包括“全人类共同利益原则”“和平利用外空原则”“不得据为己有原则”“国际合作原则”等在内的多项基本原则,并明确了世界各国对本国外空活动所负有的监管义务、对本国空间物体造成的损害所负有的法律责任,以及对本国空间物体和宇航员享有的管辖权和控制权。不过,《外空条约》中

① See Prediction of Collision in Future LEO region by LEGEND model of NASA[Z].

② See Francis Lyall, Paul B. Larsen, *Space Law – A Treatise*, Journal of Space Law, 2011, 35:402.

③ See Paul B. Larsen, Small Satellite Legal Issues, Journal of Air Law and Commerce, 2017, 82:279.

的相关规定终究过于原则抽象,并无法为国际空间交通管理提供直接的法律依据,也无法适应当前微小卫星星座建设的特殊情形。从整体上看,现行国际空间交通管理制度存在的不足主要表现为缺乏专门性国际条约和相关国际文件提供明确的法律规范,缺乏有效的核查和协调措施,以及缺乏公正合理的法律争端解决措施。

一、缺乏专门性的国际条约和相关国际文件

作为外层空间国际法律体系的核心,联合国框架下的五大外层空间国际条约均制定于20世纪六七十年代;而自1979年《月球协定》通过之后,国际社会便再未能够就规范和调整外空活动达成任何一项新的国际条约。这就使当前并未有专门性国际条约能够为国际空间交通管理,尤其是微小卫星星座空间交通管理提供明确的法律规范。

除了国际条约之外,诸多虽不具有强制性的法律拘束力的国际文件基于作为国际软法的功能和作用,也确实为世界各国开展外空活动提供了重要的指引,例如,联合国及其和平利用外层空间委员会框架下的《TCBMs报告》、《LTS准则》,以及机构间空间碎片协调委员会框架下的《空间碎片减缓指南》等,就如何减缓和清除空间碎片确立了较为明确的行为准则,并具体涉及了国际空间交通管理的基本原则和方针。① 不过,微小卫星星座建设作为一项极具特殊性的新兴外空活动实践,仅仅依靠对空间碎片问题和国际空间交通管理有所涉及的国际文件是难以就其空间交通管理问题进行充分有效的应对的;而是至少应当制定一份专门为国际空间交通管理进行指引的国际文件,并将微小卫星星座空间交通管理单独作为其中一项具体情形进行专门规定。②

二、缺乏有效的核查和协调措施

有效的核查和协调措施应是一项周全完备且能够在实践中切实发挥功能和作用的国际空间交通管理机制不可或缺的重要组成部分。③ 这是因为:在缺乏专门性国际条约或相关国际文件做出统一的规范或指引的情况下,不仅世界各主要空间国家针对空间交通管理的国内立法在立法旨意和具体规则设计上各不相同,各国

---

① 参见江海、刘静:《空间碎片与空间交通管理》,载《空间碎片研究》2019年第1期。

② See Francis Lyall, Paul B. Larsen, *Space Law – A Treatise*, Journal of Space Law, 2011, 35:402.

③ See Ram S. Jakhu, Paul S. Dempsey, *Routledge Handbook of Space Law*, Routledge, 2017, p. 276.

实际发射的包括微小卫星星座在内的空间物体的技术水平也因为缺乏统一的国际技术准入标准而参差不齐,从而使国际社会在立法上和实践中都无从对空间交通管理问题做出充分有效的应对。由此,倘若能够确立一整套有效的核查和协调措施,一方面对世界各国相关国内立法是否符合促进空间交通有序开展的价值取向,以及相关技术准入标准是否符合确保空间物体不致对空间交通造成不当妨害的最低限度要求进行核查,另一方面则为协调世界各国的国内立法和技术准入标准提供可能的途径,从而更有利于推动一项国际空间交通管理机制的形成。①

然而,截至目前,针对国际空间交通管理的核查和协调措施并未能够在国际社会中被确立下来,并且,由于诸如上述的措施的确立将直接牵涉世界各主要空间国家之于外空活动的切身利益,因此必然将会面临源于国家间利益斗争的诸多困难和波折。

三、缺乏公正合理的法律争端解决措施

虽然1972年《责任公约》针对由空间物体造成损害后果所引发的法律责任的责任归属、归责原则和担责方式等做出了较为详细的规定,但却并未能够明确倘若因法律责任问题引发国际争端后的具体解决措施,使相关争端的解决往往是依争端当事方自由行事,无须受到任何明确的规范或约束。实践中,因空间物体碰撞或丧失功能等原因造成损害后果并进而引发有关法律责任问题的国际争端的情形时有发生,不过,诸如此类往往发生在国家之间的国际争端通常都是经由政治外交手段予以解决,而鲜有采取法律的争端解决措施。例如,于1978年1月24日因失控而坠毁的苏联“宇宙954号”(COSMOS－954)核动力卫星虽然对加拿大造成了波及甚广的核污染等极其严重的损害后果,但两国最终仍是通过政治外交手段对相应的法律责任争端予以了解决。②

而今,随着国际商业航天市场的蓬勃发展,在包括微小卫星星座建设等诸多外空活动的开展过程中,除了国家政府之外,更有越来越多的私营航天企业等私人实体直接参与其中。这就使倘若国家与私人实体之间因空间物体造成损害后果而产生了有关法律责任问题的争端,那么采取政治外交的争端解决措施必然将使私营

---

① See Paul S. Dempsey, Michael C. Mineiro, *Space Traffic Management: A Vacuum in Need of Law*, Proceedings of the Colloquium on the Law of Outer Space, 2008, 51:3.

② 参见朋吉碧:《宇宙－954及其核反应堆》,载《国外航天动态》1978年第3期。

实体处于十分不利的地位，明显不利于对私人实体合法权益的保障；并且，倘若私人实体之间因空间物体造成损害后果而产生了有关法律责任问题的争端，那么政治外交的争端解决措施更是无从适用。由此，确实应当确立一项公平合理的法律争端解决措施，以适应外空活动多元化主体的发展需要。

第三节 微小卫星星座建设空间交通管理法律机制的完善

鉴于微小卫星星座建设良好的上升势头和广阔的发展前景，国际社会确有必要致力于为其构建起完备的空间交通管理法律机制，以保障其能够平稳有序地进行并产生应有的经济效益，不致因制度的缺失受到限制和妨碍。目前，个别发达空间国家，例如美国已开始着手准备为微小卫星星座的空间交通管理制定国内立法，而联合国等政府间与非政府间国际组织也正在加紧构建相关制度框架。上述实践应当可以为微小卫星星座空间交通管理国际法律机制的构建提供有益借鉴。

一、国际层面有关商业微小卫星星座建设空间交通管理的实践经验

目前，国际组织有关国际空间交通管理的政策制度构建主要是以空间碎片治理，即空间碎片减缓和清除为基础进行展开的。例如，前文所述的联合国及其和平利用外层空间委员会框架下的《TCBMs 报告》和《LTS 准则》等是以联合国大会决议的形式，旨在提升外空活动透明度，加强国家间的数据交换和风险信息交流，从而降低空间物体碰撞等空间交通事故发生的风险。该类政策制度已基本取得了中、美、俄等世界主要空间国家的支持，有望成为构建微小卫星星座空间交通管理法律机制所依托的框架。①

此外，IADC 围绕微小卫星星座空间交通管理问题开展的各项工作同样值得关注。IADC 曾于 2015 年和 2017 年先后发布了有关微小卫星星座空间交通管理的专门性文件，旨在就如何降低空间物体和空间环境所面临的风险为微小卫星星座运营商提供参考。IADC 文件涵盖了微小卫星星座的设计制造、环境建模和在轨运行等多个方面，并提出采取双轨办法以解决相关的空间交通管理问题[26]。根据 IADC 文件的要求，针对微小卫星星座的空间交通管理应确保遵循《空间碎片减缓指南》，并在 IADC 的指导下就微小卫星星座的设计、制造、运行等各个环节制定技术标准，

① See Paul B. Larsen, *Small Satellite Legal Issues*, Journal of Air Law and Commerce, 2017, 82: 378.

以初步实现制度化的空间交通管理。

除了政府间国际组织之外,部分非政府间国际组织也在积极通过组织制定法律适用手册等形式参与微小卫星星座空间交通管理;并且,由于国际空间交通管理问题较之外层空间军事化问题并不涉及世界各国的国家安全等根本利益,也不致引发国家间的尖锐矛盾,因此,相关法律适用手册的谈判和制定过程往往更加顺利,并确实取得了一定的成果。例如,世界安全基金会发起制定了《空间新行动者手册》(Handbook for New Actors in Space),旨在向世界各国政府、人造卫星运营商、初创航天企业、大学/科研机构等各类外空活动主体提供为开展和平、安全和负责任的外空活动而应予遵循的基本原则和行为准则。① 该手册是 SWF 与国家政府、实务界和学术界共同合作取得的成果,其第一版已于 2017 年 2 月正式出版,并计划在之后数年间进行实时更新。

诸如上述 IADC 文件和 SWF 手册等非政府间国际组织文件虽然仅是民间性的,但对于促成标准化的行业规范和开展信息、数据共享国际合作仍然具有十分重要的意义;至少在微小卫星星座空间交通管理等新兴领域,能够为各类参与主体提供一份可供参考执行的依据,而不致陷入完全"无法可依"的困境。

二、国家层面有关商业微小卫星星座建设空间交通管理的实践经验

美国作为当前全球开展微小卫星星座建设最为活跃的空间国家,其有关微小卫星星座空间交通管理的国内法律政策制定同样处于世界领先地位。②

2018 年 6 月 11 日,美国众议院科学委员会主席马尔·史密斯在 SWF 主持的一场小组讨论会上表示,基于白宫已经对本国有关空间交通管理问题的航天政策进行了最新修改,众议院正在考虑就该议题进行立法,以解决在轨空间物体监视和向有碰撞风险的人造卫星运营商进行预警等空间交通管理问题。③

同时,时任美国副总统迈克·彭斯在 2018 年 4 月 16 日于科罗拉多州举行的第 34 届太空研讨会(Space Symposium)上宣布了美国空间交通管理政策草案。该政策草案要求美国商务部根据国防部编制的《空间物体目录》(Catalogue of Space

① IADC, Handbook for New Actors in Space, https://swfound.org/handbook.

② Corinne Jorgenson, Petr Lala, Kai Uwe Schrögl, Space traffic management, IAA Cosmic Study, https://iaaweb.org/iaa/Studies/spacetraffic.pdf.

③ Corinne Jorgenson, STM Studies of the IAA, 2015 IISL/ECSL Symposium on STM, https://www.unoosa.org/pdf/pres/lsc2015/symp-01.pdf.

Objects)，向公共部门和私人实体提供基本的太空态势感知技术服务和信息，以保障相关外空活动的顺利开展和空间物体的安全。该政策草案还鼓励私营航天企业与政府合作，就空间交通管理开发数据共享系统、制定技术指南和安全标准，以促进减缓空间碎片的产生、降低空间物体发生碰撞的可能性。① 并且，上述数据共享系统、技术指南和安全标准在应用于国内的同时，还将向国际社会进行推广。美国商务部长随后在2018年4月17日同一系列会议上发表演讲时也表示，美国商务部将随时准备与其他政府部门和私人实体合作，共同制定空间交通管理战略，并为国际社会制定标准。由此可见，美国不仅注重本国相关国内立法的制定，同时也相当有意在微小卫星星座空间交通管理国际规则的制定中提升影响力和话语权。

此外，值得关注的是，美国SpaceX在此前试验微小卫星星座发射的过程中，已经多次与欧洲空间局进行数据交换合作，以评估发生碰撞事故的风险，并尝试在微小卫星星座运行过程中形成合作监管、处置争端的机制。②

三、完善微小卫星星座建设空间交通管理法律机制的具体路径

针对微小卫星星座建设这一具有光明发展前景的新兴航天业态，中国同样应当积极参与其新一轮空间交通管理国际法律机制的构建并在其中发挥空间大国应有的作用，从而在保障本国空间利益的同时，也为国际外空活动的顺利开展提供有力支持。为此，根据前文提出的现行国际空间交通管理制度存在的三个方面的主要不足，并结合前述国际社会已有的应对实践，笔者建议应当从国际法律规则的制定和实施（执行）两个层面，共同就微小卫星星座空间交通管理国际法律机制进行构建。

（一）国际法律规则制定层面

就微小卫星星座空间交通管理国际法律机制的构建而言，应当将制定有关微小卫星星座空间交通管理的专门性国际条约放在首位。虽然制定新的外层空间国际条约确实困难重重，但国际条约基于其强制性的法律拘束力，无疑是据以进行微小卫星星座空间交通管理的最为理想的法律手段。目前，鉴于微小卫星星座建设

① David V.，Space Development Agency Addresses Growing Capability Gaps，https://www.defense.gov/Explore/News/Article/Article/1914120/space - development - agency - addresses - growing - capability - gaps.

② Jeff Foust，ESA Spacecraft Dodges Potential Collision with Starlink Satellite，https://spacenews.com/esa - spacecraft - dodges - potential - collision - with - starlink - satellite.

一方面具有较为突出的发展优势；而另一方面相应的国际空间交通管理问题又较为严峻，世界各主要空间国家对于为微小卫星星座空间交通管理制定一项统一的国际规则大都是抱以较为开放的态度的。由此，倘若能够准确地就微小卫星星座空间交通管理问题在世界各国之间确定适当的利益平衡点，并在此基础上进行相关国际规则的谈判和制定，那么必然将能够为相应的国际法律机制的构建提供最根本且最有力的保障。

同时，对于政府间与非政府间国际组织为制定有关微小卫星星座空间交通管理的政策制度所做的各项工作也应当予以充分重视并提供支持。由于国际条约的制定终究不可能是一蹴而就的，在短时期内仍将面临较大的困难和阻力，从而无法及时地就目前已经开展得如火如荼的微小卫星星座建设所引发的空间交通管理问题做出应对，因此，国际组织制定的政策制度和具体文件虽不具备法律拘束力，但作为汇聚了国家政府和实务界、学术界权威专家的共同智慧的指导性意见，对于如何应对微小卫星星座空间交通管理问题仍然具有十分重要的参考和借鉴作用；并且，相关政策和具体文件经过一定时期的实践检验还极有可能成为据以制定具有法律拘束力的国际规则的基础。

（二）国际法律规则实施（执行）层面

其一，应当采取渐进方式逐步建立起针对微小卫星星座空间交通管理的核查和协调措施。由于目前国际社会尚未确立有关微小卫星星座空间交通管理的专门性国际条约，使径行建立国家政府间的相关核查和协调机制必然将面临极大的困难和阻力，因此，可以考虑首先在非政府间的层面建立相应机制，而后再向政府间的层面逐步发展。① 实践中，为了顺利度过行业发展初期的“瓶颈”阶段，众多微小卫星星座运营商早已开始进行信息和数据共享，并通过建立行业组织从而对部分行业规范和标准进行统一；同时，诸如前述世界安全基金会发起制定的法律适用手册等由非政府间国际组织制定的政策制度和具体文件，也就空间交通管理问题为微小卫星星座建设的多元化主体提供了十分有益的指引。②

由此可见，非政府主体在有关微小卫星星座空间交通管理的工作中已经取得

---

① WANG Guo – yu, Space Traffic Management (STM) and the Governance of Space Activities (GSA), IISL/ECSL 2015 Symposium on STM, https://www.unoosa.org/pdf/pres/lsc2015/symp – 05.pdf.

② C. Corinne Jorgenson, Petr Lala, Kai Uwe Schrögl, Space traffic management, IAA Cosmic Study, https://iaaweb.org/iaa/Studies/spacetraffic.pdf.

了一定成效,而这也使首先在非政府层面建立起针对微小卫星星座空间交通管理的核查和协调措施成为可能。并且,经过一定时期的实践检验之后,倘若相关机制的运转确有成效并能够得到包括国家政府在内的微小卫星星座建设的多元化主体的普遍认可和接受,那么便可以在此基础上寻求进一步在政府间层面建立相应机制,从而或与彼时新制定的相关国际条约相配套,或作为据以制定相关国际条约的实践依据。

其二,应当同样采取渐进方式,首先从非政府层面确立法律争端解决措施。[①] 由于在开展微小卫星星座建设过程中因空间物体碰撞等原因造成损害后果的情形时有发生,因此,倘若对由此产生的法律责任争端一概采取政治外交手段予以解决,那么无疑将对国家(政治)资源造成极大的浪费;并且,如前所述,在越来越多的私营航天企业等私人实体直接参与微小卫星星座建设的现实情况下,政治外交手段并不利于或从根本上无法适用于解决私人实体作为争端当事方的法律责任争端。是故,由非政府间国际组织确立非政府层面的法律争端解决措施是确有必要且现实可行的。

具体而言,可以由非政府间国际组织组织实务界和学术界的权威专家成立事故调查和争端解决专家组,就如何解决争端出具意见报告,或者通过采取成立仲裁庭的方式,以仲裁裁决作为争端解决的结果。此外,当前越来越多的国际律师事务所和法律服务机构开始着力培养精通外层空间国际法律体系的专业法律人才,这也将为包括微小卫星星座建设在内的各类外空活动争端的法律解决提供重要力量。

(三)中国加强构建微小卫星星座建设交通管理的国际和国内法律机制

微小卫星星座建设基于其所具有的显著的竞争优势,必将在未来的国际航天市场中形成更加丰富的实践,并将由此对相应的国际空间交通管理造成更加严峻的冲击和挑战。当前,针对微小卫星星座空间交通管理问题,国际社会尚未能够确立专门性国际条约或建立起政府间层面的国际法律机制对其进行充分有效的应对。不过,部分发达空间国家制定的国内立法以及国际组织制定的政策制度和具体文件则为相关国际法律机制的构建提供了有益的参考和借鉴,并奠定了一定的实践基础。微小卫星星座空间交通管理国际法律机制的构建将是一个漫长而复杂的过程,需要国际社会凝聚共识、形成合力、共同实现;而在这之中,基于作为负责任

---

① See J. D. Rendleman, J. W. Faulconer, *Improving International Space Cooperation: Considerations for the USA*, Space Policy, 2010, 26: 150.

大国的国际义务,以及由航天大国向航天强国转型升级的国家利益的需要,中国理应为促成构建相关国际法律机制采取更加积极的行动。

应当认识到,较之世界其他发达空间国家,中国在包括微小卫星星座空间交通管理国际法律机制的构建在内的新兴外空活动的国际法律规则的制定中是处于相对"沉默"的状态的。如前所述,美国在发展本国多元化主体的微小卫星星座建设的同时,也在积极通过制定和推广本国相关国内立法等方式,以提升在微小卫星星座空间交通管理国际法律机制构建中的影响力和话语权。对此,在认识到微小卫星星座建设对于本国(商业)航天产业的深入发展所具有的重要意义的基础上,中国应当一方面加快本国相关国内立法的制定,另一方面更加积极主动地参与相关国际法律机制的构建;同时,还应当充分利用本国实务界和学术界的民间力量,在前述诸多非政府层面政策制度的建立中发挥更加重要的作用,从而从全局上变被动为主动,通过在整个国际法律机制构建中的积极作为维护本国在微小卫星星座建设领域的国家利益。

第四节　商业微小卫星星座建设安全风险的法律防范

近年来,基于空间科技日新月异的蓬勃发展和商业航天产业的异军突起,由国家或非国家主体开展的商业微小卫星星座建设开始在世界范围内盛行。商业微小卫星星座建设使人造卫星的通信、导航、遥感、空间观测等应用功能的能效得到了极大地提升、应用场景得到了极大地拓展,进而为空间科技的进步和商业航天产业的顺利运行提供了巨大动力。与此同时,商业微小卫星星座建设的不断扩张所带来的外空安全风险问题也日益突出。

具体就商业微小卫星星座建设对中国空间安全利益的影响而言:一方面,中国在外层空间拥有大量在轨空间设施并正接连开展航天员长期在轨驻留活动,而商业微小卫星星座建设带来的一系列外空安全风险问题极有可能对中国空间设施的资产安全和航天员的人身安全造成侵害。另一方面,中国的商业航天产业发展对商业微小卫星星座建设同样有着迫切的需要,这就要求无论是国家航天企业还是民营航天企业均应着力提升所开展的商业微小卫星星座建设的安全等级,以周全地维护本国和世界其他国家的空间安全利益。是故,确有必要通过法律路径切实加强对商业微小卫星星座建设安全风险的应对。

一、商业微小卫星星座建设安全风险的实践表现

(一)军事化利用趋势日益凸显

军事化利用人造卫星是最基础、最普遍的外空军事化利用方式;而外空军事化利用无疑是国际社会所面临的最为严峻、紧张的外空安全风险问题。当前,在美军陆续炮制出“马赛克战”“决策中心战”等未来战争理念的同时,SpaceX 的“星链”计划可谓与之如影随形、互动紧密,并极有可能成为上述理念在外空域的直接载体,催生出新型作战样态——2020 年 5 月,SpaceX 与美国陆军签订协议,后者将可以在此后三年内试验通过“星链”卫星宽带在军用网络中进行数据传输;①同年 10 月,SpaceX 与美国国防部太空发展局签订了价值 1.53 亿美元的合同,前者将基于“星链”计划的总线设计为后者制造并部署导弹预警卫星。②

(二)空间进入安全问题加剧

空间进入安全(空间设施安全进入外空的能力)是一切外空活动得以顺利开展的根本保障。然而,囿于其固有特征,商业微小卫星星座建设在相当程度上加剧了空间碎片问题和空间交通管理问题,并由此为空间进入安全带来了巨大隐患。一方面,商业微小卫星星座建设导致数量极其庞大的卫星在短时间内竞相涌入本已相当拥挤的地球轨道,极大地增加了空间设施相互碰撞的概率,并相应地使空间碎片的数量不可避免地激增。另一方面,一次性同时发射数量过多的卫星往往会增加卫星失控、脱轨、甚至坠落等意外事故发生的可能,不仅威胁着其他在轨空间设施的正常运行,还增加了空间交通管理的负担。③ 例如,SpaceX 于 2019 年 5 月 23 日发射的一批 60 颗“星链”卫星中的 3 颗在发射后即脱离了地面的控制,迫使欧洲空间局 Aeolus 卫星为避免可能与其发生碰撞而不得不进行紧急避碰。④

(三)空间设施接近、干扰事件频发

2021 年 7 月 1 日和 10 月 21 日,SpaceX 的两颗“星链”卫星“星链 - 1095 号”和

---

① https://spacenews. com/u - s - army - signs - deal - with - spacex - to - assess - starlink - broadband/.

② https://spacenews. com/spacex - l3harris - win - space - development - agency - contracts - to - build - missile - warning - satellites/.

③ 参见苏金远:《中美“星链”之争凸显航天合作重要性》,载中国法学会法治研究所网 2003 年 1 月 13 日,http://fzyjs. chinalaw. org. cn/portal/article/index/id/1096. html。

④ https://t. qianzhan. com/caijing/detail/190904 - 0e2127d3. html.

“星链－2305 号”先后与中国空间站发生近距离接近事件，对空间站及正在其中执行任务的中国航天员的生命安全造成了威胁。出于安全考虑，中国空间站两次采取了紧急避碰措施，规避了两目标的碰撞。① 对此，中国外交部发言人赵立坚于 2021 年 12 月 28 日主持外交部例行记者会时严正指出：SpaceX“星链”卫星两次接近中国空间站的事件表明美国未能履行外层空间国际条约确立的相关法律义务；美国应当立即采取有效措施预防此类事件的再次发生，并以负责任的态度维护在轨航天员的生命安全和空间设施的安全稳定运行。②

二、应对商业微小卫星星座建设安全风险的法律路径

（一）国际法层面

中国应推动国际社会围绕军事化利用人造卫星的法律规制、空间进入安全的法律保障、空间设施避碰的协调机制构建，开展新一轮国际法规则的谈判和制定，进而通过具有普遍适用性的国际法手段，遏制商业微小卫星星座建设造成的外空安全风险的提升。

诚然，随着世界各国在外空的利益竞争和力量博弈日趋激烈，协调国家意志以形成新的国际条约或国际习惯规则的困难客观存在，不过，鉴于维护外空安全的共同愿望，国际社会应可以首先通过相关联合国大会决议、联合国外空委工作文件等“国际软法”以弥补既有规则的缺失，而后再在此基础上逐步促成正式的国际法规则。例如，可以根据“公平礼让原则”“重大（载人）航天任务优先原则”“造成接近、干扰一方主动避让原则”等国际社会达成的初步共识，确立有关空间设施避碰的具体（法律）规则，并推动相应国际协调机制的构建。③

此外，考虑到商业微小卫星星座建设带来的外空安全风险问题关乎国际社会的共同利益，中国应积极号召世界各国加强在相关领域开展更加主动、更加透明的国际合作。例如，针对空间设施避碰，即应加强各类卫星运营主体间的信息交流，并建立国际统一的空间设施交会评估通知制度。

---

① 依照《关于各国探索和利用外层空间包括月球与其他天体活动所应遵守原则的条约》递交的资料，2021 年 12 月 3 日中国常驻联合国（维也纳）代表团致秘书长的普通照会。

② https://www.fmprc.gov.cn/fyrbt_673021/jzhsl_673025/202112/t20211228_10476420.shtml.

③ 参见王国语：《解读“星链卫星两次接近中国空间站”事件的外空全球治理视角》，载微信公众号“世语外空”2023 年 1 月 5 日，https://mp.weixin.qq.com/s/TF0GLAvmr－olkCNxTS0Z2g。

（二）国内法层面

在中国国内航天基本立法仍未完成制定的现实背景下，相关国家政策法规和地方立法应齐头并进，共同为应对商业微小卫星星座建设带来的外空安全风险问题提供法律和政策保障，并在此过程中特别关注开展商业微小卫星星座建设与遏制外空安全风险提升之间的动态平衡。

一方面，基于商业航天产业发展的客观需要，相关国家政策法规和地方立法应在继续肯定商业微小卫星星座建设的支柱作用并支持其有序开展的同时，进一步深入发掘其之于促进商业航天产业发展的其他重要潜能。另一方面，为有效规避可能的外空安全风险问题，相关国家政策法规和地方立法应加强对商业微小卫星星座建设的合理规制，不仅应对同一时期内卫星发射的数量和频次进行全盘统筹和规划，并在必要时予以一定限制，还应明确要求各类卫星发射和运营主体采取一切适当的技术措施，着力降低商业微小卫星星座建设造成外空安全风险的可能性。

第六章

商业航天产业发展及其法律规制

进入21世纪,"商业航天"作为航天领域最引人注目的新概念之一,正日益受到国际社会的关注和追捧。从基础功能看,商业航天能够完成包括航天器的设计、建造、发射和运营在内的一整套完整周全的航天业务;从核心特征看,商业航天较之传统航天具有成本更低、效率更高、对商业市场感知敏锐、对高新科技反应迅速,以及能够更加可靠地实现客户需求等诸多优势。① 由此,商业航天在当前的世界航天市场中已经展现出了强大的竞争力,并取得了十分广阔的市场发展前景。不过,作为一项投入实践时间尚短的新兴产业,商业航天在世界各国的发展都不可能一蹴而就。

在中国,商业航天的发展尤其应当坚实地立足于国家航天事业发展和航天产业军民融合发展的客观实际,与国家航天事业和航天产业军民融合的发展相互补充、相互促进、共同繁荣。以此为基础,为使正处于以"航天商业化"为主导的发展阶段的中国商业航天产业能够更加充分地、有效地得到来自社会金融资本的支持,确有必要对相应的商业航天金融模式进行健全和创新,并对商业航天投资所涉及的相关问题予以规范。

---

① 参见张保庆等编著:《航天发展新动力——商业航天》,中国宇航出版社2017年版,第13页。

第一节　中国商业航天产业发展及其所涉金融问题的法律规制

一、中国商业航天产业的发展现状和本质特征

从概念的角度看,“商业航天”应有广义和狭义之分:

广义的“商业航天”的实施主体通常为国家航天企业,具体实施方式为过往只为国家政府和军队提供服务的国家航天企业(包括制造企业和系统运营企业)为商业市场提供服务,并将过往限于国家政府和军队所需用途的航天设施和产品投诸商用领域;同时,国家政府和军队作为“客户”进入商业市场,就所需开展的航天活动进行招标和采购。① 由于具有由“国家化”向“商业化”推进的显著特征,因此,广义的“商业航天”也往往被定义为“航天商业化”。

与之相对的,狭义的“商业航天”的实施主体一般为依照市场化规则成立的私营航天企业(主要表现为私人投资、私人建设、私人运营、私人受益的私营模式),具体实施方式为私营航天企业通过市场化规律从事投融资、招投标、研发、制造、运营、合作等生产经营运作,开展各类商业航天活动。② 由此,较之广义的“商业航天”,狭义的“商业航天”在具有“商业化”特征的同时更侧重于强调“私营化”,即更多地由独立于国家航天企业之外的私营航天企业承担开展商业航天活动的功能。

针对上述“商业航天”概念的广义和狭义之分,有观点认为,“航天商业化”与“商业航天”应当是两个截然不同的概念,并且,仅狭义的“商业航天”之所指方才得以构成真正意义上的“商业航天”。③ 但在笔者看来,恰恰是上述广义的和狭义的“商业航天”之所指共同构成了完整的商业航天的内涵;并且,当前中国的商业航天产业正处于以“航天商业化”为主导的发展阶段,而由国家航天企业承担开展商业航天活动的主要功能,也正是当前中国商业航天产业所应具备的本质特征。这是因为:

首先,从国家航天事业发展的全局看,由国家航天企业承担开展商业航天活动的主要功能,更加符合国家航天事业发展的客观实际。经过数十年的发展,中国的

---

① 参见贾睿:《照见未来:一本书读懂商业航天》,知识产权出版社 2018 年版,第 2 ~3 页。

② 参见贾睿:《照见未来:一本书读懂商业航天》,知识产权出版社 2018 年版,第 2 ~3 页。

③ 参见操秀英、刘雨菲:《对商业航天意义和发展道路的再认识》,载《卫星与网络》2018 年第 7 期。

国家航天企业在航天产业的基础研究和应用研究方面,以及航天产品的设计开发、生产制造和运行测控方面,均已拥有了相当丰富的技术、资源和经验;并且,基于多个通信、观测卫星系统的建成,以及北斗卫星导航系统的投入建设,国家航天企业在"航天商业化"的进程中也已具备了较为夯实的条件基础并取得了一定的前期成果。相较之下,尚处于起步伊始的中国私营航天企业在开展商业航天活动时还暂且面临着诸如技术能力欠缺、资金和人力资源匮乏,以及政策扶持力度不足等困境,导致在短时间内并无法比肩、更遑论超越国家航天企业。① 由此,立足于国家航天事业发展的客观实际,确实应当由国家航天企业而非私营航天企业在当前的中国商业航天产业中扮演主要角色。

其次,从军民融合发展国家战略的要求看,以国家航天企业作为主要实施主体开展商业航天活动,与军民融合发展的国家战略在航天领域的具体实现,即航天产业军民融合发展的要求更相一致。随着军民融合发展国家战略的持续深入,航天产业的军民融合发展理应实现"应融则融""能融尽融",并以此构建起全要素、多领域、高效益的军民融合发展格局。② 同时,作为当前中国科学发展最活跃、尖端技术最集中、工程实践最复杂、产业带动最强劲的产业之一,航天产业也确实最具优势、同时最为迫切地需要实施军民融合发展。基于此,又鉴于因为与国家国防安全和军事力量建设紧密相关而固有的"军"的属性,航天产业的军民融合发展必然应当以"军转民"为首要,即仅在国家航天企业确定了何种航天设施和产品得以由"军"转"民"并被投诸商用市场的前提下,私营航天企业和社会金融资本方才得以参与和投入航天产业的军民融合发展。③ 由此,为使商业航天发展能够与航天产业军民融合发展的要求相一致,国家航天企业应当当然地成为开展商业航天活动的主要实施主体。

综上所述,笔者认为,就中国商业航天产业的发展现状和本质特征应当形成以下两方面的认识:其一,当前中国的商业航天产业在客观上正处于以"航天商业化"为主导的发展阶段,而以国家航天企业作为开展商业航天活动的主要实施主体也确实符合当前中国商业航天产业发展的客观需要。其二,航天产业的军民融合发展应当是当前中国商业航天产业发展的核心内容。

---

① 参见郭世军:《走中国特色商业航天发展道路》,载《中国航天报》2018 年 8 月 17 日,第 3 版。
② 参见商航:《以商业航天促进军民深度融合发展》,载《国防科技工业》2018 年第 10 期。
③ 参见张翼飞、贾宁:《航天军转民融资策略研究》,载《军民两用技术与产品》2012 年第 9 期。

二、中国商业航天金融模式的既有实践

在明确了中国商业航天产业的发展现状和本质特征的基础上，下文就与之相应的商业航天金融模式的探讨将集中围绕为国家航天企业在开展商业航天活动的过程中更加充分地、有效地取得社会金融资本的支持而展开。

应当认识到：发展商业航天金融模式除了当然地有助于推动中国商业航天产业的发展之外，对于促进航天产业军民融合发展和助推“航天强国”转型升级同样具有重大的积极意义。具体而言：一方面，发展商业航天金融模式，通过将社会金融资本引入航天产业，促进产业资本与金融资本的融合，将使航天产业得以借助多元化的资金、资本结构进一步推动自身发展和服务国民经济发展，从而更好地实现航天产业的军民融合发展。同时，另一方面，发展商业航天金融模式，既能够为商用/民用航天设施的长期、连续、稳定、自主运行提供更加充足的资金、资本保障，也能够在提升航天产业的产业规模的基础上，提高其社会效益和经济效益，从而助推中国由“航天大国”向“航天强国”的转型升级。①

在实践中，中国的国家航天企业（主要为中国航天科技集团公司和中国航天科工集团公司）也已经开始认识到发展商业航天金融模式的重大意义，并初步形成了以融资租赁和基金作为主要融资方式的既有实践。

（一）融资租赁

中国航天科技集团公司和中国航天科工集团公司均已设立关联融资租赁公司，开展融资租赁等航天金融业务：中国航天科技集团公司的下属公司航天投资控股有限公司与鞍钢集团联合发起设立“航天融资租赁有限公司”②；中国航天科工集团公司与其下属公司等六家央企、地方国企和金融机构共同出资设立“航天科工金融租赁有限公司”。③

上述两家融资租赁公司主要从事航天产品、高端装备制造、交运工具、信息服务、新材料与新能源，以及基础建设工程等领域的融资租赁和经营性租赁业务，包括直接融资租赁、售后回租、其他经营性租赁和商业保理等业务类型。此外，上述两

---

① 参见蒋圣力：《中国商业航天金融模式的健全与创新略论》，载《国际太空》2019 年第 1 期。

② “公司简介”，载航天融资租赁有限公司网，http://www.caslc.com/gsjj，最后访问日期：2023 年 5 月 21 日。

③ “航天金融租赁公司获批开业 为全国首家航天央企控股金租公司”，载武汉市地方金融局网，http://jrj.wuhan.gov.cn/ynzx_57/xwzx/202011/t20201119_1513487.shtml。

家公司还根据经批准的业务范围和公司章程开展其他金融业务和提供咨询等金融服务。

(二)基金

中国航天科技集团公司和中国航天科工集团公司均已设立关联基金管理公司,开展基金管理(投资管理、资产管理)等航天金融业务:中国航天科技集团公司下属航天投资控股有限公司发起设立"航天产业投资基金管理(北京)有限公司"①;中国航天科工集团公司下属航天科工资产管理有限公司等四家股东单位共同发起设立"航天科工投资基金管理(北京)有限公司"。②

航天产业投资基金管理(北京)有限公司所管理的"航天产业基金"是中国航天科技集团公司为实现自身航天技术应用产业和航天服务业的发展而向社会募集的产业基金。该基金采取有限合伙的组织模式,并采取"大型央企—大型金融企业—地方国有重点企业"的组合方式,形成了产业资本与金融资本、产业经济与地方经济的结合。

航天科工投资基金管理(北京)有限公司是中国航天科工集团公司的核心基金管理平台,目前管理的基金项目主要包括军民融合创投基金、航天信息产业投资基金和航天工业互联网基金等,正在发起组建的基金项目主要包括新材料产业基金和智能制造基金等。此外,为拓展基金管理业务,该公司还参与了另外两家关联基金管理公司的参股投资和发起设立。

三、健全和创新中国商业航天金融模式的具体措施

作为当前中国商业航天产业发展的核心内容,中国航天产业的军民融合发展现正处于"军转民"的中期阶段,其现实状况可以被概括为:经由军用科技成果转化而成的民用实验室产品雏形,经过中试试验、批量试制等环节形成可工业化生产的产品,又经过产业化试验、批量试销等环节形成可供市场化销售的商品。③ 在此背景下,为了支持航天产业军民融合发展成果的快速、大量产品化、商品化,虽然国家航天企业仍然能够依靠内源性融资提供部分资金,但囿于资金需求的大幅上升,使

① "航天产业投资基金管理(北京)有限公司",载投资界网,https://zdb.pedaily.cn/company/show10574/,最后访问日期:2023年5月1日。

② "航天科工投资基金管理(北京)有限公司",载安全联盟网,https://www.anquan.org/detail/5eed4ee25b30a586036b5bb1/,最后访问日期:2023年5月1日。

③ 参见张翼飞、贾宁:《航天军转民融资策略研究》,载《军民两用技术与产品》2012年第9期。

航天产业的军民融合发展不可避免地受到了资金配置短缺、融资方式有限等问题的制约和阻滞。

鉴于此，为使国家航天企业在开展商业航天活动的过程中能够更加充分地、有效地取得社会金融资本的支持，对中国商业航天金融模式的发展即应当根据上述航天产业军民融合发展的现实状况及其对社会金融资本的实际需要，在进一步健全各项已有模式的同时，也应尝试采取合理可行的创新模式。

（一）健全已有金融模式

1. 融资租赁

航天产业军民融合发展成果的产品化、商业化将占用国家航天企业的大量资金用于购置、更新生产、制造设备。对此，应当采取融资租赁的融资方式以减少设备（固定资产）对企业资金的占用，在保障企业资金顺畅周转的同时，也将有助于实现企业的规模扩张。

采取融资租赁的融资方式应当尤其关注商用/民用航天产品的市场风险，一方面做实风险评估，保障融资、融物的有效性；另一方面确保销售市场，保障企业为融资租赁所付出的资金的回报。

2. 信用担保

鉴于与国家航天企业在商业航天活动中进行合作的，直接从事商用/民用航天产品生产、制造、销售的私营航天企业多数资信水平较低、资产规模较小，通过常规的抵押、质押贷款难以取得足够的资金，可以考虑降低融资门槛和融资成本，采取信用担保的信贷融资方式。

采取信用担保的信贷融资方式，可以鼓励专业担保机构提供融资担保，并鼓励国有股权投资机构作为投资者，以避免国有资产流失。此外，还可以通过“统借统还”的集合贷款模式，统一进行贷款之后再以委托贷款的方式将资金贷给有融资需要的各个私营航天企业。

3. 风险准备金

虽然中国航天产业的军民融合发展已经取得了一定的成果，但客观存在的技术风险和市场风险仍在相当程度上制约着其取得外部融资。由此，可以考虑建立风险准备金这一风险分担和补偿机制，以降低风险因素的不利影响，从而吸引更多的外部投资者。

建立风险准备金的风险分担和补偿机制，可以设立集中管理的风险准备金专用账户，要求取得融资支持的国家（或者私营）航天企业按照一定比例向其缴存风险准备金，用于统一补偿企业在经营过程中可能出现的重大风险损失，确保融资的投资者在风险发生后能够得到合理的补偿。

（二）尝试采取创新金融模式

除了上述金融市场普遍采取的、并且是商业航天金融模式中已有的融资（保障）方式之外，资产证券化这一较为新颖的融资方式也可以作为为发展中国商业航天金融模式而尝试采取的创新模式。

从资产证券化应用于金融市场实践的总体情况看，其对于有融资需要的企业而言确实是一项较为理想的融资途径，并且，近年来金融市场对其的实际需求也开始逐渐旺盛了起来。这主要因为：资产证券化对企业基础资产的要求具有多样性，且不受企业净资产规模、盈利指标等因素的影响，从而使原本不具备实施证券化条件的企业长期资产得以被盘活。同时，由于资产证券化的交易结构和实施手段较为灵活，因此，在监管要求明确的情况下，其还可以为更多的非金融企业提供融资机会。

具体就作为对商业航天金融模式的一种创新而言，尝试采取资产证券化这一融资方式的优势在于：由于资产证券化的实施要求发起融资的企业的基础资产须与该企业的破产风险形成有效隔离（“风险隔离”），因此，基于有效的“风险隔离”措施，一方面可以防止社会金融资本对可能涉及国家国防安全和军事力量建设的航天军民融合资产的恶意收购，规避因为融资而产生的泄密风险；另一方面还可以规范国家航天企业在开展航天产业军民融合发展的过程中恰当地利用资本市场，并吸引更多的社会金融资本、甚至国际金融资本的投资，从而促进航天产业军民融合的深度发展。①

现阶段，在中国航天产业中适宜实施资产证券化融资方式的基础资产应当集中于卫星领域。根据中国航天系统科学与工程研究院的统计数据，近年来，中国卫星制造业、卫星发射业和卫星运营服务业的收入持续占到航天产业总收入的六成以上；并且，卫星领域（主要为通信、导航、遥感卫星）已经成为中国航天产业军民融合发展最为重要的领域之一，商用/民用卫星已经具有相当广泛的用户群体和较为庞大的市场需求。由此，可以考虑将商用/民用卫星研发、制造项目的收益权作为基

① 参见刘均华等：《基于军民融合发展的航天企业资产证券化思考》，载《航天工业管理》2016 年第 1 期。

础资产以实施资产证券化进行融资。① 具体而言：

首先，商用/民用卫星项目收益权的资产证券化应当采取企业资产证券化的模式，即通过转让作为基础资产的商用/民用卫星项目收益权进行证券化。其次，适宜实施资产证券化的商用/民用卫星项目应暂以通信、导航、遥感领域的卫星为限，深空探测、载人航天、空间科学等领域的卫星尚不具备实施资产证券化的市场条件。最后，从产业规模、收入水平、业务体量和市场前景等各方面看，卫星运营服务业是商用/民用卫星项目的核心，而卫星数据服务又是卫星运营服务业的核心，由此，应当将卫星数据服务项目收益权作为最为主要的基础资产进行资产证券化。

此外，需注意的是，就资产证券化的融资方式作为商业航天金融模式的法律保障而言，虽然国家相关部委已经颁布了若干政策性文件鼓励航天产业充分利用资本市场、积极吸引外部融资，但不仅尚未有明确的法律、法规作为据以规范、引导商业航天金融模式发展的依据，具体及于资产证券化，无论是整体性的实施规则还是"风险隔离"措施的设置等细节内容，也均未被纳入《证券法》、《信托法》或者《担保法》等相关法律的范畴中。由此，专门适用于包括资产证券化的融资方式在内的商业航天金融模式的法律规范亟待确立。

四、中国商业航天投资的主要实践与问题

在国家层面，中国已经出台了若干支持商业航天发展（乃至商业航天投资）的具体政策文件：例如，国务院于 2014 年 11 月 16 日发布的《关于创新重点领域投融资机制鼓励社会投资的指导意见》第七（二十四）项的规定，即明确了国家不仅积极推动完善民用航天基础设施的建设，还鼓励民间资本参与国家民用航天基础设施的建设，鼓励民间资本进行研制、发射和运营商业遥感卫星，以及引导民间资本参与卫星导航地面应用系统建设。② 又如，国家发改委、财政部、国防科工局会同有关部门研究编制，并经国务院同意于 2015 年 10 月 26 日印发的《国家民用空间基础设施中长期发展规划（2015—2025 年）》，更进一步提出了"支持民间资本投资卫星研制和系统建设"，"公益与商业兼顾类项目实行国家与社会投资相结合，商业类项目

---

① 参见鲁中轩：《航天产业资产证券化路径研究》，对外经济贸易大学 2017 年硕士学位论文，第 20～21 页。

② 《国务院关于创新重点领域投融资机制鼓励社会投资的指导意见》，载中华人民共和国中央人民政府网，http://www.gov.cn/zhengce/content/2014-11/26/content_9260.htm。

以社会投资为主”,“鼓励并支持有资质的企业投资建设规划内的卫星”等内容。[①]

在国家开放利好政策与国际商业航天投资实践如火如荼的内外因素的双重驱动下,中国商业航天投资在2016年下半年即已迎来了首个“黄金时期”;并且,在经历了自2016年年底开始的市场调整之后,当前中国商业航天投资的热度和力度仍然处于持续上升之中。

中国商业航天投资的主要实践可以基本概括为,民间资本对国家航天企业与民营航天企业所开展的商业航天活动的资本投入;并且,与在商业航天的发展中所扮演的不同角色相应的,国家航天企业与民营航天企业作为商业航天投资的对象同样存在一定的差异。[②] 不过,虽然国家航天企业与民营航天企业在开展商业航天活动的过程中对于民间资本的实际需求(包括资金金额、需资用途、收益目标等)可能存在较为明显的差异,但民间资本的投入毋庸置疑地将为中国商业航天产业的发展提供重要助力。

(一)对国家航天企业的商业航天投资及其关键问题

为国家航天企业的商业航天项目引入民间资本,实际上正是公私合作(PPP)模式下发展商业航天的一种典型方式。[③] 通过打开国家政府(具体为国家航天企业)与私人实体(基于金融资本的投入)在商业航天领域的合作渠道,鼓励和引导社会力量和民间资本参与到国家民用航天基础设施、卫星应用系统和空间信息产品服务等的建设与运营中,并根据商业航天项目的实际情况,确定与之相适应的公私合作形式,不仅有利于促进具体商业航天项目的落地,还更有助于推动商业航天整体的发展。

就中国国家航天企业的商业航天投资而言:一方面,从前述国家层面已经出台的多份支持商业航天发展的政策文件的相关规定看,其正是在首先确认了国家航天企业作为开展商业航天活动的核心主体这一现实的基础上,明确应当鼓励和引导私人实体和民间资本参与到由国家航天企业主导的商业航天活动中,即采取公私合作模式发展商业航天。同时,另一方面,民间资本投资国家航天企业商业航天项目的实例在实践中也已形成。例如,于2016年2月16日成立的航天科工火箭技

---

① 《关于印发国家民用空间基础设施中长期发展规划(2015—2025年)的通知》,载中华人民共和国国家发展和改革委员会网,https://www.ndrc.gov.cn/xxgk/zcfb/ghwb/201510/t20151029_962171_ext.html。

② 参见蒋圣力:《中国商业航天投资的实践与问题简析》,载《国际太空》2019年第7期。

③ 参见贾睿:《照见未来:一本书读懂商业航天》,知识产权出版社2018年版,第230页。

术公司(依托中国航天科工集团有限公司)在2017年5月18日启动的12亿元人民币的A轮股权融资,即被业界视为由此拉开了航天体制内国家航天企业混合所有制改革的序幕。①

国家航天企业凭借国家背景以及技术、管理、人才、渠道等优势,吸引民间资本的融资难度较之民营航天企业显著更低。不过,应当认识到:国家航天企业所提供的任何一项航天业务均终究与国家政治和国家安全存在相当紧密的联系;并且,对于中国国家航天企业而言,较之盈利创收,其所负有的完成国家指令任务、保障国有资产保值增值、维持社会秩序稳定等职能往往更加重要。② 由此,对国家航天企业的商业航天投资的关键问题,并非简单的资金金额的多少,而是在于民间资本的介入是否能够为国家航天企业带来所期待的更深层次的经济和社会效益,例如,是否能够促进国家航天企业基于市场变化调整和完善产业链等。

(二)对民营航天企业的商业航天投资及其关键问题

近年来,发展活跃的民营航天企业的快速涌现为中国商业航天产业的发展提供了强劲助力。其中,多家民营航天企业在资本市场也取得了十分良好的表现——成立于2014年1月的深圳市翎客航天技术有限公司在成立之初的3天内便于国内创业融资服务平台"天使汇"获得了515万元人民币融资认购;③成立于2015年6月的北京零壹空间科技有限公司不仅在成立之初即获得了数千万元的天使轮投资,更是先后在2017年10月、2018年1月和8月获得了各逾亿元的A轮、A+轮和B轮融资;④于2010年在深交所创业板上市的珠海欧比特宇航科技股份有限公司在2018年完成了其所有的"珠海一号"卫星星座项目的10.82亿元人民币资金募集。⑤

当前,中国民营航天企业所提供的航天业务主要集中于星箭制造(人造卫星和运载火箭的研发、制造、发射)和卫星应用(主要包括卫星导航、卫星遥感、卫星通

① "我国首家商业火箭公司融资12亿",载中国金融新闻网,https://www.financialnews.com.cn/gc/201712/t20171219_129961.html。

② 参见张振华等:《国外商业航天的发展及启示》,载《中国航天》2015年第11期。

③ "21岁小伙创业造火箭 计划3年后将探空火箭推向市场",载中国新闻网,https://www.chinanews.com/cj/2014/10-10/6662410.shtml。

④ "零壹空间获得由春晓资本领投的数千万元天使投资",载新芽网,https://www.newseed.cn/invest/34250,最后访问日期:2023年5月1日。

⑤ "发展历程",载珠海欧比特宇航科技股份有限公司网,https://www.myorbita.net/fzlc/list_6.aspx,最后访问日期:2023年5月1日。

信)两大领域。[①] 星箭制造领域资金需求体量巨大、投资回报周期较长,使得民营航天企业必须具备持续可靠的融资能力、能够获得长期稳定的民间资本的投入,否则恐怕难以避免最终被市场淘汰的结果;并且,多数完全由民营航天企业进行研制并发射的人造卫星在进入轨道之后往往均难以取得后续进展,导致以此为基础所能产生的投资回报实则十分有限。相较之下,卫星应用领域则具有较为可观的投资潜力——以卫星导航为例,该领域经过近年来的快速发展,已经具备了较高的市场化和商业化水平,引领了一批作为位置服务提供商、地面设备制造商,以及终端设备和集成服务商的民营航天企业的崛起;并且,其中多数民营航天企业还摸索出了可持续的盈利创收模式,更以此得到了资本市场的青睐。[②]

民营航天企业较之国家航天企业无疑具有更加巨大的资金需求,其需资用途通常是为了维持自身的生产经营,而收益目标则在相当程度上为民间资本投资回报的要求所决定。[③] 由此,对民营航天企业的商业航天投资的关键问题,应当是在民营航天企业首先确定了能够保障可持续的盈利创收和切实可期待的投资回报的航天业务领域的基础上,就其自取得客户订单、获得民间资本投资,至完成客户订单、取得盈利创收、满足投资回报要求的整个过程确立相应的投资办法。

五、中国商业航天投资所涉及的其他问题

基于航天活动高成本、高风险的固有特征以及商业航天活动"商业化"的本质属性,商业航天活动的损害赔偿责任问题和保险问题同样应当是中国商业航天投资应予关注的重要问题。

(一)商业航天活动的损害赔偿责任问题

根据1967年《外空条约》第6条和1972年《责任公约》第2、3条的规定,非政府实体从事航天活动须经所属国的许可并接受其持续监督,而国家也须对本国非政府实体所从事的航天活动负国际责任;同时,国家须就以本国作为发射国的空间物体(人造卫星、运载火箭、其他航天器等)对地球表面造成的人身损害或财产损害,对在航行中的航空器造成的损害,以及对地球表面之外的其他空间物体或其所载人员造成的损害,承担损害赔偿责任。

---

① 参见曾占魁、史敏辉:《国内商业航天机构调研分析》,载《中国航天》2018年第1期。
② 参见杨少鲜、李宏伟:《我国商业航天投融资分析》,载《卫星应用》2017年第10期。
③ 参见冯晨翔:《商业航天的资本困局》,载《卫星与网络》2017年第4期。

空间物体在发射和运行过程中可能造成的损害，是在任何航天活动中均无法得到有效的彻底避免的；而这就使空间物体致害及其损害赔偿责任对于商业航天活动以及商业航天投资而言均是一项潜在的固有风险。由此，在开展商业航天活动的过程中，尤其是在民营航天企业作为空间物体的发射、运行主体的情况下，确有必要确立相应的损害赔偿责任制度，明确因商业航天活动造成的损害的责任主体（尤其是国家是否应当作为因本国民营航天企业所开展的商业航天活动造成的损害的责任主体）、责任范围、归责原则、赔偿限额和救济方式。[①] 这一方面可以保障商业航天活动主体实际承担起本应承担的法律责任，同时；另一方面也可以维护商业航天活动主体和商业航天投资不致因为单一偶发的空间物体致害便承受难以弥补的利益损失。

（二）商业航天活动的保险问题

航天保险是指保险人对人造卫星、运载火箭等航天器在制造、发射和在轨运行的过程中因可能出现的各种风险所造成的人身伤害或者财产损失进行保险赔付的一种保险。根据一项航天项目的具体进展情况，航天保险一般可以划分为发射前保险（可以细分为制造阶段保险、运输阶段保险和发射场阶段保险）、发射保险、在轨运行保险以及航区落区保险。[②]

1997 年 8 月，在中国人民银行和国务院财政部的指导下，由中国人民保险公司牵头，联合国内多家非寿险保险公司和再保险公司，成立了中国航天保险联合体。该联合体设立卫星发射保险专项基金，主要承保“长征”系列运载火箭的卫星发射保险，是中国传统航天体制下为与卫星发射相关的航天项目提供保险保障的一项重要举措。[③] 不过，较之传统航天体制下国家航天企业所得到的相当充分的政策性保险保障，当前商业航天背景下民营航天企业所得到的商业性保险保障则存在较为明显的不足。截至目前，在中国国内仅中怡保险经纪有限责任公司具有极个别的承保民营航天企业商业航天活动保险的实践经验，即分别于 2018 年 5 月和 10 月承保了北京零壹空间科技有限公司“两江之星”运载火箭的发射保险，以及北京蓝

---

① 参见李寿平、赵云：《外层空间法专论》，光明日报出版社 2009 年版，第 56 ~ 57 页。

② 参见孙为钢主编：《致知商业航天》，中国宇航出版社 2018 年版，第 174 页。

③ 参见尹航、李易青、李杜：《航天活动中保险联合体的法律问题探析》，载《国际太空》2018 年第 3 期。

箭空间科技有限公司“朱雀一号”运载火箭的发射保险和第三方责任保险。[①]

鉴于民营航天企业承担商业航天活动中的各项重大风险和损害赔偿责任的能力往往较为有限，确有必要通过航天保险、尤其是商业性保险为民营航天企业分摊风险、分解责任负担，从而保障其能够平稳持续地开展商业航天活动。是故，在确立商业航天活动的损害赔偿责任制度的同时，也应当进一步确立与之相适应的保险制度，着重增设商业性保险以及第三方责任保险作为强制性保险。

第二节　航天商业化背景下空间资产融资的法律规制

依托正处于“航天商业化”发展阶段的商业航天产业的蓬勃兴盛，商业航天投融资已然成为时下最受社会金融资本市场关注的热点之一，空间资产融资则又是商业航天投融资中的一项关键内容。空间资产可以被理解为具备可识别性以及被用以进行（国际）融资的现实需要和实践可行性的空间物体。基于空间资产融资自身的特殊性以及由此形成的特殊的利益风险和法律关系，实践中空间资产融资活动的开展往往面临着一系列复杂的法律问题。就此，为更好地发挥之于商业航天产业发展的协同促进作用，确有必要通过尝试设立专门性规则对空间资产融资进行必要的法律规制，确保其能够在更加稳定的、有序的状态中付诸实践。

一、商业航天投融资与空间资产融资的实践情形

依托商业航天产业发展的蓬勃兴盛，商业航天投融资已然成为时下最受社会金融资本关注的热点之一；无论是传统（国家）航天企业还是初创（民营）航天企业，在开展商业航天活动的过程中均会不同程度地吸纳社会金融资本。就国家航天企业而言，随着所开展的航天活动的商业化程度不断提高，其已不再完全依赖于政府订单的扶持（资金来源不再是单一的政府投资），而逐步形成了政府订单与商业市场订单（由社会金融资本投资提供资金）并存的融资模式。航天科工火箭技术有限公司（依托中国航天科工集团有限公司成立）在 2017 年 12 月 18 日完成的 12 亿元人民币的 A 轮股权融资，即被业界视为由此拉开了国家航天企业混合所有制改革

---

① 相关信息源于中怡保险经纪有限责任公司高级客户经理张某女士于“2018 中国商业航天产业政策与法治论坛”（上海市军民融合发展研究会、大成上海律师事务所联合举办，2018 年 11 月 23 日于上海）所做的发言《航天保险：商业航天“安全港”》。

的序幕。[1] 就民营航天企业而言,经过商业市场多年时间的检验和自然筛选,其中一定数量的优质企业也已探索出了能够保障可持续的盈利创收和切实可期待的投资回报的航天业务领域,并进而具备了稳定可靠的融资能力,越来越受到社会金融资本的青睐。例如,2020 年 8 月,北京星际荣耀空间科技股份有限公司宣布完成了 11.925 亿元人民币的 B 轮融资;[2]2020 年 9 月,北京蓝箭航天空间科技股份有限公司也宣布完成了 12 亿元人民币的 C + 轮融资。[3]

在商业航天投融资如火如荼的现实背景下,鉴于空间资产作为开展商业航天活动所不可或缺的载体的重要地位,针对空间资产的投融资无疑应当是商业航天投融资的一项关键内容;并且,实践中,除了政府投资这一传统资金来源渠道之外,越来越多的社会金融资本通过空间资产融资的方式向商业航天市场的涌入,也着实为商业航天活动主体、尤其是民营航天企业提供了重要的资金支持。[4] 不过,由于空间资产所固有的移动性和跨界性等特殊属性在客观上造成了针对空间资产融资的法律适用和权利保护往往处于高度不确定的状态,因此,空间资产融资对于各相关当事方、尤其是债权人(投资人)而言,仍然具有相当大的风险。是故,基于协同推动商业航天产业发展的需要,确有必要就空间资产融资设立专门性规则以对其进行必要的法律规制,从而切实保障各相关当事方的合法权益,使空间资产融资能够在稳定、有序的环境中更加积极地发挥其对商业航天产业发展的促进作用。

二、空间资产的概念与基本特征

(一)《空间资产特定问题议定书》关于空间资产概念的规定及其争议

在外层空间法/航天法中,“空间资产”并非一项已经具备明确定义的法律概念;事实上,时至今日,国际社会也尚未能够就“空间资产”的具体概念内涵形成确定的统一意见。对此,应当认识到:“空间资产”概念的提出及其持续演变的过程,实则正是从一个侧面客观反映了国际社会基于商业航天产业的快速发展,而对作为开展商业航天活动的重要载体和进行社会金融资本融资的基本对象的“空间资

---

① 《航天科工火箭技术有限公司完成 12 亿元 A 轮融资,引入社会民营资本》,载投资界网,https://pe.pedaily.cn/201712/424764.shtml。

② 《中国商业航天公司“星际荣耀”宣布完成 11.925 亿元人民币 B 轮融资》,载界面新闻网,https://www.jiemian.com/article/4878686.html,最后访问日期:2020 年 8 月 25 日。

③ 《蓝箭航天完成新一轮 12 亿元融资 中大型液体火箭优势凸显》,载环球网,https://china.huanqiu.com/article/3zoMDMJcLri,最后访问日期:2020 年 9 月 9 日。

④ 参见杨少鲜、李宏伟:《我国商业航天投融资分析》,载《卫星应用》2017 年第 10 期。

产”的认识和理解的不断进步。

作为现行外层空间国际法律体系的核心,制定于20世纪六七十年代的各项联合国外层空间国际条约并未对“空间资产”有所提及,而是一致使用了“空间物体”(space object)这一与“空间资产”具有一定对应关系的概念;其中,1972年《责任公约》和1975年《登记公约》还特别明确了所谓“空间物体”的范畴,即应当包括空间物体及其组成部分,以及用以发射空间物体的载具和载具的组成部分。① 不过,针对“空间物体”概念的确切定义,上述外层空间国际条约则未予以明确。

及至20世纪80年代,国际社会开始通过制定国际公约的方式以试图消除世界各国之间在开展国际融资活动过程中可能出现的法律障碍,并为解决可能产生的相应法律争端提供可以统一适用的国际规则。基于这一趋势,统一国际私法协会(International Institute for the Unification of Private Law, UNIDROIT)于1989年启动了据以专门规范和调整航空器、铁路机车和空间资产三类具有较高成本投入需要和经济价值,且具有显著跨界性的移动设备的国际融资活动的国际公约的研究和起草,并最终制定了《移动设备国际利益公约》(以下简称《开普敦公约》)及其三项议定书——《航空器设备特定问题议定书》、《铁路机车车辆特定问题议定书》和《空间资产特定问题议定书》。②

基于《开普敦公约》第2条第3款第(3)项的规定,“空间资产”的概念首次在国际法律文件中被正式提出;而根据《空间资产特定问题议定书》第1条第2款(k)项的规定,空间资产应是指,太空中或旨在发射进入太空的任何唯一可识别的人造资产,包括航天器、可能需要单独登记的有效载荷(无论其功能和用途),以及可能需要单独登记的航天器或有效载荷的一部分和所有相关的数据、手册、记录。③ 不过,虽然上述《空间资产特定问题议定书》的规定对空间资产的概念做出了较为明确的释义,但由于《空间资产特定问题议定书》本身关于空间资产国际融资的多项规定

① “The term‘space object’includes component parts of a space object as well as its launch vehicle and parts thereof.” Article 1 (d), The “Liability Convention” & Article 1 (b), The “Registration Convention”.

② Convention on International Interests in Mobile Equipment (the Cape Town Convention), signed at Cape Town on 16 November 2001. Protocol to the Convention on International Interest in Mobile Equipment on Matters Specific to Space Assets (The Space Protocol), signed in Berlin on 9 March 2012.

③ “(S)pace asset means any man - made uniquely identifiable asset in space or designed to be launched into space, and comprising...” Article 1.2 (k), The Space Protocol.

长期以来一直受到主要来自人造卫星制造商和运营商的强烈抵制，[①]并且，多数发达航天国家政府也始终未能积极地、充分地参与到对《空间资产特定问题议定书》相关规则的讨论和制定中，[②]因此，《空间资产特定问题议定书》对空间资产的概念所做的释义还远未得到国际社会的公认。

事实上，《空间资产特定问题议定书》关于空间资产概念的规定本身的确立过程也经历了相当的周折。1997 年，统一国际私法协会即邀请商业航天法律领域专家 Peter D. Nesgos 领衔成立工作组，负责《空间资产特定问题议定书》文本的起草工作；2001 年《空间资产特定问题议定书》草案的最初版本则正是由该工作组完成拟定的。[③] 值得注意的是，《空间资产特定问题议定书》草案最初同样并未使用"空间资产"的概念，而是代之以"空间财产"(space property)这一内涵十分宽泛的概念，表明了草案起草者希望将尽可能多的"财产"纳入可予进行国际融资的对象范畴的立场——既包括已经处于太空或将被发射进入太空的物体，也包括用以发射或回收空间物体的运载工具；既包括在地球表面制造的物体，也包括直接在太空进行生产和组装的物体；既包括完整的空间物体整体，也包括空间物体中"可独立确定的"组成部分；既包括"空间财产"本身，也包括基于"空间财产"衍生出的其他收益。[④]

针对上述《空间资产特定问题议定书》草案，统一国际私法协会于 2003 年至 2010 年先后召开了四次大会，并就空间资产的概念等特定问题多次召开专门性会议，由世界各国政府与航天业界(主要为人造卫星制造商和运营商)、金融界、学界代表共同进行讨论和修订，取得了以"空间资产"概念取代"空间财产"概念[⑤]、制定

---

① "Comments and Proposals Submitted by Representatives of the International Commercial Space, Financial and Insurance Communities", UNIDROIT 2010 C. G. E. / Space Pr. /4/W. P. 4 rev.

② "Interim Report on the Criteria for the Identification of Space Assets to be Employed in the Preliminary Draft Protocol to the Convention on International Interests in Mobile Equipment on Matter Specific to Space Assets", UNIDROIT 2009 C. G. E. / Space Pr. /3/W. P. 7 rev. , Annex Ⅰ.

③ "Preliminary Draft Protocol on Matters Specific to Space Property", April 2001, UNIDROIT 2001 Study LXIIJ – Doc. 6.

④ Article 1. 2 (f), "Preliminary Draft Protocol on Matters Specific to Space Property", April 2001, UNIDROIT 2001 Study LXIIJ – Doc. 6.

⑤ "Report prepared by the UNIDROIT Secretariat to the UNIDROIT Committee of Governmental Experts for the Preparation of A Draft Protocol to the Convention on International Interests in Mobile Equipment on Matters Specific to Space Assets", First Session, 15 – 19 December 2003, UNIDROIT 2004 C. G. E. / Space Pr. /1/Report rev. , Appendix Ⅲ.

新的可选文本作为据以进一步讨论确定《空间资产特定问题议定书》正式文本的基础等阶段性成果①。不过,《空间资产特定问题议定书》(包括其草案的多个版本)关于空间资产概念的规定虽几经修订,但却仍然无法得到世界各国政府和人造卫星产业界的一致认可,尤其是其中的空间资产衍生收益问题、有效载荷的概念界定问题,以及发射/运载工具与正在生产、制造、组装过程中的空间物体的认定问题等,始终存在较大的争议。②

(二)空间资产的基本特征

根据上述《空间资产特定问题议定书》关于空间资产的概念及其国际融资活动的规定,并结合国际学界和航天业界针对《空间资产特定问题议定书》相关规定发表的观点和意见,笔者认为,虽然确立一项能够得到普遍认可和接受的空间资产的概念定义在目前看来是难以实现的,但是,作为国际融资活动的客体的空间资产所应具备的基本特征却是相对更加清晰和确定的:

首先,空间资产应当是人造物,而不包括频轨资源和天体矿物资源等太空自然资源;当然,倘若太空自然资源经人为改造、加工转化成为其他物体或物质,那么也可以被视为人造物。③ 其次,空间资产应当是以应用于太空活动为目的的,既包括已经处于太空的物体,也包括已经完成制造并将会被发射进入太空(可能处于地面仓储、运往发射途中、位于发射台上准备进行发射的各个阶段)的物体。④ 再次,空间资产应当具备可识别性,这是因为但凡交易活动的标的物都应当是特定物而非种类物,所以,作为(国际)融资活动的标的物的空间资产应当是根据相应标准而被特定的。⑤ 最后,空间资产应当具备被用以进行(国际)融资的价值和意义,这一特

---

① "Alternative Text of the Preliminary Draft Protocol to the Convention on International Interests in Mobile Equipment on Matters Specific to Space Assets", UNIDROIT 2010 C. G. E./ Space Pr. /4/W. P. 4 rev.

② 参见夏春利:《论空间资产特定问题的法律框架——〈空间资产特定问题议定书〉草案的进展、争议焦点及前景》,载《北京航空航天大学学报(社会科学版)》2011 年第 5 期。

③ See Mark J. Sundahl, *The Cape Town Convention: Its Application to Space Assets and Relation to the Law of Outer Space*, Martinus Nijhoff Publishers, 2013, p. 35.

④ See Mark J. Sundahl, *The Cape Town Convention: Its Application to Space Assets and Relation to the Law of Outer Space*, Martinus Nijhoff Publishers, 2013, p. 35.

⑤ 根据《空间资产特定问题议定书》第 7 条第 1 款的规定,对空间资产的描述如包含以下内容的,则应当认为空间资产具备可识别性:项目的描述;类型的描述;对协议包含了目前和未来全部空间资产的声明;对协议包含了除特定项目或类型外的目前和未来全部空间资产的声明。不过,上述议定书关于空间资产识别标准(所应具备的描述内容)过于笼统和模糊,无法在实践中具体指导对空间资产的识别。

征又可以细分为三项具体内容：其一，空间资产应当是可予单独登记的，因为一件无法单独登记的附属物显然无法满足独立作为（国际）融资活动标的物的前提条件；其二，空间资产应当具备较高的经济价值，这是《开普敦公约》及其议定书本身专门适用于高价值移动设备国际融资活动的立法旨意使然；其三，空间资产应当具备被用以进行（国际）融资的现实需要和实践可行性，倘若一件物体因为法律政策或经济市场等其他客观原因而不得或不适宜被用以进行（国际）融资，那么从根本上便没有将其作为空间资产的意义。

综上所述，笔者认为，即便是在尚无法就所谓"空间资产"的概念做出精确的、并且能够为国际社会所公认的界定的情况下，也至少应能对其内涵达成以下初步理解：

除下文将阐释的特殊内容外，空间资产应当从属于空间物体的范畴；在此基础上，空间资产应当是具备可识别性以及被用以进行（国际）融资的现实需要和实践可行性的空间物体。由此，针对"空间资产"与"空间物体"在概念内涵上的关联与差异，还应当尝试进行进一步的明确界分。一方面，"空间资产"与"空间物体"的共性在于，两者均应为经人为生产、制造或改造、加工的人造物体，均包括完整的物体整体及其组成部分，以及用以发射或回收物体的运载工具。另一方面，"空间资产"与"空间物体"的差异又在于，首先，如前所述，"空间资产"应当具备（国际）融资的价值和意义，而"空间物体"则无须满足应具备较高的经济价值、得以被用以进行（国际）融资的内涵要求，这就使如失效的空间物体，以及空间物体因自然解体或碰撞、爆炸等原因所产生的空间碎片便无法构成"空间资产"。其次，"空间物体"侧重强调得以被用以开展航天活动的功能，其范畴应限于已经处于太空的物体，以及已经完成制造并即将被发射进入太空的物体，而"空间资产"则侧重强调得以被用以进行（国际）融资的功能，这就使与上述物体相关的数据、手册、记录，以及正在制造过程中的上述物体，倘若具备（国际）融资的价值和意义且同时符合"空间资产"的其他特征要求，那么即便不属于"空间物体"的范畴，也应当构成"空间资产"。[①]

三、空间资产融资的特殊性及其主要法律问题

随着经济活动的不断深入发展，融资作为各类经济主体通过金融市场进行资

① 参见郑派：《论〈开普敦公约〉项下的空间资产概念》，载《北京航空航天大学学报（社会科学版）》2015 年第 2 期。

金筹集或贷放的一种主要经济手段,在实践中已相当常见且成熟;而空间资产融资最为突出的特殊性则源自作为融资对象的空间资产本身,以及基于这一特殊的融资对象而形成的特殊的利益风险和法律关系。

(一)得以作为融资对象的空间资产的范畴问题

就作为融资对象的空间资产而言,在欠缺精确的、能够为业界普遍认可和接受的概念定义的情况下,一项具体的空间物体能否成为被用以进行融资的空间资产往往会引发较大的分歧。在此,列举几项争议较为集中的问题并做简要阐释:

就尚在制造或组装过程中的空间物体能否成为空间资产这一问题而言,由于在针对空间资产的融资担保实践中,空间资产的所有权往往直到空间资产完成制造、组装并经过入轨测试从而被正式发射进入太空之后方才转移至债务人,而尚在制造或组装过程中的空间物体(实际为空间物体的零部件或辅助系统)的所有权并不向债务人发生转移,并无法独立地成为融资担保的标的物(也正因如此,严格意义上,在制造或组装期间便根本不存在担保标的物),①因此不具备被用以进行融资的实践可行性。

就可重复使用的航天发射工具(主要为运载火箭)能否成为空间资产这一问题,由于世界各主要航天国家的国内立法鉴于高度的政治敏感性和涉密性而往往会对本国航天发射技术的对外传播予以相当严格的限制,使实践中得以被用以交易的通常仅限于依靠发射工具提供的航天发射服务,而不包括发射工具本身,②因此,对于无法进行交易和转让的航天发射工具相应地也无法进行融资。

就空间站能否成为空间资产这一问题,基于多个国家共同参与空间站建设国际合作的事实,空间站的正常运行依赖于各国提供的舱段、模块的密切配合,而其上所有权、管辖权、控制权的分配往往十分复杂,这就使得倘若将空间站整体作为一项空间资产,那么势必将引发各国关于相应权益归属的争议,而倘若将空间站的各个舱段、模块分别单独作为空间资产,那么则又有可能对空间站的正常运行造成

① Report of UNIDROIT Committee of Governmental Experts for the Preparation of a Draft Protocol to the Convention on International Interests in Mobile Equipment on Matter Specific to Space Assets: Sub – Committee to Examine Certain Aspects of the Future International Registration System for Space Assets, UNIDROIT 2009 C. G. E. / Space Pr. /3/W. P. 7 rev. , Annex Ⅲ, Ⅱ.

② Report of UNIDROIT Committee of Governmental Experts for the Preparation of a Draft Protocol to the Convention on International Interests in Mobile Equipment on Matter Specific to Space Assets: Sub – Committee to Examine Certain Aspects of the Future International Registration System for Space Assets, UNIDROIT 2009 C. G. E. / Space Pr. /3/W. P. 7 rev. , Annex Ⅲ, Ⅱ.

影响，由此，将空间站作为空间资产进行融资的实践可行性明显较低。[①]

（二）空间资产融资所涉及的复杂法律关系问题

以《空间资产特定问题议定书》的相关规定为参考，开展空间资产融资的交易方式至少包括抵押担保、所有权保留（附条件）的分期付款销售和租赁等，由此，空间资产融资法律关系也相应地至少包括基于担保协议的担保权人与担保义务人之间、基于所有权保留销售协议的附条件卖方与买方之间，以及基于租赁协议的出租人与承租人之间的法律关系，[②]并且，上述各项法律关系中的双方主体之间以及与其他各相关当事方之间的权利、义务关系本身已十分复杂。此外，根据《空间资产特定问题议定书》第 27 条关于公共服务救济限制的规定，空间资产融资中的债权人利益还可能与相关国家利益产生冲突——倘若在针对为公共服务目的所需的空间资产的融资活动中出现相对方违约的情形，相关国家有权对债权人寻求救济的方式、手段等加以一定限制，以满足本国公共服务目的的需要；而这就使债权人的利益面临着相当的不确定性，甚至间接构成了“由相关国家单方面决定补偿标准的政府征用”[③]。

同时，又由于空间资产（作为空间物体）所固有的功能性和军民两用性，一方面，空间资产融资可能将引发空间资产所有权与相应频轨资源使用权之间的矛盾——根据国际电信联盟的相关规则，国家对特定频轨资源享有的使用权不得依其意愿转移至其他国家，这就使即便一国债权人通过融资自另一国债务人处取得了空间资产的所有权，且债务人所属国也因此而不再享有空间资产所对应的频轨资源的使用权，但债权人所属国却无法基于空间资产融资而当然地取得相应频轨资源的使用权，从而可能导致空间资产所有权与相应频轨资源使用权（可能为第三方国家取得）的分离；[④]另一方面，军民两用性的固有特征使空间资产往往与国家的

---

① Report of UNIDROIT Committee of Governmental Experts for the Preparation of a Draft Protocol to the Convention on International Interests in Mobile Equipment on Matter Specific to Space Assets: Sub – Committee to Examine Certain Aspects of the Future International Registration System for Space Assets, UNIDROIT 2009 C. G. E. / Space Pr. /3/W. P. 7 rev. , Annex Ⅲ, Ⅱ.

② 参见李剑刚：《〈空间资产特定问题议定书〉的主要内容及其影响》，载《中国航天》2012 年第 3 期。

③ Comments and Proposals Submitted by Representatives of the International Commercial Space, Financial and Insurance Communities, UNIDROIT 2010 C. G. E. / Space Pr. /4/W. P. 4 rev.

④ Comments on the Alternative Text Submitted by the Government of Canada, UNIDROIT 2009 C. G. E. / Space Pr. /3/W. P. 13.

国防安全和重大经济利益紧密相连，并使其即便完全由民营/私营实体控制运行、完全在民营/私营实体之间流转且明确设定为民用、商用目的，也仍然可能与相关国家利益产生牵连（例如，商业遥感卫星对地球表面任意目标的观测和图像、数据获取）。因此，国家基于保障本国国家利益的需要，通常会对针对空间资产的各类经济活动予以严格的规制，甚至采取干预，而这就使得在本就相当复杂的空间资产融资法律关系中，还有可能出现作为行政管理主体的国家（政府）的介入。

（三）国际法律规则与国内法律规则的适用冲突问题

诚然，截至目前，直接明确以空间资产作为标的物进行融资的国际和国内实践尚且十分有限，①并未能够形成任何通行的交易惯例，从而使专门针对空间资产（国际）融资进行立法似是"为未来立法"；并且，部分发达航天国家和航天业界代表还提出，既有国内法律规则已经足够满足对空间资产融资活动进行法律规制的需要，而额外设立相关国际法律规则不仅没有必要，反而会对空间资产融资的顺利开展、乃至整个商业航天产业的健康发展造成妨碍。②

不过，虽然滞后性是法律的固有特征，但这也不意味着但凡立法活动便必须遵循"事后立法"的原则而一概地被禁止"超前立法"；事实上，倘若立法活动能够在必要且合理的限度内未雨绸缪，预先地为未来极有可能发生的实践制定法律规则，那么对于更加及时地且充分地、有效地对相关实践进行法律规制而言无疑将是更加有利的。与此同时，一国国内法律规则在对以具有显著跨界性的空间资产作为标的物的（国际）融资活动进行规制时，终究会由于立法技术水平局限或国内法的法律拘束力空间范围所限而受到较大的制约；相较之下，诸如《空间资产特定问题议定书》等在全球范围内制定的、吸收了两大法系相关法律制度中的有益成分的国际法律规则，则能够更好地解决因空间资产（国际）融资活动而产生的国际利益冲突，并可以为世界各国制定或修改本国相关国内法，以及提升国内法的立法技术水平

---

① 无论是国外私营航天企业如 SpaceX，还是前文述及的国内民营航天企业如北京星际荣耀空间科技股份有限公司、北京蓝箭航天空间科技股份有限公司，其开展商业航天融资的主要手段为通过股本融资的形式取得社会金融资本，用于推动空间科技、产品、服务的研制、应用或企业经营所需的其他用途，而鲜少直接明确以一项具体的空间资产作为标的物进行融资。参见冯晨翔：《商业航天的资本困局》，载《卫星与网络》2017 年第 4 期。

② Letter Addressed to the UNIDROIT Secretariat by the Satellite Industry Association of the United States of America on 3 November 2009，UNIDROIT 2010 C. G. E. / Space Pr. /4/W. P. 4 rev. ，Annex Ⅱ.

提供借鉴和启示。[①]

是故,国际和国内法律规则同时适用于对空间资产(国际)融资活动的规范和调整本身是切实可行的,因为两套平行的法律规则同时适用而可能引发的法律冲突问题则是在进行相应法律制度构建时应当着重予以关注和处置的。

除了国际法律规则与国内法律规则的适用冲突问题之外,对于同样均作为国际法律规则的《空间资产特定问题议定书》与现行外层空间国际条约体系中的若干相关规定之间的协调也应予以高度关注:根据《空间资产特定问题议定书》第35条的规定,对《空间资产特定问题议定书》的适用不得影响基于联合国框架下的现行外层空间国际条约的规定所确立的缔约国的权利和义务;并且,尽管《空间资产特定问题议定书》并未就可能产生的适用冲突问题做出进一步的具体规定,但世界各国政府和国际学界普遍认为,作为规范和调整国际外空活动(航天活动)的基本法的现行外层空间国际条约的相关规定应当优先于作为空间资产融资领域的特别法的《空间资产特定问题议定书》予以适用。[②] 不过,制定于20世纪六七十年代的现行外层空间国际条约终究存在严重的滞后性,使得其在新兴的商业航天和空间资产融资领域中的适用难免会导致不合情理的结果。例如,倘若根据1972年《责任公约》第2、3条的规定,作为空间资产发射国的债权人在将空间资产的所有权转移至债务人之后,也仍需承担空间资产造成的损害赔偿责任。又如,倘若根据1967年《外空条约》[③]第8条和1975年《登记公约》第1条的规定,则仅空间资产发射国的债权人得以作为空间资产的登记国,并由此享有空间资产的管辖权和控制权,而债务人即便在实际取得空间资产的所有权之后,也仍然因为并非空间资产的登记国而至少在应然层面无法取得空间资产的管辖权和控制权。由此可见,倘若在不进行适当协调的情况下一味地坚持现行外层空间国际条约的相关规定当然地优先于《空间资产特定问题议定书》适用,那么无疑将对空间资产融资活动的顺利开展,以及债权人、债务人之间权利、义务关系的明晰造成极大的困扰。

---

① 参见张稚萍、邹娅:《国际统一私法协会〈空间资产特定问题议定书〉的立法意义》,载《中国航天》2012年第2期。

② Position Paper Submitted by the National Space Agency of Ukraine, UNIDROIT 2009 C. G. E./Space Pr./3/W. P. 18.

③ Treaty on Principles Governing the Activities of States in the Exploration and Use of Outer Space, including the Moon and Other Celestial Bodies, adopted by the General Assembly in its resolution 2222 (XXI), opened for signature on 27 January 1967, entered into force on 10 October 1967.

四、中国空间资产融资法律规则制定的基本要求

近年来，在一系列国家层面的利好政策的推动下，[①]中国商业航天产业的发展已进入“快车道”，国家航天企业与民营航天企业各依其特色和专长，在商业航天领域积极作为；同时，与商业航天产业如火如荼的发展相适应的，中国商业航天投资在 2016 年下半年即迎来了首个“黄金时期”，并在经历了短暂的市场调整之后，始终保持着持续上升的热度，刺激商业航天企业对社会金融资本的吸引力不断提升。[②] 由此，尽管在目前已有的中国商业航天投资的相关经验中，尚未大量出现直接明确以空间资产作为标的物进行融资的实践，但如前所述，正所谓“凡事预则立，不预则废”，预先地就空间资产融资这一未来极有可能普遍发生的实践构想制定据以对其进行规范和调整的法律规则，无疑是十分必要的。基于此，目前就中国空间资产融资法律规则的制定而言，其应当符合若干必需的基本要求。

（一）有关法律规则应与中国商业航天产业发展的客观现实相适应

国内业界一直不乏观点认为，所谓“商业航天”与“航天商业化”是两个截然不同的概念，而仅依照市场化模式成立的民营（私营）航天企业根据市场化规则开展围绕商业航天的生产经营活动的情形才构成真正意义上的“商业航天”。[③] 对此，应当认识到：如前所述，基于国家航天事业发展全局的部署和军民融合发展国家战略的需要，由国家航天企业作为主要实施主体承担开展商业航天活动的主要职能的“航天商业化”，方才符合当前中国商业航天产业发展所应具备的本质特征。并且，就当前中国商业航天产业发展的现实状况看，无论是服务于国家政府和军队的航天项目，还是纯粹民用、商用的航天项目，其仍然均主要依靠源于国家财政的政府投资提供资金支持，并在此前提下鼓励社会金融资本投资，以及通过投资补助、贷款贴息等方式为参与星箭制造和卫星应用等航天业务领域的民营航天企业提供扶

① 国务院于 2014 年 11 月 16 日发布的《关于创新重点领域投融资机制鼓励社会投资的指导意见》，以及国家发改委、财政部、国防科工局会同有关部门研究编制，并经国务院同意于 2015 年 10 月 26 日印发的《国家民用空间基础设施中长期发展规划（2015—2025 年）》等国家政策文件均对商业航天产业发展、乃至商业航天投资予以了明确支持。

② 除前文述及的国家航天企业和民营航天企业在商业航天投融资中取得的成绩外，由中国航天科工集团有限公司联合所属单位共同出资成立的航天云网科技发展有限责任公司于 2021 年 3 月 17 日完成了 26.32 亿元的新一轮融资，创造了行业单笔融资额的最高纪录。

③ 参见操秀英、刘雨菲：《对商业航天意义和发展道路的再认识》，载《卫星与网络》2018 年第 7 期。

持。[①] 这与美、欧等世界其他发达航天国家的商业航天产业运作模式存在本质上的差别;而中国商业航天产业的发展也正应当坚持走符合国家航天事业发展客观实际的、"自力更生"的道路,不需要、也不应当照搬或模仿他国商业航天产业发展的既有实践。

基于上述认识,依托商业航天产业发展而形成的空间资产融资实践的开展以及相应的法律规则的制定同样应当符合中国商业航天产业发展所处于的"航天商业化"阶段的特征要求。具体而言,有关法律规则对于国家航天企业和民营航天企业为开展商业航天活动而进行的空间资产融资应当一并予以规范和调整,并应当根据上述两类实施主体在商业航天产业发展中扮演的不同角色、发挥的不同功能,以及对于社会金融资本的实际需求(包括资金金额、需资用途、收益目标)等方面的不同,有针对性地分别制定相应的具体内容。针对国家航天企业开展的空间资产融资活动,应当重在保障社会金融资本得以为国家航天企业实现更深层次的经济和社会效益,例如促进国家航天企业顺应市场变化以调整和完善产业链;而针对民营航天企业开展的空间资产融资活动,则应当重在为民营航天企业自取得客户订单、获得社会金融资本投资,至完成客户订单、取得盈利创收、满足投资回报要求的全过程中的各个环节,设计尽可能周详的行为准则和操作办法。[②]

(二)有关法律规则对国内外空间资产融资活动的规制应予不同侧重

针对本国主体相互之间开展的国内空间资产融资活动和与外国主体之间开展的涉外空间资产融资活动,有关法律规则在明确得以作为融资标的物的空间资产的范围以及得以采取的融资手段等重要细节时,在立法技术上应当尤为注意应予各有不同的侧重。

针对前者,作为兼及航天法和金融法的综合性特别法,有关法律规则应当注意与国内现行相关法律规范(包括航天法领域的既有法律规范,例如《空间物体登记管理办法》《民用航天发射项目许可证管理暂行办法》,以及金融法领域涉及投融资问题的法律规范)以及正在立法进程中的《航天法》的协调、配套,并尤其应当在确保与其中作为上位法的法律规范不相冲突的前提下,制定进一步的具体规则内容。

针对后者,有关法律规则一方面应当注意涉外空间资产融资活动对国家在航天领域和金融领域的安全利益与经济利益可能产生的影响,并由此应特别与国家

---

① 《国务院关于创新重点领域投融资机制鼓励社会投资的指导意见》第 24 条。

② 参见蒋圣力:《中国商业航天投资的实践与问题简析》,载《国际太空》2019 年第 7 期。

关于航天产品、技术出口管制以及涉外金融监管的法律规范相适应,另一方面则还应注意规避或解决与相关外国国家立法可能产生的法律冲突,以及有效应对和处置外国国家立法基于空间资产的来源地、实施主体的所在地、发射服务的行为发生地、相关协议的缔结地、融资款项的支付地等因素而可能对我国涉外空间资产融资活动的监管产生的影响。①

(三)有关法律规则可以审慎地借鉴国际法律规则的有益成分

自2003年起,中国便委派代表参加了统一国际私法协会专门就《空间资产特定问题议定书》召开的全部五次政府专家委员会会议,以及2012年在德国柏林召开的就《空间资产特定问题议定书》草案文本进行审议的外交会议,并于历次会议中积极表达了中国国家政府和航天业界针对《空间资产特定问题议定书》及其相关问题的立场和意见,由此表明了对议定书这一关于空间资产融资活动的重要国际法律规则的重视。虽然《空间资产特定问题议定书》目前尚未正式生效,且已对中国生效的《开普敦公约》针对移动设备(动产)融资交易所确立的制度安排和具体规则又与中国现行相关法律规范存在一定的差异,尤其是在动产担保权利的成立、登记、法律效力、优先顺位和执行等方面的差异尤为突出。不过,《开普敦公约》及《空间资产特定问题议定书》中仍有值得在制定中国空间资产融资法律规则的过程中予以审慎借鉴的有益成分,例如,基于空间资产融资国际利益的非占有物权属性而创新设立的国际利益登记制度、优先权制度和违约救济制度,对于促进消除空间资产融资中债权人利益的不确定性便具有十分重大的积极意义。②

根据《开普敦公约》第7条的规定,所谓"国际利益"可以被理解为移动设备之上因合意(债权人与债务人通过书面形式达成的)而产生的、具备担保债务履行的功能的物权,涵盖了基于担保合同而产生的担保物权、基于所有权保留买卖合同而产生的物权,以及基于租赁合同而产生的物权。③ 据此,具体及于空间资产融资国际利益,即作为债权人的担保合同中的担保权人、所有权保留买卖合同中的卖方,

① "空间资产融资:您应知晓的6件事",载金杜律师事务所网,https://www.chinalawinsight.com/2020/07/articles/finance/%E7%A9%BA%E9%97%B4%E8%B5%84%E4%BA%A7%E8%9E%8D%E8%B5%84%EF%BC%9A%E6%82%A8%E5%BA%94%E7%9F%A5%E6%99%93%E7%9A%846%E4%BB%B6%E4%BA%8B/#more-26319,最后访问日期:2023年5月21日。

② See Lutfiie Ametova, *International Interest in Space Assets under the Cape Town Convention*, Acta Astronautica, Vol. 93, 2013, p. 213.

③ 参见高圣平:《中国融资租赁法制:权利再造与制度重塑——以〈开普敦公约〉及相关议定书为参照》,载《中国人民大学学报》2014年第1期。

以及租赁合同中的出租人,在可识别的空间资产之上所享有的各项利益。

在确立空间资产融资国际利益的基础上,《开普敦公约》和《空间资产特定问题议定书》还创设了多项侧重保护债权人利益的相关制度,包括:国际利益登记制度,即债权人根据《开普敦公约》和《空间资产特定问题议定书》的相关规定,通过向国际登记机构进行利益登记并公示,得以使任何第三人查询了解特定空间资产之上的利益状况;国际利益优先权制度,即在先登记的国际利益优先于在后登记的或未登记的利益,且有效设立的国际利益一经登记便产生对抗第三人的效力,当债务人未履行债务时,在先登记的国际利益得以主张优先受偿的权利;违约救济制度,即在债务人未履行债务的情况下,作为债权人的担保权人、(所有权保留买卖合同中的)卖方和出租人均享有特定的救济途径。此外,《开普敦公约》和《空间资产特定问题议定书》还另外规定了最终裁决前的救济、破产救济等救济措施。以上各项围绕空间资产融资国际利益创设的重要制度为债权人利益提供了一套较为周全、完备的保护机制,有利于增强债权人开展空间资产融资活动的信心,降低融资成本,并相应地使债务人(商业航天活动的实施主体)得以基于融资取得更大的惠益,从而促进整个空间资产融资活动的稳定、有序开展。①

同时,又因为空间资产融资国际利益本身是直接基于《开普敦公约》和《空间资产特定问题议定书》的相关规定而确立的"国际(法)上所承认的物权",具有自发性,使对其的取得既不源于、也不依赖于国内法的规定,所以,至少从应然的层面看,空间资产融资国际利益及其各项重要制度与中国现行相关国内法律规则应不存在形式上或实质上的冲突。② 鉴于此,在充分考量《开普敦公约》及《空间资产特定问题议定书》对中国商业航天产业发展和空间资产融资实践开展可能产生的各方面影响的基础上,基于维护中国在航天领域和金融领域的国家安全利益与经济利益的需要,有关法律规则确实可以通过审慎地借鉴上述国际法律规则的有益成分,将其转化成为完善中国动产融资法律制度、制定中国空间资产融资法律规则的助力。

---

① 参见李剑刚:《〈空间资产特定问题议定书〉的主要内容及其影响》,载《中国航天》2012 年第 3 期。

② 参见孙建华:《〈开普敦公约〉中的国际利益问题研究》,载《武大国际法评论》2016 年第 2 期。

第七章

临近空间探索和利用活动的法律问题

“临近空间”概念的提出，在相当程度上可以被视为学界为应对外层空间与空气空间定界这一自外层空间法形成之初便始终未能被明确厘清的问题所做的折中。当前，学界主流观点认为，临近空间系指距离地面高度 20 公里（国际民用航空组织确定的空气空间上限之上）至 100 公里（气象学上据以确定外层空间下限的“冯·卡门线”所在位置）的空间。

基于临近空间特殊的战略地位，世界各主要空间国家长期以来一直高度重视临近空间飞行器的研发工作并积极开展临近空间飞行（探索和利用）活动；中国也自 20 世纪 70 年代起即开始开展临近空间探索和利用活动，并在临近空间低速飞行器领域取得了一定的成就。随着航空航天科技的高速发展，临近空间探索和利用活动日益频繁，并引发了诸多需要国际社会通过法律进行调整的利益冲突。

由此，尽管本身并非一项严格意义上的法律概念（现行国际民用航空法和外层空间法均未涉及），临近空间的法律地位、法律适用以及其间飞行活动的法律规制等问题已然成为颇具实践意义和理论价值的研究对象。不过，针对临近空间的法律地位及其法律适用问题，学界至今也仍然莫衷一是；同时，由于在飞行原理上不同于一般的航空活动，飞行轨迹又不符合轨道飞行的特征，因此，临近空间飞行（探索和利用）活动也应当构成一项特殊的飞行活动实践。这就使得确有必要在现行国际民用航空法和外层空间法之外,构建一套相对独立的法律制度据以对临近空间飞行器以及临近空间探索和利用活动进行规范和调整。

第一节 临近空间的法律地位问题

"临近空间"的概念由美国空军航天司令部指挥官兰斯·W.罗德(Lance W. Lord)将军在第20届太平洋空间首脑论坛上首次提出,特指介于普通民用航空飞机的飞行空间和航天器轨道空间之间的区域。[①] 临近空间是一个学术与技术相结合的概念,被用以作为厘定人类在相应特定区域内的飞行活动的基础。

关于临近空间的具体范围,罗德将军认为,其应为距离地面20公里~90公里的空间区域;[②]美国学者保罗·沃格(Paul Verhage)将其范围划定为地表以上22.86公里~100.58公里的空间区域;[③]国际航空联合会将这一范围确定在23公里~100公里。[④] 2004年在美国空军太空作战实验室临近空间峰会上,临近空间的范围应为地表以上20公里~100公里的这一观点得到了与会各界人士的广泛认可[⑤]。将20公里作为临近空间的下界线是基于国际民用航空组织(International Civil Aviation Organization,ICAO)将地表以上18.3公里作为空气空间的上限;而将100公里作为临近空间的上界线则是因为地表以上100公里的高度是"冯·卡门线"的位置("冯·卡门线"是国际航空联合会所认可的空气空间与外层空间的分界线,并且在传统理论中,多数观点均倾向于认为空气空间应当延伸至"冯·卡门线")。[⑥] 对此,中国学者也普遍采纳了上述会议的观点。[⑦]

事实上,临近空间作为一个兼具学术性和技术性的概念并未在现行民用航空或外层空间国际法律制度中得到明确规定,目前也没有能够对其直接进行规范和

---

① 参见洪延姬等编著:《临近空间飞行器技术》,国防工业出版社2012年版,第3页。

② See H. Stephens, *Near-space*, Air Force Magazine, 2005, Vol. 88, issue 7, p. 31.

③ See P. Verhage, *Near Space Exploration with the Basic Stamp*, Parallax. Inc., 2005, p. 2.

④ 参见洪延姬等编著:《临近空间飞行器技术》,国防工业出版社2012年版,第3页。

⑤ 参见张可佳:《临近空间的法律地位及其开发原则》,北京理工大学2016年硕士学位论文,第5页。

⑥ 参见[德]斯蒂芬·霍贝、伯恩哈德·施密特-泰德、凯-伍·施罗格主编:《科隆空间法评注(第一卷:〈外空条约〉)》,李寿平等译,世界知识出版社2017年版。

⑦ 中文论文中作者均将外层空间范围设定为20公里~100公里的高度。参见夏春利:《试论近空间的法律地位——兼谈空气空间和外层空间的定界问题》,载《北京航空航天大学学报》2009年第4期;支媛媛、高国柱:《临近空间飞行活动法律制度研究》,载《中国航天》2018年第3期。

调整的国际法律规则，由此，其并非一个完全意义上的法律概念，其法律地位也无法根据现行法律制度或规则进行确定。[①] 这就使得对临近空间法律地位的确定只得通过以下两种途径：一是制定规范和调整临近空间（及其间飞行活动）的新的专门性法律规则，并由此确定临近空间的法律地位；二是将临近空间（及其间飞行活动）与空气空间和外层空间（及其法律制度）进行比照，进而以既定空间及其法律制度为基础，确定临近空间的法律地位。由于制定新的专门性法律规则显然不可能是一蹴而就的，因此，通过上述第二种途径确定临近空间的法律地位应当更为现实可行。

不过，倘若根据现行民用航空或外层空间法律制度确定临近空间的法律地位，那么必然将面临这样一个问题：临近空间与空气空间和外层空间之间的关系应当如何确定？如前所述，虽然临近空间的具体范围在国内外学界已经达成了较为普遍的共识，但空气空间与外层空间的划界问题长久以来悬而未决，并且，两者之间也确实并不存在严格意义上的明确的物理分界线。[②] 基于此，学界出现了诸多基于各不相同的空气空间与外层空间划界理论而形成的针对临近空间法律地位的不同观点，至今未能达成一致。

一、空气空间与外层空间的划界问题

鉴于空气空间与外层空间的划界是进一步确定临近空间法律地位的重要基础，确有必要先对目前有关空气空间与外层空间划界问题的各项学界理论与国际实践进行梳理。

（一）空气空间与外层空间划界的理论争议

其一，功能论。持该观点的学者认为，空气空间与外层空间之间是连续的、不可割断的，并不存在所谓的物理分界线。[③] 由此，应当根据飞行活动本身的目的以及飞行器本身的功能以确定飞行活动/飞行器所在的具体空间是空气空间还是外层空间。[④]

其二，空间论。持该观点的学者认为，应当确定一条物理分界线以划分空气空

---

① 参见陈聪：《临近空间的性质争议及法律定位》，载《学术交流》2015 年第 4 期。

② 参见李寿平、赵云：《外层空间法专论》，光明日报出版社 2009 年版，第 20 页。

③ See Martin Menter, *The Developing Law for Outer Space*, American Bar Association Journal, Vol. 53, 1967, p. 705.

④ 参见李寿平、赵云：《外层空间法专论》，光明日报出版社 2009 年版，第 21 页。

间和外层空间之间的界限。根据确定物理分界线的不同方法,该理论又可以细分为多个不同的具体学说,[①]主要包括:航空器上升最高限度论——结合航空器上升最高上限 80 公里与外空活动高度下限 120 公里,将地表以上 100 公里作为空气空间与外层空间的划分界限;卡门线理论——将航空器/航天器飞行所依赖的动力来源作为界定标准,将离心力取代空气作为飞行动力的地点(约为地表以上 83 公里处)作为划分界限,其具体高度由不同地区的实际气象条件决定;卫星轨道最低近地点论——以人造卫星所在近地轨道的最低点作为划分界限,一般在地表以上 100 公里 ~150 公里处;地球重力平衡说——以地球重力不再存在的地点作为划分界限。

其三,空间分层理论。美国学者库伯(J. C. Cooper)[②]、荷兰学者瓦森博格(H. A. Wassenbergh)[③]、美国学者莱因哈特(N. Reinhardt)[④]和尼日利亚学者欧登腾(Gbenga Oduntan)[⑤]在其论文/专著中均提出了分层式的空气空间与外层空间定界方法,并将其与国家的垂直空间主权问题相联系。库伯提出了多层次主权理论,将空间划分为领空、外层空间以及介于两者之间的"毗连区"(contiguous zone);其中,毗连区的最低边界是普通民用航空器的飞行高度上限,最高边界则是空间物体轨道飞行的最低飞行高度。处于毗连区之下的国家可以对飞入毗连区内的其他国家的飞行器实施相当于在空气空间的涉及保护与预防事务的管辖权;而其他国家飞入外层空间后再入地球的非军事飞行器则得以在毗连区内享有自由通行权。[⑥] 瓦森博格认为,应将民用航空器最高飞行高度以下的空间界定为空气空间,将航天器最低飞行高度以上的空间界定为外层空间,而两者之间的中间区域则为"中层空间"(meso - space);任何国家的飞行器在中层空间均应享有无害通过权。莱因哈特从经济利益的角度出发,认为在确定国家领空高度时应主要考虑最大限度地全

---

① 参见柯玲娟:《外层空间定义定界问题研究》,载《研究生法学》2001 年第 1 期。

② See J. C. Cooper, *Contiguous Zones in Aerospace - Preventive and Protective Jurisdiction*, JAG Law Review, Vol. 7, 1965, p. 7 - 15.

③ See H. A. Wassenbergh, *Parallels and differences in the development of airspace and space law in the fight of Grotius' heritage*, Annals of Air and Space Law, Vol. 4, 1984, p. 170.

④ See N. Reinhardt, *The Vertical Limit of State Sovereignty*, Journal of Air Law and Commerce, Vol. 72, 2007, p. 114 - 115.

⑤ See Gbenga Oduntan, *Sovereignty and Jurisdiction in Airspace and Outer Space: Legal Criteria for Spatial Delimitation*, Routledge, 2011, p. 134 - 135.

⑥ See N. Reinhardt, *The Vertical Limit of State Sovereignty*, Journal of Air Law and Commerce, Vol. 72, 2007, p. 114 - 115.

面利用空气空间,因而应效仿海洋法上领海宽度的设计,将各国领空上限确定为距离地面12海里(约22.2公里)处;而飞行器在该界线以上的飞行活动则应遵守国际民用航空法的有关规定。欧登腾在综合了多种学者观点和国家立场的基础上,提出将距离地面55英里(88.5公里)处确定为空气空间的最高界线,将该最高界线之上45英里之内的空间作为“缓冲区”(buffer zone),各国的飞行器在其间均享有无害通过权,并得以针对有害通过行使紧追权,而将距离地面100英里(160公里)以上的空间确定为外层空间。①

(二)空气空间与外层空间划界的国际实践

联合国外空委法律小组委员会自1967年起便持续关注空气空间与外层空间划界问题,并在2007年重新召集了外层空间的定义和划界有关事项工作组,就有关事项向各个成员国征求意见。② 联合国秘书处于2002年编写了一份关于联合国外空委法律小组委员会审议外层空间定义和划界问题的历史过程的概要文件,总结了历年来可能达成的各项共识要点,并于2020年2月做出了更新(A/AC.105/769/Add.1)。根据上述文件,越来越多的成员国提出,随着航天科技的不断发展进步和太空旅游、商业亚轨道飞行等运载工具的深入开发,对外层空间进行定义和划界的意义越发重要且情势越发紧迫;而与此同时,成员国之间针对应当如何具体对外层空间进行定界仍然各执己见,在空气空间与外层空间的分界线的确定等问题上远未能够达成共识。③

世界各国在实践中也就空气空间与外层空间的定界问题提出了各自不同的主张。例如,俄罗斯曾一度在支持空间论和功能论之间举棋不定,而今则坚定支持空间论,多次提出将海平面以上100公里至110公里的高度作为空气空间与外层空间的界限。在同样支持空间论的国家中,法国曾在1977年公开提议以海平面以上80公里作为界限,意大利、加拿大主张以100公里作为界限,比利时、阿根廷主张以人造卫星运行轨道的近地点作为划界标准。中国同样主张划定空气空间与外层空间之间的明确界限,但并未提出具体高度的主张,而是强调世界各国应当通过协商就

---

① 参见夏春利:《试论近空间的法律地位——兼谈空气空间和外层空间的定界问题》,载《北京航空航天大学学报(社会科学版)》2009年第4期。

② UNOOSA, Draft of the Chairman of the Working Group on the Definition and Delimitation of Outer Space, A/AC.105/C.2/2007/DEF/L.1, 2 April 2007.

③ UNOOSA, Historical Summary on the Consideration of the Question on the Definition and Delimitation of Outer Space, A/AC.105/769/Add.1, 3 February 2020.

此达成共识。与之相对地,美国、英国、德国和荷兰等国则反对空间论,认为在空气空间与外层空间之间划定明确的界限将妨碍空间活动的正常进行和空间科技的进步。①

二、有关临近空间法律地位的理论争议

国际学界与世界各国在空气空间与外层空间划界问题上的莫衷一是,使临近空间的法律地位也相应地引起了极大的争议,形成了诸多不同的观点。

有观点认为,临近空间是完全属于空气空间的一部分,应当具有空气空间的法律地位。中国学者陈聪认为:临近空间不宜被视为与空气空间和外层空间并列的第三类独立的空间,而应当从属于空气空间或外层空间;同时,倘若将临近空间分割为两个部分,使其分别从属于空气空间和外层空间,将会使空间划界问题变得更加错综复杂,因此,鉴于临近空间的上限为地表以上 100 公里处,与空气空间有着较大部分的重合,将临近空间完全纳入空气空间是更为适宜的。② 中国学者邵津在空气空间与外层空间的划界问题上支持采用空间论中的卫星轨道最低近地点论,认为临近空间应当位于地表以上 100 公里至 110 公里分界线以下,并据此认为临近空间应从属于空气空间。③ 中国学者夏春利则较为认可以地表以上 100 公里的高度线作为空天分界线,并认为中国领土上空的临近空间应属于中国领空的范畴,而对临近空间主张领空主权不仅不致违反国际法,而且还能够更好地维护中国的领空主权,并为中国对临近空间的开发提供缓冲。④

有观点认为,临近空间虽属空气空间的范畴,但却应当是空气空间中的一个细分层次,具有相对特殊的法律地位,而并不完全适用空气空间法。中国学者郑国梁持此观点,其认为:据以确定临近空间属于空气空间的范畴的依据是将人造卫星运行的最低轨道高度,即地表以上 100 公里作为划分空气空间与外层空间的界限,且这一分界标准已经得到了大量国际社会实践的支持。由此,临近空间即应当被包含在空气空间的范畴之内。不过与此同时,临近空间实则是空气空间中具有特殊法律地位的一个细分层次,并不完全适用空气空间法,故而应当为此制定专门的法

---

① 参见柯玲娟:《外层空间定义定界问题研究》,载《研究生法学》2001 年第 1 期。

② 参见陈聪:《临近空间的性质争议及法律定位》,载《学术交流》2015 年第 4 期。

③ 参见邵津:《国际法》(第 4 版),北京大学出版社 2011 年版,第 160 页。

④ 参见夏春利:《试论近空间的法律地位——兼谈空气空间和外层空间的定界问题》,载《北京航空航天大学学报(社会科学版)》2009 年第 4 期。

律规则以保障国家在其间的国家安全和相关利益。①

有观点认为,应当将临近空间分割为两个不同部分:其中一部分属于空气空间;另一部分属于外层空间。至于其具体划分则可以根据空天分界线的高度确定。我国学者张东江持此观点,其认为,倘若空天分界线穿过临近空间,那么临近空间便应当相应地被分割为两个部分,而飞行器在这两个不同部分中的飞行活动则应当分别适用民用航空法和外层空间法。②

此外,还有极个别观点认为,临近空间完全从属于外层空间,或是外层空间中具有特殊法律地位的一个细分层次,此处不赘。

除了认为临近空间或从属于空气空间(或作为其中具有特殊法律地位的细分层次)或从属于外层空间(或作为其中具有特殊法律地位的细分层次)的观点之外,另有相当一部分观点认为临近空间并非空气空间或外层空间的组成部分,而是一个具有完全独立的法律地位的空间。例如,有学者提出将海洋法中"专属经济区"(exclusive economic zone)的概念和相关法律制度适用于临近空间,并将临近空间定性为所谓的"排他性利用空间"(exclusive utilization space)。③ 在此基础上,相关学者进一步论证了将临近空间确立为"专属经济区"所应具备的具体概念内涵,并说明之所以采用"专属经济区"的概念实则是为了平衡国家在其领土之外的临近空间中的权利与临近空间的实际使用者的权利。相关学者认为:"专属经济区"的概念的应用将可以使国家保留在临近空间中的管辖权和优先使用权等主权性质的权利,并且,临近空间的实际使用者在符合国家安全标准的情况下,也可以享有为实际使用所必需的各项基本权利。由此,将临近空间作为"专属经济区"既不致对国家在其中的权利造成不利影响,同时也能够为临近空间的实际使用者的权利提供基本的保障。④

我国学者苏金远提出,对临近空间的探索和利用应平衡空间国家探索和利用的权利与邻近国家的国家安全利益;其认为应当根据民用航空器飞行的最高高度

---

① 参见郑国梁:《关于临近空间的法律定位及应对措施》,载《国防》2010 年第 7 期。

② 参见张东江:《试论临近空间的法律地位及法律原则》,载《中国军事科学》2011 年第 5 期。

③ See Hao Liu & Fabio Tronchetti, *Regulating Near – Space Activities: Using the Precedent of the Exclusive Economic Zone as a Model*, Ocean Development and International Law, Vol. 50, issue 2 – 3, 2019, p. 91 – 116.

④ See Hao Liu & Fabio Tronchetti, *The Exclusive Utilization Space: A New Approach to the Management and Utilization of the Near Space*, University of Pennsylvania Journal of International Law, Vol. 40, issue 3, 2019, p. 537 – 574.

和航天器飞行的最低高度,将空间划分为三个层次——处于民用航空器飞行最高高度之下的空间应为适用民用航空法的空气空间,处于航天器飞行最低高度之上的空间应为适用外层空间法的外层空间,而介于两者之间的空间则为应适用特殊法律制度的临近空间,且对临近空间的探索和利用只得为和平目的。① 与前述观点相近地,倘若根据前述库伯等学者关于国家领空高度界限问题和空天划界问题的观点,即所谓的"空间分层论",那么临近空间同样应当具有区别于空气空间和外层空间的、独立且特殊的法律地位。

第二节 临近空间的法律适用问题

鉴于国际学界与世界各国尚未能够就临近空间的法律地位形成共识,临近空间的法律适用应当如何这一问题也自然引发了诸多不同的观点;而除了将临近空间的法律地位作为确定临近空间的法律适用的依据的主流观点之外,也有观点提出应基于临近空间的具体法律问题以确定其法律适用,或对临近空间类推适用既有法律原则。

一、基于临近空间的法律地位确定法律适用

毋庸置疑,临近空间的法律适用与临近空间的法律地位之间存在紧密的联系;申言之,倘若临近空间的法律地位得以确定,那么临近空间的法律适用相应地也就一目了然了。基于此,根据对临近空间的法律地位的不同见解,在将临近空间的法律地位作为确定临近空间的法律适用的依据时便同样形成了诸多不同的观点。

其一,基于临近空间或完全从属于空气空间或完全从属于外层空间的见解,临近空间的法律适用是较为明确的。倘若临近空间完全从属于空气空间,则应对其适用规制空气空间活动的民用航空法;倘若临近空间完全从属于外层空间,则应对其适用规制外层空间活动的外层空间法;而倘若将临近空间分割为两个不同部分,其中一部分属于空气空间,另一部分属于外层空间,那么对空气空间部分即应适用民用航空法,而对外层空间部分则应适用外层空间法。②

---

① See Jinyuan Su, *Near Space as a Sui Generis Zone*: *A Tri – Layer Approach of Delimitation*, Space Policy, Vol. 29, 2013, p. 90 – 92.

② 参见张东江:《试论临近空间的法律地位及法律原则》,载《中国军事科学》2011 年第 5 期。

其二,基于临近空间是空气空间或外层空间中的一个具有特殊法律地位的细分层次的见解,例如,前述中国学者郑国梁即认为临近空间应是空气空间中具有特殊法律地位的一个细分层次,并据此进而提出应当为临近空间制定区别于一般民用航空法的专门法律规则,以明确国家领土之上的临近空间属于国家领空从而维护国家主权权益和领土安全;同时,其亦呼吁世界各国应当加快制定针对临近空间的专门性国际条约。①

其三,基于临近空间并不属于空气空间或外层空间,而是一个具有完全独立的法律地位的空间的见解,如前所述,有学者提出应参考海洋法中专属经济区的概念和法律制度,赋予临近空间类似专属经济区的法律地位;②在此基础上,通过对有关专属经济区的国内法和国际法进行适当的修改和调整之后,即可以将相关法律规则适用于临近空间。③ 针对上述观点,我国学者陈聪则提出了反对意见,其认为:海洋法中的专属经济区法律制度自形成以来,非但未能有效地解决相关区域的资源分配问题,反而还使专属经济区问题成为国际法实践中最易引发国际争端且最为复杂的问题之一;究其原因则是专属经济区牵涉诸多海洋国家的核心利益,而其法律制度留有大量剩余权利未能得到明确厘清。由此,倘若将临近空间视为空中的"专属经济区"并适用相关的法律制度,那么便同样将面临以下问题:一方面,倘若地面国家尚不具备探索和利用临近空间的科技能力,那么其从根本上便不具备对临近空间行使所谓主权性质权利的基础;同时,另一方面,临近空间作为"专属经济区"的上限和下限的范围,其中存在怎样的剩余权利等问题也将难以解决。④

除了比照适用专属经济区法律制度的观点之外,还有观点认为,可以将临近空间视为毗连区并比照适用相关的法律制度。该观点指出,将临近空间视为毗连区并非主张国家在临近空间享有主权,而是意在保障具备必要的科技能力的国家得以基于维护国家安全或其他国家利益的需要而在临近空间行使特定的管辖权;至

---

① 参见郑国梁:《关于临近空间的法律定位及应对措施》,载《国防》2010 年第 7 期。

② See Hao Liu & Fabio Tronchetti, *Regulating Near – Space Activities: Using the Precedent of the Exclusive Economic Zone as a Model*, Ocean Development and International Law, Vol. 50, issue 2 – 3, 2019, p. 94 – 97.

③ See Hao Liu & Fabio Tronchetti, *The Exclusive Utilization Space: A New Approach to the Management and Utilization of the Near Space*, University of Pennsylvania Journal of International Law, Vol. 40, issue 3, 2019, p. 537.

④ 参见陈聪:《临近空间的性质争议及法律定位》,载《学术交流》2015 年第 4 期。

于具体措施则包括在临近空间类比设立“防空识别区”等。① 此外,还有观点认为,可以将临近空间视为公海并相应地在其中建立无害通过制,②以及创新性地提出将临近空间视为所谓的“原生区”(protozone),以建立更加有利于保障其间国家安全的法律制度。③

二、基于临近空间的具体法律问题确定法律适用

除了上述基于临近空间的法律地位确定其法律适用的观点之外,另有观点认为,应当根据临近空间(飞行活动)所引发的具体法律问题确定实际所应适用的法律。该观点认为,针对临近空间的主权权利归属问题以及一国飞行器能否飞越他国领土上空的飞行问题,应当制定专门的法律规则予以明确,而除此之外,临近空间的其他法律问题则可以“依附于”现行的空气空间或外层空间法律制度,而无须专门就临近空间进行全面立法。至于通过何种方式确定为解决上述临近空间的主权权利归属问题和飞行问题而应适用的法律,该观点提出,可以将临近空间纳入现行民用航空法的调整对象范畴,从而在民用航空法体系内制定适用于临近空间的法律规则,或者可以仅就上述临近空间的特殊法律问题制定国际条约。在此基础上,该观点还进一步提出,可以考虑通过设立“无害通过制”以具体规制临近空间的飞行问题。④

三、类推适用既有法律原则和制度

由于专门适用于临近空间的法律规则的制定不可能是一蹴而就的,并且,鉴于临近空间牵涉世界各国的(领空)主权权益和相关国家利益,统一的国际规则的制定必将面临相当的困难和阻力,因此,有观点提出,可以对临近空间类推适用现行国际法律体系中的既有原则和制度,以解决其间的具体法律问题。例如,有观点认

---

① See Jack H. Williams, *The Law of the Sea: A Parallel for Space Law*, Military Law Review, Vol. 22, 1963, p. 155.

② See Paul Dempsey, Maria Manoli, Suborbital Flights and The Delimitation of Air Space vis - a´- vis Outer Space: Functionalism, Specialism and State Sovereignty, U. N. Doc. A/AC. 105/C. 2/2018/CRP. 9, U. N. Sales No. Ⅴ. 18 - 01929(E), 2018, p. 43 - 44.

③ See Joseph N. Pelton, A New Integrated Global Regulatory Regime for Air and Space: The Needs for Safety Standards for the Protozone, 2nd Manfred Lachs International Conference on Global Space Governance, Montreal, May 2014.

④ 参见陈聪:《临近空间的性质争议及法律定位》,载《学术交流》2015 年第 4 期。

为，在探索和利用临近空间的过程中应当严格遵守"和平利用外空原则"，包括探索和利用的方式与状态的和平，以及严格限制军事化活动的开展；同时，在临近空间同样应确立登记制度、损害赔偿责任制度和环境保护制度等基本法律制度。[①] 另有观点认为，可以类比现行民用航空法与外层空间法中的相关法律原则和制度，在临近空间适用"和平利用外空原则"、"全人类共同利益原则"、严格责任制度、国家监管制度等。[②]

第三节　临近空间探索和利用活动的法律规制问题

尽管临近空间的法律地位和法律适用尚未能够在国际学界与世界各国之间取得共识，但人类探索和利用临近空间的实践，尤其是飞行器飞越临近空间的飞行活动的实践已经相当丰富，并由此带来了一系列尚无明确的法律依据能够予以解决的法律问题。对此，应当认识到，临近空间不应成为"法外之地"，对因临近空间飞行活动引发的法律问题必然需要"有法可依"；并且，对临近空间飞行活动进行充分有效的法律规制也是保障临近空间资产的重要基础。至于应予适用对临近空间飞行活动进行法律规制的具体法律制度而言，则仍然主要是由临近空间的法律地位以及由此确定的临近空间的法律适用所决定的。

一、临近空间探索和利用活动的既有实践

与探索和利用外层空间的历程一样，人类对临近空间的探索和利用同样经历了一段循序渐进的漫长过程。从 20 世纪 50 年代开始的零星探测，到 20 世纪 70 年代的初步认识，到 20 世纪 90 年代的机理研究，再到 21 世纪以来的系统研究，人类对临近空间的科学探索从未停止，对临近空间的科学认知也在不断加深；并且，随着对临近空间应用需求的日益提升，世界各国为对临近空间进行科学探测和应用研究开展的飞行活动正迎来空前的高潮。[③]

---

① See Jinyuan Su, *Near Space as a Sui Generis Zone: A Tri – Layer Zpproach of Delimitation*, Space Policy, Vol. 29, 2013, p. 90 – 92.

② 参见张可佳：《临近空间的法律地位及其开发原则》，北京理工大学 2016 年硕士学位论文，第 27 ~ 37 页。

③ 参见黄宛宁等：《临近空间科学技术的发展现状及应用前景》，载《科技导报》2019 年第 21 期。

(一)临近空间飞行器

临近空间飞行器是为开展探索和利用临近空间的飞行活动所必需的关键载体和平台,与一般民用航空器和航天器相比具有较为显著的差异。就其功能而言,临近空间飞行器是指利用临近空间特殊的环境和资源,在临近空间内飞行并完成攻击、侦察、通信、预警和导航等特定任务的飞行器。临近空间飞行器具有多种分类形式,除了通常可依照飞行速度划分为高速/高动态飞行器(飞行速度大于马赫数1)和低速/低动态飞行器(飞行速度小于马赫数1)之外,还可以依照充气压力划分为零压力飞行器和高压力飞行器,依照推进方式划分为自由浮空飞行器和机动飞行飞行器,以及依照结构构架划分为硬式、半硬式和软式飞行器。①

当前,世界各主要空间国家对临近空间飞行器的开发、研制已经达到了相当成熟的水平。以上述依照飞行速度对临近空间飞行器所做的分类为例,高速/高动态飞行器又包括超声速、高超声速飞行器,以再入式滑翔飞行器、高超声速巡航飞行器和探空火箭等最为典型;而低速/低动态飞行器则又包括低速、亚声速飞行器,以高空气球(自由漂浮气球)、平流层飞艇和亚声速无人机等最为典型。② 除了美国、俄罗斯、中国在临近空间飞行器的开发、研制方面处于世界领先地位之外,日本、韩国和欧洲多个国家也正在不断加大对临近空间飞行器科技研究的人力和资金投入。

作为专用于同时也是唯一适合用于探索和利用临近空间的载体和平台,临近空间飞行器能够工作于原本为一般民用航空器和航天器所无法到达的临近空间这一"真空地带",并具有后两者无法比拟的得天独厚的优势,主要包括:其一,距离地面高度适中,使侦查功能得以具备更大的覆盖范围以及更高的地面分辨率和成像灵敏度。其二,滞空时间长,除受天气、机械故障和例行维修等少数因素影响外,能够长时间滞留于任务区上空,便于开展长时间的侦察监视和预警探测。其三,生存能力强,无论是高速/高动态飞行器(具备飞行速度极快以至于可以有效避免被防空系统捕捉的优势)还是低速/低动态飞行器(具备雷达、红外特征不明显以至于不易被监测系统探测的优势)均可以利用其优势免于受到各种可能的外来打击。其四,便于部署、响应迅速,发射和运行要求相对简便,信息传输时延较低,确保信息传递更加快捷、及时。其五,研发成本低廉、周期相对更短,虽然同样面临结构、材料、

① 参见王胜开等:《临近空间和临近空间飞行器》,载《现代军事》2008年第7期。

② 参见黄宛宁等:《临近空间科学技术的发展现状及应用前景》,载《科技导报》2019年第21期。

动力、测控等方面的技术要求，但总体上研发门槛更低，并且通过技术手段能够有效控制研发成本和周期。①

（二）临近空间飞行器的军事化利用

鉴于在客观上介于空气空间与外层空间之间的特殊地理位置，临近空间得以具备相当独到的军事战略优越性。一方面，由于作用于空气空间的战斗飞机、侦察飞机和地对空导弹的工作/攻击范围无法达到临近空间的高度，因此，其从根本上便无法对临近空间中的目标进行有效打击；同时，另一方面，尽管个别空间国家已经开始研发和部署天基对地外空武器，但由于目前尚不具备投入实战的能力（或至少尚未形成投入实战的实践），因此，即便位于外层空间的军事侦察卫星能够探测到临近空间中的目标，也同样无法从外层空间直接对其进行打击。② 这就使基于前文所述的各项显著优势，临近空间飞行器得以用于链接航空和航天的军事化利用的价值越发受到世界各国的关注，并由此成为空天一体化军事战略布局中的重要一环，形成了相当丰富的实践。

临近空间飞行器的军事化利用主要是通过将临近空间飞行器部署于临近空间，发挥其作为执行特定区域侦察与检测、导航与定位、军事通信中继、环境探测、反卫星与反弹道导弹、地面打击与防御，以及全球兵力投送等军事任务的战略支援平台、信息支援平台和攻击武器平台的作用与功能。③ 美军在 2005 年 2 月的“施里弗”太空战模拟军事演习中首次将临近空间飞行器纳入其中，将其主要用于情报收集、侦察监视和通信保障等，并与相关人造卫星和无人机进行配合，以进一步增强美军在信息作战方面的优势，取得了良好效果。④ 而今，临近空间飞行器已经被军事化利用于相当广泛的领域，主要包括：

其一，作为侦察监视平台，临近空间飞行器可以发挥战场态势感知、海洋监视、气象监测、打击效果评估、灾情监测和空中预警等诸多作用；同时，通过将临近空间平台与航空平台、轨道平台配合使用，还可以实现平时和战时任务区域全方位、全时段的综合侦察监视。其二，作为通信中继平台，临近空间飞行器可以广泛应用于军事通信目的，且较之人造卫星通信和地面无线通信均具有发射功率低、建设周期

① 参见马旭光、桂晓明、张颖：《临近空间飞行器及其军事应用分析》，载《无线互联科技》2016 年第 5 期。

② 参见周军：《军事利器——临近空间武器》，载《国防科技工业》2018 年第 2 期。

③ 参见张海林等：《临近空间飞行器发展现状及军事应用研究》，载《飞航导弹》2014 年第 7 期。

④ 参见王胜开等：《临近空间和临近空间飞行器》，载《现代军事》2008 年第 7 期。

短、成本更可控、易于维护和升级等优势，可以实现通信终端的小型化、移动化，并可以进行全天候连续性作业。其三，作为电子对抗平台，临近空间飞行器具备在目标上空长期驻留并进行不间断电子对抗的能力，可以干扰敌方地面和海上的警戒、搜索引导、目标指示雷达，以及为己方作战飞机、导弹等提供长时间的电子支援干扰，从而提升其在作战过程中的突防能力、作战效能和生存概率。其四，作为空间武器平台，低速临近空间飞行器可以通过搭载一定的武器系统，在任务区域上方进行长时间巡航，并在需要时从空中迅速对敌方地面目标实施打击，具有极强的战略威慑作用；而高速临近空间飞行器则可以凭借其机动速度快、覆盖范围广、不受天气条件限制等优势，使用常规弹药或高等微波武器、高能激光武器对敌方具有较高价值的目标实施快速、精准的打击。①

（三）世界各主要空间国家临近空间探索和利用活动的发展现状

1. 美国

鉴于临近空间突出且特殊的战略地位，美国长期以来始终高度重视临近空间飞行器的开发、研制工作，并开展了相当丰富的临近空间飞行活动。在高速临近空间飞行器研发方面，美国取得的主要进展包括实施了高超声速技术计划、高速打击导弹计划、快速反应导弹演示计划、X－51 高超声速试验飞行器计划以及空天飞机计划等，并研制了 X－30、HySET、GDE、SPV 和 FFV 等多款典型的临近空间高动态飞行器。在低速临近空间飞行器研发方面，美国取得的主要进展则包括实施了基于自由浮空气球的战斗天星计划、临近空间机动飞行器（NSMV）计划、集成传感器结构（ISIS）飞艇计划，以及高空监视间谍飞艇计划等。②

2. 俄罗斯

为与美国争夺在临近空间的制高点和主导权，俄罗斯将开发、研制临近空间飞行器的重点主要集中于对高超声速导弹技术进行研究。除此之外，在高速临近空间飞行器研发方面，俄罗斯取得的主要进展包括开展了“冷”计划、“针－31”计划、“彩虹 D2”计划、“鹰”计划等；而在低速临近空间飞行器研发方面，俄罗斯主要开展的是平流层飞艇（Berkut）计划，具体为研制了工作于近赤道地区的 Berkut ET、中纬度地区的 Berkut ML 和高纬度地区的 Berkut HL 三种飞艇。③

① 参见马少维：《临近空间的武器装备发展及趋势简析》，载《航天电子对抗》2019 年第 6 期。
② 参见南海阳等：《国外临近空间飞行器发展现状及趋势》，载《飞航导弹》2014 年第 10 期。
③ 参见南海阳等：《国外临近空间飞行器发展现状及趋势》，载《飞航导弹》2014 年第 10 期。

3. 中国

中国开发、研制临近空间飞行器及开展临近空间飞行活动的历史已有数十年，并同样取得了较为丰硕的成果。在低速临近空间飞行器研发方面，中国于 2012 年成功发放了当时全球体积最大、推进功率最强的受控飞行平流层飞艇 KFG79，于 2017 年 5 月成功试飞了飞行高度达 20 公里、总时长达 16 小时的“彩虹”T4 临近空间太阳能无人机，于同年 9 月成功试飞了国内首个高空超压气球，并于 2018 年进行了“鸿鹄”专项高空气球研究。在高速临近空间飞行器研发方面，中国于 2018 年成功试射了被视为本国第二代高超声速滑翔器的标志的“星空 – 2”型高超声速乘波体飞行器，于 2019 年国庆 70 周年阅兵仪式上展示了“攻击 – 2”无人机和“东风 – 17”弹道导弹等高超声速飞行器（武器）。①

4. 其他国家

除了上述各主要空间国家之外，欧洲多国和日本、韩国等国同样十分重视临近空间飞行器的研发工作和开展临近空间飞行活动，并在不断积极推进各项相关进程。例如，法国将高超声速导弹作为临近空间飞行器研发的首选目标，目前已成功研制了马赫数 7.5 的超燃冲压发动机，并有 Promethee 导弹计划等多项临近空间高超声速项目在研究中。英国在低速临近空间飞行器方面成功试飞了“天猫 – 100”和“天猫 – 200”两款运输飞艇，并提出了 StarSat 稳定式无人飞艇计划，在高速临近空间飞行器方面则正在研制采用了佩刀发动机的“云霄塔”空天飞机。德国研制的高超声速导弹（HFK）先后于 2002 年和 2005 年成功进行了飞行试验，而其在之后开始实施的“高超声速尖锐前缘飞行试验”（SHEFEX）计划也先后于 2005 年和 2012 年获得了成功。②

二、规制临近空间探索和利用活动的法律适用

如前所述，适用于对临近空间飞行活动进行法律规制的具体法律制度在相当程度上是由临近空间的法律地位所决定的。由此，基于临近空间或完全从属于空气空间、或部分属于空气空间而部分属于外层空间、或作为一个具有独立法律地位的空间的不同见解，相应地存在不同的得以适用于对临近空间飞行活动进行法律规制的具体法律制度。此外，空间国家的相关国内立法和国际组织的相关规则也

---

① 参见黄宛宁等：《临近空间科学技术的发展现状及应用前景》，载《科技导报》2019 年第 21 期。

② 参见南海阳等：《国外临近空间飞行器发展现状及趋势》，载《飞航导弹》2014 年第 10 期。

能够为临近空间飞行活动的法律规制提供有益的指引和参考。

(一)民用航空法适用于对临近空间飞行活动的法律规制

倘若基于临近空间完全从属于空气空间的见解,那么针对临近空间及其间飞行活动即应当适用民用航空法;这就意味着临近空间飞行活动应当受到民用航空法的法律规制。由此,又因为"领空主权原则"作为国家主权原则这一国际法基本原则在民用航空法领域的具体体现,构成了民用航空法律制度的核心和基础,而临近空间飞行活动的实践又恰恰极易引发涉及侵犯国家领空主权的法律争议,是故,民用航空法对临近空间飞行活动的法律规制也应主要围绕领空法律制度进行展开。具体而言,类比在民用航空法领域具有"宪章"地位的 1944 年《民用航空国际公约》(以下简称《芝加哥公约》)第 3 条的规定,可以将临近空间飞行器划分为民用飞行器和国家飞行器两种类型——前者是指用于行使军事、警察和海关等职能之外的飞行器,而后者则是指国家用于行使军事、警察和海关等职能的飞行器。针对上述两类不同的临近空间飞行器,民用航空法对其开展的临近空间飞行活动的法律规制也相应地有所不同。

针对民用飞行器及其开展的飞行活动,可以适用的民用航空法规则除了《芝加哥公约》及其附件之外,还主要包括 1929 年在华沙签订的《统一国际航空运输某些规则的公约》(以下简称《华沙公约》)和 1999 年在蒙特利尔签订的《统一国际航空运输某些规则的公约》(以下简称《蒙特利尔公约》)等。此外,国际民用航空组织还得以根据《芝加哥公约》等民用航空国际条约的相关规定,通过制定《国际标准和建议措施》(Standards and Recommended Practices,SARPs)来规范和监管成员国的所有民用飞行器,保障其开展的各项飞行活动的安全和有序进行。①

具体就民用飞行器飞行活动所涉国家领空主权问题而言,1919 年在巴黎签订的《关于管理空中航行的公约》(以下简称《巴黎公约》)曾仿效国际海洋法律制度中的相关规则,就民用航空器飞经他国领空的飞行活动设立了所谓的"无害通过"制度——根据《巴黎公约》第 15 条第 1 款的规定,一缔约国的民用航空器可以不降停地飞越另一缔约国的领空,但须依照领空国家指定的航线进行飞行;同时,倘若因为领空国家空中管制的需要,该民用航空器应当在收到根据《巴黎公约》附件规定发出的信号指令后立即进行降落。不过,由于《巴黎公约》在赋予民用航空器"无

① ICAO, Annual Report of the Council 2005, Doc. 9862, https://www.icao.int/Documents/annual-reports/rp05_en.pdf.

害通过权”的同时,并未就领空国家对此有权采取的限制措施及其条件作出明确的规定,从而使领空国家得以任意地对他国民用航空器的“无害通过权”加以限制,因此,上述所谓的“无害通过”制度在实践中无法得到有效的落实。

与之相对地,《芝加哥公约》则完全摒弃了“无害通过”制度,而就民用航空器的飞行活动规定了与之全然不同的五种“空中自由”。① 根据《芝加哥公约》第 5 条第 1 款的规定,缔约国应当同意其他缔约国的一切不从事定期国际航班飞行的民用航空器在遵守《巴黎公约》规定的情况下,无须事先获准即有权飞入或飞经其领空而不降停,或仅作非商业性降停,并且,领空国家有权命令该民用航空器降落。同时,为了保障飞行安全,当其他缔约国的民用航空器将要飞经的地区为不得进入或缺乏适当的航行设施时,缔约国保留命令其遵循指定航线或在获得特准后方可飞入的权利。据此,《芝加哥公约》主要从以下四个方面就民用飞行器飞越国家领空的飞行活动做出了限制:其一,经领空国家空中交通管理机关提出要求,飞入或飞经他国领空的民用飞行器均应当提交飞行计划;其二,民用飞行器在飞经规定地点时,必须将飞行高度、通过时间等信息向领空国家空中交通管理机关进行报告,并在必要时实时报告自身确切位置;其三,在具备条件的情况下,(载人)民用飞行器应与地面保持持续的语音通信联系;其四,民用飞行器必须明确标注适当的国籍标志和登记标志。②

由此,临近空间民用飞行器开展的飞行活动应当遵循以下两项基本原则:其一,根据领空主权原则的要求,飞行器飞入或飞经他国领空需征得领空国家的同意,并接受领空国家的必要限制;其二,飞行器在不属于任何国家领空范围的空气空间(所谓的“公空”)享有航行自由,同时应当遵循各民用航空国际条约的相关规定和国际民航组织统一制定的空中航行规则。

针对国家飞行器及其开展的飞行活动,由于民用航空法律制度并未就此作出明确规定,而仅在现行民用航空国际条约中有若干零星的相关内容(例如,《芝加哥公约》第 3 条第 3 款规定,一缔约国的国家航空器在未经特别协定或其他方式得到许可并遵照相关规定的情况下,不得在另一缔约国领空飞行或在该国领土上降

① 参见董杜骄、顾琳华主编:《航空法教程》,对外经济贸易大学出版社 2007 年版,第 97 页。

② Annex 2 to the Convention on International Civil Aviation – Rules of the Air, 10th edition, July 2005, Article 3.3.1.2 (d) – (e).

落),因此,只得类推适用相关国际法基本原则和国际习惯法规则对其进行法律规制。[①] 这就使得有关国家飞行器飞行活动的法律规制将主要围绕飞行器及其飞行活动的特权与豁免问题进行展开。

一般而言,根据国家主权豁免原则,国家飞行器作为国家财产应当享有特权与管辖豁免,并且,国家飞行器为执行国家职务而开展的飞行活动也应享有特权与管辖豁免;不过,军事飞行器与执行警察、海关等职能的飞行器及其开展的飞行活动在享有特权与管辖豁免方面还存在一定的差异。一方面,除了因侵犯领空国家的领空主权等原因而被强制或勒令要求降落之外,军事飞行器及其飞行活动均应享有特权与管辖豁免;而另一方面,除了为合作打击犯罪或合作开展搜救等目的而与领空国家订立特别协定之外,执行警察、海关等职能的飞行器及其飞行活动则不得享有特权与管辖豁免。[②] 此外,值得注意的是,基于国际组织(及其财产)所享有的特权与豁免,属于国际组织的飞行器及其为执行国际组织职务而开展的飞行活动也应享有特权与管辖豁免。

(二)民用航空法与外层空间法混合适用于对临近空间飞行活动的法律规制

倘若基于将临近空间分割为两个不同部分,即其中一部分属于空气空间而另一部分属于外层空间的见解,那么针对属于空气空间部分的临近空间及其间飞行活动即应当适用民用航空法,而针对属于外层空间部分的临近空间及其飞行活动则应当适用外层空间法;这就使临近空间飞行活动将同时受到民用航空法和外层空间法的法律规制。

民用航空法适用于对在空气空间部分开展的临近空间飞行活动进行法律规制的情形如前文所述。就外层空间法适用于对在外层空间部分开展的临近空间飞行活动的法律规制而言,其与民用航空法的法律规制在涉及国家主权、营救、法律责任和登记等诸多方面均存在较大的差异。具体而言,相关临近空间飞行活动应当至少遵循现行各项外层空间国际法律制度和外层空间法基本原则。首先,相关临近空间飞行活动应当遵循由1967年《外空条约》和1979年《月球协定》确立的各项外层空间法基本原则,主要包括"全人类共同利益原则"、"平等自由原则"、"不得据为己有原则"、"国际合作原则"、"和平利用外空原则"和"保护外空环境原则"等。[③]

---

① 参见董杜骄、顾琳华主编:《航空法教程》,对外经济贸易大学出版社2007年版,第20~21页。

② 参见董杜骄、顾琳华主编:《航空法教程》,对外经济贸易大学出版社2007年版,第20~21页。

③ 参见李寿平、赵云:《外层空间法专论》,光明日报出版社2009年版,第14~19页。

其次，相关临近空间飞行活动还应当遵循主要由1968年《营救协定》确立的外层空间营救法律制度，1972年《责任公约》确立的外层空间法律责任制度，以及1975年《登记公约》确立的外层空间登记法律制度。

此外，需注意的是，在开展临近空间飞行活动的过程中，临近空间飞行器的法律地位是否应当根据其所处的具体空间的不同而相应地发生变化这一问题目前仍存在争议。有观点认为，由于临近空间飞行器最终是将经由空气空间进入外层空间（并以失重为目的）进行飞行的，因此，根据飞行所处的具体空间以及相应的动力来源就其法律地位进行区分界定是更加适应的——在（空气空间）不使用运载火箭动力的情况下，临近空间飞行器应属于航空器；而在（外层空间）火箭发动机开始运作或运载工具与火箭分离的情况下，临近空间飞行器则应属于空间物体。[①] 与之相对地，另有观点认为，尽管临近空间飞行器在客观上可能具有航空和航天的"双阶段性"，但是，并不应当以其短暂进入外层空间便将其定性为空间物体；相较之下，从整体上将临近空间飞行器定性为航空器方才是更加科学和合理的。[②]

（三）特殊法律制度适用于对临近空间飞行活动的法律规制

倘若基于临近空间并不属于空气空间或外层空间，而是一个具有完全独立的法律地位的空间的见解，那么对临近空间及其飞行活动的法律规制便无法适用现行民用航空法或外层空间法，而应当适用相关的特殊法律制度。就此，如前所述，将临近空间视为专属经济区或毗连区，进而相应地将专属经济区或毗连区的相关法律制度适用于对临近空间及其飞行活动的法律规制的观点在当前学界较为主流；而将临近空间视为公海或"原生区"的有关观点由于并未能够就应当适用于规制临近空间及其飞行活动的具体规则进行展开，故在此不赘。

1. 专属经济区法律制度适用于对临近空间飞行活动的法律规制

根据专属经济区法律制度，临近空间飞行活动的开展应遵循以下各项基本规则：首先，临近空间作为专属经济区，不属于设立专属经济区的领空国家的领空的范畴，他国临近空间飞行器均应享有在其间自由飞行的一般权利；而与此同时，临近空间作为专属经济区，也并不意味着领空国家在其间不得享有任何主权性质的

---

① 参见付晓蕾：《亚轨道旅游相关国际法问题研究》，哈尔滨工业大学2012年硕士学位论文，第10页。

② 参见杨彩霞、蔡芳菲：《亚轨道商业飞行的法律规制》，载《北京航空航天大学学报（社会科学版）》2017年第2期。

权利——领空国家应当得以就他国探索和利用临近空间活动的开展设立所应遵循的法律规范和行为准则。[①] 其次,虽然世界各国的临近空间飞行器在作为他国专属经济区的临近空间内均享有自由飞行的权利,但其对自由飞行权利的行使并非不受限制,而是应当必须尊重领空国家的国家主权和领土完整,不得侵犯领空国家的领空主权,不得实施任何危害领空国家的社会安全和和平秩序的行为。最后,领空国家得以保留对被其作为专属经济区的临近空间的优先管理权和使用权(优先权),并有权基于上述优先权而确立为管理和保障临近空间安全的各项具体规则。例如,其有权要求在特定情况下,他国临近空间飞行器须经事先通知或得到许可方才能够飞入作为本国专属经济区的临近空间。[②]

2. 毗连区法律制度适用于对临近空间飞行活动的法律规制

支持根据毗连区法律制度对临近空间飞行活动进行法律规制的观点认为:首先,临近空间属于国家领空的范畴,他国飞行器在飞越临近空间时应当受到领空国家主权的限制;与此同时,他国飞行器在临近空间也应享有(受到一定限制的)"无害通过权",即在不损害领空国家的和平、安全和良好秩序的情况下,得以享有(受到一定限制的)飞越自由。其次,结合当前世界多个国家主要于本国毗连区设立防空识别区的实践,可以同时将防空识别区的相关法律制度比照适用于对临近空间飞行活动进行法律规制,从而使他国飞行器在临近空间享有(受到一定限制的)飞越自由的同时,也须顾及领空国家的利益,遵守领空国家的相关法律规定。[③]

由于当前世界各国有关防空识别区的法律规定并不统一,在此仅以《东海防空识别区航空器识别规则公告》[④]为依据,比照确立临近空间飞行活动所应遵守的相关规则:其一,位于临近空间的他国飞行器应向领空国家外交机关或有关主管部门通报飞行计划;其二,位于临近空间的他国飞行器应开启或保持双线无线电通信或其他信号可达的通信联系,及时准确地回答领空国家有关主管部门的问询;其三,

① See Hao Liu & Fabio Tronchetti, *The Exclusive Utilization Space: A New Approach to the Management and Utilization of the Near Space*, University of Pennsylvania Journal of International Law, Vol. 40, issue 3, 2019, p. 105.

② See Hao Liu & Fabio Tronchetti, *Regulating Near – Space Activities: Using the Preçedent of the Exclusive Economic Zone as a Model*, Ocean Development and International Law, Vol. 50, issue2 – 3, 2019, p. 105 – 106.

③ See Jack H. Williams, *The Law of the Sea: A Parallel for Space Law*, Military Law Review, Vol. 22, 1963, p. 155.

④ 《中华人民共和国东海防空识别区航空器识别规则公告》,载中华人民共和国中央人民政府网, http://www.gov.cn/jrzg/2013 – 11/23/content_2533101.htm。

位于临近空间的他国飞行器如配备雷达应答机的,应保持全程开启;其四,位于临近空间的他国飞行器应清楚明确地标示所属国籍和登记识别标志;其五,位于临近空间的他国飞行器应服从领空国家有关主管部门的其他指令,对拒不服从命令的飞行器,领空国家有权采取防御性的紧急处置措施。

(四)国内立法和国际组织规则对临近空间飞行活动的法律规制

鉴于临近空间的法律地位和法律适用问题长期以来悬而未决,国际社会在短时期内确实无法就临近空间飞行活动的法律规制制定统一的规则。因此,有观点提出,既然在缺乏统一的国际法律规则的情况下,即便是现行的民用航空法律制度和外层空间法律制度也均只有少数与临近空间相关的规则得以适用于对临近空间飞行活动进行法律规制,那么,交由世界各国根据本国相关的国家利益诉求,通过国内立法的方式对临近空间飞行活动进行规范和管制或许才是当下更加适宜的选择。[①] 同时,有关国家组织为规制临近空间飞行活动制定的相关规则也能为此提供较为有益的指引和参考。

目前,美国就临近空间(亚轨道)商业飞行活动的法律规制制定了较为完备的法律规范;并且,虽然作为国内立法其法律效力只限于国内层面,但相关法律规范对加强法律规制的确定性和推动科技创新仍然发挥了十分积极的作用。美国据以对亚轨道商业飞行活动进行规制的法律规范主要包括美国《商业航天发射法修正案》[②]中的相关规定和联邦航空管理局制定的相关管理条例;此外,美国的部分州也制定了具体的法律规范以明确在其所辖地域范围内进行亚轨道飞行器发射的制造者和运营者的民事法律责任。[③]

美国《商业航天发射法修正案》可以适用于以下各类飞行器开展的亚轨道商业飞行活动:其一,飞行器从美国领土内发射的;其二,飞行器发射地在美国领土外,但是在美国领土附近区域;其三,飞行器发射地既不在美国领土范围内,也不在其他任何国家领土范围内,飞行器运营者(私营实体)在国外成立,但其实际控制权属于美国国民;其四,飞行器发射地在美国领土外,但就其商业飞行活动的管辖并未有明确规定。由此可见,《商业航天发射法修正案》实际上也有域外适用的效力;而这

---

① See Frans G. von der Dunk, *Space Tourism, Private Spaceflight and the Law: Key Aspects*, Space Policy, Vol. 27, issue 3, 2011, p. 146.

② Commercial Space Launch Amendments Act, Pub. L. 108 - 492, § 2(c)(26), Dec. 23, 2004.

③ See Rafael Moro - Aguilar, *National Regulation of Private Suborbital Flights: A Fresh View*, FIU Law Review, Vol. 10, issue 2, 2015, p. 691.

一适用范围的扩张则正是为了保护美国在海外的相关产业利益。在此基础上,《商业航天发射法修正案》专门制定了亚轨道商业飞行器的适航标准,以及亚轨道商业飞行活动的登记和许可证颁发管理制度,规定由联邦航空管理局下属的商业航天发射办公室为亚轨道商业飞行活动颁发许可证;而这一许可证颁发管理制度不仅成为美国对亚轨道商业飞行活动进行规制的核心内容,同时也从侧面反映出美国实际上是将亚轨道商业飞行活动纳入了航空活动的规制范畴。

除了美国的相关国内立法之外,欧盟也在亚轨道商业飞行活动的法律规制方面积极寻求制定相关规则。在2008年10月于意大利罗马召开的国际空间安全促进协会(International Association for the Advancement of Space Safety)第三届大会上,欧洲航空安全局(European Aviation Safety Agency)的多位官员提交提案,建议由该局负责制定旨在对亚轨道商业飞行活动进行规制的专门法律规则。① 而后,在2010年10月于捷克布拉格召开的国际空间安全促进协会第四届大会上,相似的观点也再次被提出。② 在上述提案/观点中,亚轨道商业飞行活动最初是被作为航天活动提出的,不过,考虑到欧洲航空安全局的职能范围所限,在就具体如何制定相关规则进行进一步讨论的过程中,亚轨道飞行器被统一界定为"亚轨道航天飞机",从而不仅将单一依靠火箭动力垂直发射而不依靠机翼辅助的飞行器排除在亚轨道飞行器的范畴之外,还将亚轨道飞行器定性为依靠空气动力上升的航空器。由此,欧洲航空安全局便具备了对亚轨道商业飞行活动进行监管的职权,并得以比照适用其据以行使对所有欧盟国家的民用航空器(包括纯粹用于国内运输的航空器)颁发许可证等职权的相关规定,对所有欧盟国家的临近空间飞行器及其商业飞行活动进行监管。在此基础上,欧洲航空安全局还将深入细化对亚轨道商业飞行活动进行法律规制的具体规则。

---

① 参见杨彩霞、蔡芳菲:《亚轨道商业飞行的法律规制》,载《北京航空航天大学学报(社会科学版)》2017年第2期。

② See Jean – Bruno Marciacq et al. , *Towards Regulating Sub – Orbital Flights: An Updated EASA Approach*, in H. Lacoste – Francis ed. , ESA – SP, Vol. 680, 2010.

余　论

关于涉外航天法治(外层空间国际法治)人才培养创新的思考

涉外航天法治人才培养是推动国家航天法治进程、助力国家航天强国转型升级软实力建设的题中之意,是通过法律手段保障国家涉外航天实践活动的顺利有序开展、维护国家涉外航天利益所不可或缺的。

为确保涉外航天法治人才具备应有的素质和技能,法学专业高校院系应是涉外航天法治人才培养的基础阵地,围绕涉外航天法治与外层空间国际法治的专业理论和实践课程应是涉外航天法治人才培养的起步基石。在开展相关专业课程教学的过程中,课程思政教学所具有的独到的价值引领作用,对于保障涉外航天法治人才培养的系统性、持续性和有效性是至关重要的。基于此,服务于涉外航天法治人才培养的课程思政教学的发展应当特别重视加强对涉外航天法治人才坚定维护国家空间利益的崇高理想和促进实现外层空间国际法治的远大抱负的培养。

同时,鉴于和谐、积极、有益的导学关系在保障研究生教育质量方面所能发挥的重要的促进作用,确有必要通过构建并完善相应的研究生导学机制,推动实现涉外航天法治人才培养之于助力国家航天强国软实力建设的重要意义。近年来,研究生导学关系紧张化、冲突化的问题呈现愈演愈烈的趋势,而导致导学关系异化的成因则主要来源宏观社会背景、中观高校环境和微观师生认知三个层面存在的问题。对此,基于研究生导学关系形成和发展的本质特征,应当同时从导师、学生和高校的视角出发,明确改善导学关系的三元进路。在此基础上,为切实实现涉外航天法治人才培养的目标,就相应的研究生导学机制的构建而言,应以确立有利于导师与学生之间思想引领和情感交融的连结点作为整体思路,并以扶助学生坚定理想信念、树立远大抱负,以及拓宽师生之间多元化沟通交流渠道作为实施路径。

一、涉外航天法治人才培养目标下的课程思政教学改革

(一)引言

当前,中国涉外航天法治人才培养正处于大有可为的历史机遇期:一方面,自党的十八届四中全会通过的《中共中央关于全面推进依法治国若干重大问题的决定》将涉外法治人才培养确立为涉外法律工作、涉外法治建设的基础性、先导性工程起,[①]涉外法治人才培养已经成为构建凸显时代特征、体现中国特色的法治人才培养体系中重要的一环。同时,另一方面,国务院新闻办公室发布的《2021 中国的航天》白皮书明确提出,中国于未来五年将开启全面建设航天强国新征程,为服务国家发展大局、在外空领域推动构建人类命运共同体、促进人类文明进步作出更大贡献。[②] 由此,在国家层面着力加强涉外法治人才培养这一有利背景的支撑和促进下,涉外航天法治人才培养理应被上升为推动国家航天法治进程、助力国家航天强国转型升级软实力建设的题中之义,是通过法律手段保障国家涉外航天实践活动的顺利有序开展、维护国家涉外航天利益所不可或缺的。

不过,虽然全国范围内已有多所高校院系围绕涉外航天法治与外层空间国际法治开设了若干专业理论和实践课程,且基于以专业课程为基础的多元化教学模式,在人才培养方面取得了值得称道的初步成效,但是,既有的相关课程在教学过程中往往局限于对专业知识的传输,而相对缺乏对将课程思政育人元素与专业知识有机融合的关注,课程思政教学存在较为明显的不足,使学生更多地受限于被动地接受专业知识,而其开展自主学习和钻研的内在原动力则难以得到充分的激发和提升。这在相当程度上对涉外航天法治人才培养的系统性、持续性和有效性造成了消极影响。是故,确有必要对课程思政教学之于涉外航天法治与外层空间国

---

① 《中共中央关于全面推进依法治国若干重大问题的决定》,载中共中央党校(国家行政学院)网,https://www.ccps.gov.cn/xytt/201812/t20181212_123256.shtml。

② 中华人民共和国国务院新闻办公室:《2021 中国的航天》,人民出版社 2022 年版。

际法治相关课程教学的重要性,及其之于涉外航天法治人才培养所具有的重要的价值引领作用形成准确认识,并在此基础上探索旨在进一步切实发挥课程思政教学在涉外航天法治人才培养中的积极作用的发展路径。

(二)涉外航天法治人才培养的背景和意义

1.涉外法治人才培养有利背景的支撑和促进

2014年10月党的十八届四中全会通过的《中共中央关于全面推进依法治国若干重大问题的决定》将"加强涉外法律工作"确立为"加强和改进党对全面推进依法治国的领导"的一项重要内容,并明确要求"积极参与国际规则制定,推动依法处理涉外经济、社会事务,增强我国在国际法律事务中的话语权和影响力,运用法律手段维护我国主权、安全、发展利益"。与之相适应地,该决定在"加强法治工作队伍建设"中要求"创新法治人才培养机制",并明确了"建设通晓国际法律规则、善于处理涉外法律事务的涉外法治人才队伍"的具体目标。

2019年10月,党的十九届四中全会通过的《中共中央关于坚持和完善中国特色社会主义制度、推进国家治理体系和治理能力现代化若干重大问题的决定》在"坚持和完善独立自主的和平外交政策,推动构建人类命运共同体"中要求"健全党对外事工作领导体制机制",并重申"加强涉外法治工作,建立涉外工作法务制度,加强国际法研究和运用,提高涉外工作法治化水平"。[①] 在于同年2月25日召开的中央全面依法治国委员会第二次会议上,习近平总书记在发表重要讲话时强调,应当加快推进我国法域外适用的法律体系建设,加强涉外法治专业人才培养,积极发展涉外法律服务,更好地服务于党和国家高水平对外开放大局。[②]

以上述为基础,于2020年11月16日至17日召开的中央全面依法治国工作会议作为中华人民共和国成立以来首次对国家法治建设工作的全面布局,不仅正式提出并系统总结了"习近平法治思想",还具体阐释了全面依法治国的"十一个坚持",其中包括坚持统筹国内法治与涉外法治,加快涉外法治工作战略布局,协调推进国内治理和国际治理,更好地维护国家主权、安全、发展利益,以及推动全球治理

① 《中共中央关于坚持和完善中国特色社会主义制度推进国家治理体系和治理能力现代化若干重大问题的决定》,载中华人民共和国中央人民政府网站,http://www.gov.cn/zhengce/2019-11/05/content_5449023.htm。

② 《习近平主持召开中央全面依法治国委员会第二次会议并发表重要讲话》,载中华人民共和国中央人民政府网站,http://www.gov.cn/xinwen/2019-02/25/content_5368422.htm。

变革,推动构建人类命运共同体。① 由此,在法治国家建设的宏观框架下,涉外法治被置于与国内法治等量齐观的重要地位,其之于维护国家主权、尊严和核心利益的作用及功能越发得到了肯定和重视。就涉外法治建设本身而言,涉外法治人才培养是确保其取得成功的关键保障;加强涉外法治建设,首先即应当加强对涉外法治人才的培养。②

涉外法治建设及涉外法治人才培养对处于正经历百年未有之大变局的世界的中心的中国而言,其重要性和紧迫性不言而喻:当今世界正经历新一轮大发展、大变革、大调整,大国间战略博弈全面加剧,国际力量对比呈现近代以来最具革命性的变化,世界范围内已形成了影响人类历史进程和趋向的重大态势,人类文明进步面临的新机遇和新挑战层出不穷,不确定不稳定因素不断增多。③ 随着国家综合实力的稳步提升,自提出"一带一路"倡议和"推动构建人类命运共同体"理念以来,中国在全球治理体系中的国际影响力大幅度提高,在世界舞台中扮演的角色越来越重要,并与世界其他国家和地区在政治、经济、社会等方面建立起了更加紧密的联系,在人员、资金、信息等方面的交流更加频繁,海外资产日益增多,海外利益持续拓展。④

与此同时,中国的涉外法治建设仍面临诸多内外部因素的制约,国家的海外利益也不时受到传统与非传统安全威胁的挑战和冲击。这就要求中国不仅应是国际(法律)规则的接受者和适应者,更应当是国际(法律)规则的建设者和推动者,通过增强运用国际(法律)规则的能力,更加积极地参与全球治理,提升在国际事务中的制度性话语权,并维护本国自身的主权安全和发展利益。为了落实上述要求,培养一支胸怀祖国、放眼世界、知识丰富、业务精良、能力出众的涉外法治人才队伍以加强涉外法治建设,可谓迫在眉睫。⑤

---

① 《习近平在中央全面依法治国工作会议上强调:坚定不移走中国特色社会主义法治道路,为全面建设社会主义现代化国家提供有力法治保障》,载人民网,http://politics.people.com.cn/n1/2020/1118/c1024-31934512.html。

② 参见杜焕芳:《涉外法治专业人才培养的顶层设计及实现路径》,载《中国大学教育》2020 年第 6 期。

③ 参见韩庆祥:《强国时代》,红旗出版社 2018 年版,第 247~248 页。

④ 参见凌冰尧、蒋圣力:《国家海外安全利益维护中的军事力量建设及其法律保障》,载《上海法学研究》2021 年第 1 卷。

⑤ 参见林嘉:《新时代涉外法治人才的培养》,载中国法学会官网 2018 年 9 月 28 日,https://www.chinalaw.org.cn/portal/article/index/id/19651.htm。

2. 国家航天强国转型升级软实力建设的现实需要

1956 年 4 月 13 日,国务院国防航空工业委员会的成立标志着中国航天事业创业的开始①;1970 年 4 月 24 日,“东方红一号”人造卫星的成功发射正式拉开了中国迈入“太空时代”的历史大幕。② 在过去的 60 余年间,中国航天事业从“一穷二白”的困境中艰难起步,摸索出一条自力更生、自主创新的发展道路,不仅逐步实现了“从无到有”质的跨越,更在近年来取得了一系列举世瞩目的辉煌成就——“嫦娥四号”月球探测器实现世界首次月球背面软着陆、“北斗”卫星导航系统顺利实现全球组网、“嫦娥五号”月球探测器完成一系列历史突破性的重大探月任务重返地球并带回月球土壤样本、“天问一号”火星探测器成功着陆火星、“神舟十二号”载人航天任务成功实现中国空间站阶段首次载人航天飞行、“长征”系列运载火箭成功完成 400 多次发射……

以航天事业蒸蒸日上的发展势头为基础,在党的十八大胜利闭幕之后,中国便确立了建设世界航天强国的宏伟目标——2013 年 1 月 15 日,中国航天科技集团公司召开 2013 年年度工作会议,在会上发布了《关于加快推进我国成为世界航天强国行动纲领(2013—2020)》。③ 这是全国范围内首份明确提出“航天强国建设”目标的重要文件,并从作为国家航天科技工业主导力量的航天企业的层面,具体规划了航天强国建设的指导思想、政策方针、战略举措和行动方案。同年 6 月 11 日,习近平总书记在酒泉卫星发射中心接见“天宫一号”和“神舟十号”载人航天飞行任务参研参试单位代表时指出,“发展航天事业,建设航天强国,是我们不懈追求的航天梦”④。此后,在 2016 年 4 月 24 日首个“中国航天日”等场合,习近平总书记又多次对“建设航天强国”、“实现航天梦”加以重申和强调。⑤ 在国务院新闻办公室于 2022 年 1 月 28 日最新发布的《2021 中国的航天》白皮书中,“开启全面建设航天强国新征程”作为正文的第一部分,不仅明确了未来中国航天事业发展的宗旨、愿景和原则,更使建设世界航天强国被正式确立为指引中国航天事业发展的核心目标。

---

① 编委会:《中国航天事业的 60 年》,北京大学出版社 2016 年版,第 94 ~ 95 页。

② 编委会:《中国航天事业的 60 年》,北京大学出版社 2016 年版,第 177 页。

③ 中国航天科技集团有限公司:《航天科技集团发布建设航天强国行动纲领》,载中国航天科技集团有限公司官网,http://www.spacechina.com/n25../n2014789/n2014804/c345035/content.html。

④ 《建设航天强国,习近平殷殷嘱托》,载新华网,http://www.xinhuanet.com//politics/xxjxs/2019-04/12/c_1124357478.htm。

⑤ 《习近平引领航天梦助推中国梦》,载人民网,http://cpc.people.com.cn/xuexi/n1/2016/0915/c385474-28718006.html。

航天强国建设作为一项系统性重大工程,其内涵是相当丰富而深刻的:除了航天产业链的完整性、航天基础设施的先进性、航天发射能力、在轨运行航天器的数量和寿命、在国际航天市场中占有的份额等硬实力建设指标之外,还包括若干十分重要的,但却相对隐性的,且难以通过统一确定的标准进行物化、量化的软实力建设指标。这类指标既是航天强国建设的重要支撑,同时也是决定中国航天事业发展能否顺利实现转型升级的关键所在;而在这之中,航天法治,即航天活动的法治化治理能力和水平正是一项核心内容。① 不过,鉴于特殊的行业属性,受制于传统军工行业计划经济和国有体制下的固化思维及历史局限,在中国航天事业的发展进程中,航天法治作为一项软实力、生产力、特殊竞争力的重要地位始终未能受到应有的重视,不仅航天法治化治理的理念和实践存在缺失,对通过市场主导配置航天资源的法治保障尤为不足。②

对此,应当认识到:加快推进航天法治建设,应当是全面推进依法治国的国家基本方略在中国航天领域的具体落实。这既是建设中国特色社会主义法治体系、建设社会主义法治国家的重要组成部分,也是维护国家航天发展利益和战略安全,促进航天事业发展转型升级和航天强国建设的必然要求。③ 申言之,航天法治建设可以具体着眼于国内和国际两个层面:

在国内层面,中国的航天法治体系建设目前仍处于初级发展阶段,尤其是在航天法律基础制度建设方面与其他发达航天国家、甚至部分发展中国家相比仍有较为明显的差距。④ 国内航天基本立法理应是为航天事业发展创造理想法治环境的关键基础,同时也应是维护国家航天发展利益和战略安全的重要手段。从世界范围看,美国、俄罗斯、日本、欧洲空间局(成员国)等各主要空间国家的国内航天基本立法和航天法治体系建设是较为成熟和完备的,为中国国内航天法治建设提供了有益的参考和借鉴。中国应以尽快完成国内航天基本立法的制定为抓手,切实将本国航天事业发展纳入法治化轨道,并为一系列航天活动的顺利开展提供有力的

---

① 参见张振军:《中国航天软实力与世界航天强国建设(上)》,载《中国航天》2013 年第 11 期。

② 参见张振军:《十八届四中全会精神与法治航天建设》,载《中国航天》2015 年第 1 期。

③ 参见张振军:《关于法治航天建设的再思考》,载《北京理工大学学报(社会科学版)》2014 年第 5 期。

④ 截至目前,中国尚未完成国内航天基本立法的制定;中国航天活动的开展现主要以相关国家行政主管机关制定的行政法规、规章和政策指令作为应予遵守的法律和政策指引。而上述规范性文件普遍存在法律效力位阶较低、制定主体职权冲突、具体规则重叠或矛盾等问题。

制度保障。①

在国际层面,随着人类航天能力的不断提升,越来越多的国家和非国家主体开始涌入航天领域,使外层空间已逐步成为继陆地、海洋、空气空间之后,人类文明拓展的“第四疆域”,其经济、资源、战略价值日益凸显。而与此同时,日趋纷繁复杂的航天活动也为国际社会带来了诸多共同性问题(如外层空间的军事化利用问题、外空自然资源的开发和利用问题等),关系到全人类的共同命运,反映了全人类的共同利益。这就使国际社会越发迫切地需要在法治化轨道上和平地、有序地共同开展对外层空间的探索、开发和利用。然而,近年来,在联合国和平利用外空委员会和裁军谈判会议等相关的重要多边场合,围绕新一轮航天国际规则的制定,世界各主要航天国家之间的竞争和博弈愈演愈烈,尤其是个别西方国家仍旧信奉集团对抗、零和博弈的冷战思维,为追求本国的一己之私而罔顾国际社会的共同利益,对新兴发展中国家航天活动的合法、正当开展造成了严重妨碍。② 对此,作为和平崛起的负责任大国和世界航天领域的一支重要力量,中国应当肩负起促进实现外层空间国际法治的历史使命,引领国际社会通过法律手段,推动构建“外空命运共同体”。这也正要求中国必须加强培养能够满足上述目标需要的优秀涉外航天法治人才。

(三)课程思政教学在涉外航天法治人才培养中的价值功能

涉外航天法治人才应当具备熟知中国国情和航天事业发展现状、了解党和国家关于航天事业发展的方针政策、通晓相关国际和世界各主要航天国家国内法律规则、国际视野开阔、外语运用娴熟、精通国际谈判等重要素质和技能。基于此,法学专业高校院系应当成为涉外航天法治人才培养的基础阵地,围绕涉外航天法治与外层空间国际法治的专业理论和实践课程应当是涉外航天法治人才培养的起步基石。并且,在相关课程的教学过程中,除了对专业知识进行系统地深入讲授之外,开展课程思政教学、向学生传递与专业知识密切联系的课程思政育人元素,同样是必不可少的。通过开展课程思政教学,一系列具有深厚的历史和现实教育意义的课程思政育人元素将能够从情感和精神上引发感召和共鸣,激发和提升学生开展自主学习和钻研的内在原动力,引导学生确立长期持久深耕于航天法治领域的目标和志向,从而为后续进一步的涉外航天法治人才培养创造有利条件。由此可见,

---

① 参见王国语:《论中国〈航天法〉立法的必要性与可行性》,载《北京理工大学学报(社会科学版)》2012 年第 6 期。

② 参见张振军:《十八届四中全会精神与法治航天建设》,载《中国航天》2015 年第 1 期。

课程思政教学所具有的独到的价值引领作用,对于保障涉外航天法治人才培养的系统性、持续性和有效性而言无疑是至关重要的。①

1. 中国航天事业发展史

以“中国航天事业发展史”为主题的课程思政教学采取历史叙事的教学方法,既有对中国航天事业起步伊始所经历的艰难困苦的回溯,也有对当前中国航天事业所取得的辉煌成就的概览和对未来中国航天事业持续高速发展的展望,旨在重点揭示中国航天事业所取得的卓越成绩,是对在党的领导下,中国在改革开放和社会主义发展历程中所取得的一系列重大成果在航天领域的集中反映。是故,中国航天事业发展史实则正是党史、新中国史、改革开放史和社会主义发展史具象于航天领域的一个缩影;而针对中国航天事业发展史的课程思政教学则可以达到在讲授专业通识知识的过程中潜移默化地融入“四史”教育的育人成效。

此外,千百年来流传至今的“嫦娥奔月”“天狗食月”等中国古代民间神话,无不形象生动地体现了中华民族自古以来对自身所处的地球之外的广阔空间的向往,以及对征服浩瀚无垠的未知宇宙的强烈愿望。元末明初人陶成道(“万户”)尝试利用爆竹的推力实现飞天的创举,更是被国际社会公认为“世界航天第一人”“人类历史上首位尝试利用固体燃料火箭将人载到太空中的幻想者”,国际宇航联合会还于20世纪70年代将月球背面的一座环形山命名为“万户”,以资纪念。诸如上述关于中国古人积极探索外空的幻想和冒险的内容,同样是能够借以激发民族自豪感和自信心的课程思政育人元素。

2. 中国航天精神与航天文化

随着中国航天事业的蓬勃发展,经由一代代中国航天人不忘初心、接续奋斗而形成的中国航天精神,②已经成为进一步增强全国各族人民深刻践行中国特色社会主义的决心和信心的重要精神力量之一;而航天文化则是航天精神在文化层面的具体体现,是以航天精神健全全民、尤其是广大青年理想、信念、情怀,以及人生观、

---

① 下文将以笔者主讲的外层空间法(案例研习)和全球视野下的中国航天事业发展与法制建设两门围绕涉外航天法治与外层空间国际法治的专业课程的课程思政教学的教学内容和具体实践作为例证,阐明课程思政教学之于涉外航天法治人才培养的价值引领作用。

② 中国航天精神的具体内容包括:航天传统精神(“自力更生、艰苦奋斗、大力协同、无私奉献、严谨务实、勇于攀登”)、“两弹一星”精神(“热爱祖国、无私奉献、自力更生、艰苦奋斗、大力协同、勇于登攀”)、载人航天精神(“特别能吃苦、特别能战斗、特别能攻关、特别能奉献”)。

世界观、价值观的重要媒介,具有重大的教育意义。①

以"中国航天精神与航天文化"为主题的课程思政教学旨在基于由中国航天精神展现出的以爱国主义为核心的民族精神和以改革创新为核心的时代精神,着重树立和养成学生热爱祖国、开拓创新、艰苦奋斗、无私奉献的良好品德和高尚情操:②

热爱祖国——对祖国的热爱是支撑和鼓舞中国航天人自强不息、奋斗不止的首要精神力量。在进行中国航天精神教育的过程中,应当首先引导学生认真学习和深切领会中国航天人的爱国主义精神,培养学生"为国担当""国家利益高于一切""国家命运与个人前途休戚相关"的爱国情怀,促进学生正确树立全身心致力于中华民族伟大复兴的理想和信仰。

开拓创新——中国航天事业所取得的从无到有、从弱到强、从不可能到可能的跨越式发展,得益于中国航天人自力更生、自主创新的开拓创新精神。在进行中国航天精神教育的过程中,应当引导学生对创新作为民族进步的灵魂、国家兴旺的源泉和中华民族最鲜明的民族禀赋的重要性形成深刻认识,并着力培养学生的创新意识、开发学生的创新思维、提升学生的创新能力,激励学生勇于创新、追求突破。

艰苦奋斗——中国航天事业的创业和发展,是一批又一批中国航天人在偏远的山野丛林、茫茫的大漠戈壁,凭借着"筚路蓝缕,以启山林"的艰苦奋斗精神成就的。在进行中国航天精神教育的过程中,应当引导学生清醒地认识到人生的道路不可能一帆风顺,学业和事业的成功不可能一蹴而就,进而勉励学生不畏困难、不惧挫折、甘于吃苦、勇于奋斗,磨炼学生在艰苦奋斗中净化灵魂、磨砺意志、坚定信念的顽强韧劲。

无私奉献——中国航天事业的发展道路,是靠每一位中国航天人无私奉献的聪明才智、热血汗水、青春年华、乃至宝贵生命铺就而成的。在进行中国航天精神教育的过程中,应当引导学生充分认识到能够为国家、为社会、为人民作出奉献的难能可贵,并在此基础上培养学生塑造不计个人得失、不为个人名利,在奉献国家、奉献社会、奉献人民的过程中实现自身价值的理想信念。

---

① 参见冯宝晶:《航天精神与社会主义核心价值观探析》,载《桂林航天工业学院学报》2016 年第 3 期。

② 针对在航天专业高校开展以"中国航天精神"为主题的课程思政教学的专项研究,参见张凯、张道明、代秀峰:《航天类高校航天精神融入课程思政建设研究》,载《北华航天工业学院学报》2022 年第 1 期。

3. 中国推动构建“外空命运共同体”

以“中国推动构建‘人类命运共同体’”为主题的课程思政教学的整体思路和核心要点为:以促进实现外层空间国际法治、推动构建“外空命运共同体”为落脚点,将“人类命运共同体”理念由宏观思想落实于具体实处,引导学生深入理解“人类命运共同体”理念的科学体系和理论构架,以及“人类命运共同体”理念作为促进实现外层空间国际法治的中国方案和中国智慧的重要意义,进而增进学生对习近平总书记提出的“坚持推动人类命运共同体”的认识和认同。①

就“人类命运共同体”理念与国际法治的内在逻辑联系而言:“人类命运共同体”理念以和平发展、合作共赢作为核心主题,核心要义包括坚持共识以建设价值共同体、坚持共建以建设行动共同体、坚持共治以建设安全共同体以及坚持共享以建设利益合作共同体。“人类命运共同体”理念和平发展、合作共赢的核心主题与国际法的核心主旨相契合,全要素文明建设的总体要求与国际法各部门法的立法目标相对应,维护全人类共同利益的价值追求与国际法保障国际社会整体利益的价值意涵相一致,并在遵守现行国际法律秩序的同时,倡导构建更加完善的国际法律新秩序。“人类命运共同体”理念既遵循国际法基本原则,又深化了国际法基本原则的内涵,发展了国际法的新的叙事模式。“人类命运共同体”理念是中国为解决全球性共同问题、促进实现国际法治,而向国际社会提出的中国智慧和中国方案,其具备完善的科学体系和系统的理论构架。

在此基础上,具体及于“人类命运共同体”视角下外层空间国际法治的应有之义:其一,和平发展是“人类命运共同体”理念的核心主题,外层空间国际法治的首要任务应当是维护外层空间的和平稳定,为实现自由平等和合作奠定基础。其二,“人类命运共同体”理念提倡世界文明多样性发展,外层空间国际法治应当着力营造世界各国均能够自由平等地从事外空活动的法律环境。其三,“人类命运共同体”理念旨在实现“合作共赢”的国际合作,外层空间国际法治应当促成兼顾合作方国家利益和国际社会整体利益的外层空间国际合作。其四,“人类命运共同体”视角下外层空间国际法治应追求的价值目标,即“人类命运共同体”理念的深刻内涵对外层空间国际法治提出的要求。

以上述内容作为指引,“人类命运共同体”理念得以为外层空间的军事化利用

① 参见蒋圣力:《“外层空间法(案例研习)”教学设计》,载上海市教师专业发展工程领导小组编著:《上海高校青年教师课程思政教学设计探索案例集》,上海教育出版社2020年版,第120~121页。

问题、外空自然资源的开发和利用问题、空间站建设的国际合作问题等一系列外层空间共同性问题提供恰当的、妥善的解决方案,并由此为中国推动构建"外空命运共同体"奠定了扎实基础。

(四)课程思政教学在涉外航天法治人才培养中的发展路径

在通过围绕涉外航天法治和外层空间国际法治的专业理论和实践课程为涉外航天法治人才培养夯实根基的过程中,专业知识教学与课程思政教学两者之间应是有机融合、相辅相成且各有侧重的:专业知识教学应当重在满足涉外航天法治人才培养对涉外航天法治人才须知识丰富、业务精良、通晓相关国际和世界各主要航天国家国内法律规则的要求;而课程思政教学则应重在满足涉外航天法治人才培养对涉外航天法治人才须胸怀祖国、放眼世界、熟知中国国情和航天事业发展现状、了解党和国家关于航天事业发展的方针政策的要求。由此,服务于涉外航天法治人才培养的课程思政教学的发展即应遵循上述思路而展开。

1. 培养坚定维护国家空间利益的崇高理想

立足于中国特色社会主义法治体系、法治国家建设的根本需要,对涉外法治人才的培养,同时也是对政治立场坚定的本土化法治人才的培养。① 由此,捍卫国家主权、维护国家利益应当是涉外法治人才培养的根本目的。② 在国家开展对外交往的过程中,涉外法治人才应将捍卫国家主权作为出发点,以维护国家政治、经济、安全利益为重,充分利用专业知识(国际法律知识),保障国家在对外交往中的政治、经济、安全等各个领域的独立权、平等权、自保权,并在面对单边主义、霸权主义、保护主义时敢于"亮剑",在进行坚决对抗的同时,积极地为国家和人民规避风险、减少损失。③ 并且,树立捍卫国家主权、维护国家利益的崇高理想,也是基于涉外法治人才本应具备的中华民族传统道德底色而提出的基本要求。习近平总书记曾明确指出:全面推进依法治国是一项长期而重大的历史任务,要坚持中国特色社会主义法治道路,坚持以马克思主义法学思想和中国特色社会主义法治理论为指导,立德树人,德法兼修,培养大批高素质法治人才。④ 是故,涉外法治人才培养应当更加关

---

① 参见叶青:《统筹国内法治和涉外法治坚持全要素法治人才培养》,载《新文科教育研究》2021 年第 1 期。

② 参见王利明:《卓越法律人才培养的思考》,载《中国高等教育》2013 年第 12 期。

③ 参见徐伟功:《我国涉外法治人才培养的标准研究》,载《新文科教育研究》2021 年第 4 期。

④ 《习近平在中国政法大学考察》,载新华网,http://www.xinhuanet.com//politics/2017-05/03/c_1120913310.htm。

注对涉外法治人才的民族精神和道德品质的磨砺，促使其形成强烈的家国情怀和民族情感，从而得以在多元的、复杂的全球化浪潮中保持中国本色，并切实为繁荣国家的涉外法治建设作出应有的贡献。①

同样地，维护国家空间利益也应是涉外航天法治人才培养的根本目的。

自苏联人造卫星“斯普特尼克1号”于1957年10月4日的成功发射开启人类的“太空时代”起，鉴于其突出的经济、能源、战略价值，外层空间便一直是世界各国竞相争逐之所在。“冷战”期间，外层空间便是美、苏两极争霸的重点领域，甚至“外空军备竞赛”也曾一度甚嚣尘上。“冷战”结束之后，随着越来越多的国家具备了空间进入能力，美、俄对外层空间的垄断被打破，外层空间多极化格局逐渐形成，并使空间安全形势日趋复杂、严峻。② 而今，西方发达国家已将外层空间视为开展国际竞争的新的战略制高点，而追求空间利益最大化也相应地成为国家间开展战略对抗的新目标。由此，受制于发达空间国家围绕“制天权”的争夺日趋激烈、焦灼，中国的国家空间利益、尤其是空间安全利益也迎来了前所未有的巨大挑战。③

在此现实背景下，中国涉外航天法治人才更应当以坚定维护国家空间利益为己任，充分运用航天法律和外层空间国际法律知识，保障国家自由地、平等地进出外层空间，以及探索、开发和利用外层空间的基本权利。当前，西方发达国家在联合国和平利用外空委员会和裁军谈判会议等多边场合围绕“制天权”的“规则之争”已经超越了“市场之争”。并且，其在将建立外层空间新秩序作为拓展本国国家利益的新支点的同时，还利用所掌握的国际话语权优势和相对丰富的航天法治经验，通过设计新的国际规则的方式，为包括中国在内的航天领域的后发国家的准入和发展设置障碍。对此，鉴于中国也尚未完成国内航天基本立法的事实，或可以此为契机形成倒逼机制，刺激涉外航天法治人才更加积极作为、主动求变，致力于加快制定和完善国内航天基本立法，以维护国家空间利益、尤其是包含战略安全和资产安全等内容的空间安全利益，并进而促成国家航天法治建设。④

---

① 参见王祥修、赵永鹏：《“一带一路”倡议下中国涉外法治人才培养目标及方案》，载《法学教育研究》2021年第3期。

② 参见常显奇等：《军事航天学》，国防工业出版社2005年版，第160页。

③ 参见刘彦军等：《论制天权》，国防大学出版社2003年版，第15页。

④ 参见张振军：《关于法治航天建设的再思考》，载《北京理工大学学报（社会科学版）》2014年第5期。

2. 培养促进实现外层空间国际法治的远大抱负

当前,以国际条约和国际习惯作为法律渊源的核心的国际法的构建进程(相应地表现为制定国际条约和形成国际习惯),已经远远无法满足发展步伐不断加速的国际社会对于须依据适时的、确定的国际法规范以实现其各个领域的国际法治的迫切需要。[①] 国际法构建进程的缓慢以及由此导致的现行国际法律制度的滞后性问题,在外层空间领域尤为突出——与空间技术日新月异的长足发展难相适应的是,旨在对探索、开发、利用外层空间的外空活动进行规范、调整的外层空间国际法律制度的滞后性十分严重,不仅无法对新近由新型空间技术引发的法律问题做出及时的、有效的应对,对诸多长期的、普遍的外空活动的法律规制也同样存在欠缺。这就使外层空间国际法治的实现面临十分严重的阻碍。

以外层空间国际合作法律机制面临的困境为例:虽然国际合作原则在一般国际法和外层空间法中都是一项重要的基本原则,且外层空间国际合作的基本内涵基于多项国际(法律)文件的规定而得到了初步明确,但是,外层空间国际合作在具体实践中仍然面临诸多现实问题;其中,最为核心的一项是如何保障发展程度不同、空间技术水平参差的世界各国能够达成国际合作的共识,并通过开展国际合作,真正平等地从事外空活动,以及公平地共享基于对外层空间的探索、开发和利用而取得的利益。[②] 该问题对实践中的外层空间国际合作造成的困扰在于:一方面,倘若外层空间国际合作实际上成为仅由个别具备先进空间技术的空间国家占据绝对主导权的"独角戏",那么,虽然发达空间国家为探索、开发、利用外层空间而大量投入的资金、资源和技术将在一定程度上促进外空活动的发展,但广大的世界其他国家的相关利益却无从得到兼顾。另一方面,倘若外层空间国际合作过分偏重强调实现国际社会的共同利益,那么又极有可能使得发达空间国家因为预期利益无法得到充分满足而丧失对外层空间的探索、开发和利用进行大量投入的驱动力,进而导致整个外空活动发展的停滞不前。[③]

针对上述问题,中国涉外航天法治人才即应具备依据"人类命运共同体"理念指引国际社会开展外层空间国际合作的认识和思维——"人类命运共同体"理念对外层空间国际合作须是"合作共赢"的要求,深化和完善了外层空间国际合作的基

---

① 参见何志鹏:《国际法治论》,北京大学出版社 2016 年版,第 406 页。

② 参见李寿平、赵云:《外层空间法专论》,光明日报出版社 2009 年版,第 17 页。

③ 参见蒋圣力:《"人类命运共同体"视角下中国空间站建设国际合作探析》,载《上海政法学院学报(法治论丛)》2020 年第 5 期。

本内涵。由此,外层空间国际合作应采取双边、多边、全球、区域等多种合作形式,且合作内容应包括科学技术、资金资源、法律政策、组织架构等各个层面。① 在此基础上,外层空间国际合作更应重在实现发达空间国家与发展中国家之间的利益平衡,即一方面保障发达空间国家在实际开展外层空间国际合作的过程中,因大量投入对外层空间的探索、开发和利用而本应取得的利益;另一方面则尽可能地为发展中国家参与外层空间国际合作谋求和创造利益,从而周全地实现整个国际社会基于外层空间国际合作的共同利益。②

更进一步地,针对现行外层空间国际法律制度存在的严重滞后乃至缺失的问题,中国涉外航天法治人才还应形成通过促成包括联合国大会决议在内的非约束性国际规范("国际软法")以进行"补位"的意识,为世界各国在开展相关外空活动时提供以自愿遵守为基础的、且在实践中具有切实的合理性和可行性的权利、义务规则,③并借此促进实现外层空间国际法治,推动构建"外空命运共同体"。

(五)小结

强化课程思政教学在涉外航天法治人才培养中占据的地位,更加充分有效地发挥课程思政教学对涉外航天法治人才培养所具有的独到的价值引领作用,是相关领域的专业教师本应肩负的重要使命,同时也对专业教师的政治素养和教学能力提出了更高、更严的要求。事实上,教师本身便是成就课程思政教学改革的关键要素之一,而切实提升教师的"人才双育"意识,专注磨练教师的政治素养和教学能力,也是顺利推进课程思政教学改革的重要前提。④ 作为相关领域的专业教师,确实应不断夯实专业知识基础,形成教学促进科研、科研反哺教学的正确观念,并高度重视提升自身的思想政治教育责任意识和水平,将课程思政教学贯穿落实于专业知识教学全过程,在本职岗位上为国家涉外航天法治人才培养作出应尽的努力。

① 参见尹玉海、颜永亮:《浅析外空活动长期可持续性的国际合作问题》,载《北京航空航天大学学报(社会科学版)》2017 年第 2 期。

② 参见赵云:《外空活动中国际合作原则的适用:形式和实体要求》,载《国际太空》2015 年第 1 期。

③ 参见蒋圣力:《联合国大会决议法律效力问题重探——以外层空间国际法治实践为例》,载《国际法研究》2020 年第 5 期。

④ 参见朱宇:《"课程思政"融入法学专业教学的价值释析与实践途径》,载《黑龙江教育(高教研究与评估)》2021 年第 9 期。

二、涉外航天法治人才培养目标下的研究生导学关系发展与完善

(一)引言

研究生导学关系指的是,导师与学生基于对专业学习和学术研究的指导,以及日常生活中的其他交往而形成的,彼此间教育与被教育、指导与被指导、引领与被引领的交互关系。① 申言之,研究生导学关系形成于导师与学生在教学、科研、生活等各方面的交流互动,其不仅是教学相长、科研合作的关系,更是一种由教育关系、心理关系、情感关系、乃至伦理关系等共同构成的"多角度关系体"。② 基于此,在研究生教育中,导学关系被认为是师生关系的核心内容,是直接影响研究生教育质量的关键因素,同时也是导师得以向学生进行道德传授、专业指导和情感交流的重要基础。③

当前,在国家层面着力加强涉外法治人才培养这一有利背景的支撑和促进下,涉外航天法治人才培养理应作为推动国家航天法治进程、助力国家航天强国转型升级软实力建设的题中之义,是通过法律手段保障国家涉外航天实践活动的顺利有序开展、维护国家涉外航天利益所不可或缺的。与此同时,全国范围内多所法学院校也已开展了以培养高端涉外航天法治人才为目标的研究生教育,或是采取将航天法/国际空间法作为研究生专业学习方向以开展专门性培养的模式,或是采取面向国际法等相关专业研究生开展多元化教学活动以吸引感兴趣的学生自主参与的模式,从而在一定程度上弥补了涉外航天法治人才培养在研究生教育中长期所受的重视和投入的不足。

不过,无论是从在读期间的学术研究水平和专业应用能力看,还是从毕业后的实际就业去向和持续关注情况看,上述既有的研究生教育实践所取得的成效距离实现高端涉外航天法治人才培养的目标仍相去甚远。对此,鉴于和谐、积极、有益的导学关系在保障研究生教育质量方面所能发挥的重要的促进作用,就具有相对较强的专业性、复合性、前沿性和国际性的涉外航天法治人才培养而言,确有必要通过对相应的研究生导学机制的构建与完善,切实提升相关研究生教育的成效,从而

---

① 参见牟晖、武立勋、徐淑贤:《和谐视域下研究生导学关系构建浅析》,载《思想教育研究》2014年第5期。

② 参见程基伟:《构建和谐导学关系促进博士生全面发展》,载《北京教育(德育)》2013年第11期。

③ 参见马宇光、陈曦:《高校导学关系的研究动态与对策建议》,载《科教导刊》2021年第22期。

在此基础上推动实现涉外航天法治人才培养之于助力国家航天强国软实力建设的重要意义。

(二)研究生导学关系面临的现实困境

近年来,研究生导学关系紧张化、冲突化的问题呈现愈演愈烈的趋势,尤其是在多起导师与学生爆发矛盾、冲突的极端事件经媒体发酵进而引发社会舆论的广泛关注之后,导学关系"异化"已经成为制约研究生教育发展的严重障碍。是故,如何破解导学关系难题,重塑和谐、积极、有益的导学关系,是为推动研究生导学机制的构建与完善所必须首先厘清的前提。

针对研究生导学关系异化的具体原因,国内学界就此形成了较为丰富的研究成果。有观点认为:在市场经济的作用下,导师与学生之间产生了复杂的利益纠葛,从而扭曲了研究生导学关系作为"导师和学生由学术研究活动而结成的,以实现学术价值追求为目标的,并在教与学的过程中所形成的人际关系"的本质;而研究生导学关系异化的主要特征表现为简单化、冷漠化、功利化。① 有观点认为:困扰研究生导学关系的原因可以总结为导师主导、学生主导和复合因素三类。其中,导师主导类原因将主要引发剥削型导学关系、放任型导学关系、专制型导学关系;学生主导类原因将主要引发逃避型导学关系、应付型导学关系、对抗型导学关系;复合因素将主要引发专业迷惘型导学关系和品行不端型导学关系。② 另有观点认为:研究生导学关系异化的实质上是一种迷失的交往,主要特征表现为交往目的的工具性、交往地位的不平等性、交往主体的片面性、交往内容的偏狭性,以及交往方式的抽象性,表现类型包括占有式的交往、对抗式的交往、偏爱式的交往,以及表演式的交往;这主要是教育观念的偏颇、教育制度的制约、社会转型的消极影响和文化传统的负面效应所导致的。③

鉴于研究生导学关系本身固有的复杂性、多样性,其在实践中也必然会受到多重因素的影响和制约。据此,笔者拟从宏观社会背景、中观高校环境和微观师生认知三个层面出发,就研究生导学关系异化的成因及表现进行分析。

---

① 参见周利秋、吴玲:《研究生与导师关系异化的表象与本质》,载《黑龙江畜牧兽医》2016 年第 4 期。

② 参见梁社红等:《导学关系困扰类型分析及对策研究》,载《学位与研究生教育》2018 年第 5 期。

③ 参见张俭民:《迷失与重建:大学师生关系探讨》,华中师范大学出版社 2018 年版,第 54 页。

1. 社会背景层面

过分强调目的和结果的实现而漠视实现过程中的动机与方法的工具理性,正在当今社会不断地加速膨胀,使学术界急功近利的风气也随之日益加剧——“唯论文数量论”“唯期刊影响因子论”“唯论文被引系数论”等诸如此类的学术评价标准使科研工作成为了一项“工业化产业”,而直接与物质奖励挂钩的定量化考核方式又使科研工作充斥着功利性。受此影响,在研究生教育的实践中,一方面,部分学生将导学关系视为简单的供求关系,并往往以获得者的身份自居,将获得学历学位作为维系导学关系的唯一目的,并希望以最小的成本从导师处获取最大限度地“服务”。与此同时,另一方面,部分导师也将导学关系视为简单的管理关系,在与学生的交往中通常抱以形式化、任务化、甚至敷衍化的态度,将要求学生完成规定的基本学业任务作为单一目标,而对学生是否真正有所进步、成长漠不关心。由此,在工具理性行为逻辑的作用下,导师和学生在交往中实则均未真正地重视对方、接纳对方,真情实感的倾注和回馈则更是无从谈起。①

上述由社会背景层面的原因导致的研究生导学关系异化的具体现象,所引发的最为严重的消极后果便是使“尊师重道”这一中国教育领域的传统文化和美德不断流失。长期以来,中国传统教育对于伦理道德一直有着极高的要求,并将成才成贤、而非获得功名利禄作为教育的根本目的。然而,随着工具理性思维和功利主义风气在当今社会的扩张蔓延,教育的目的开始由为国家和社会培养人才转变为了追求个人价值的实现和个人欲望的满足,从而不仅使尊师重道的良好氛围日益稀薄,甚至还引致“道衰师微”的趋势有所抬头。② 此外,对个人主义和个人利益的过分强调,也在相当程度上破坏了导师与学生之间合作共赢的信念,并使研究生导学关系异化的弊端日益凸显。一方面,部分导师为了个人名利和前途的成就,可能将自身所担负的部分科研压力转嫁至学生,要求学生(无偿)为其撰写论文、完成课题提供劳力,甚至直接侵占学生的科研成果,进而引起学生的抵触和反抗,爆发矛盾、冲突。另一方面,部分学生缺乏最基本的学术使命感,或是深陷在短期的经济效益中(从事兼职、网络直播等),或是沉迷于虚幻的网络世界中,而在专业学习和学术研究方面往往消极怠工、得过且过,厌倦导师的学术指导、逃避导师的任务安排,进

---

① 参见茹宗志、刘晓敏:《当代导师与研究生关系异化的内在机理与重建思路》,载《教学研究》2022 年第 1 期。

② 参见程红艳、杨湾:《中国传统师生关系的现代转向:从道德共同体到利益共同体》,载《教师教育论坛》2017 年第 2 期。

而不仅无法与导师形成良性的交流互动,还会招致导师的不满和批评。

由此可见,由社会背景层面的原因导致的研究生导学关系异化使导师和学生在价值理念上产生了异变和错位,并使双方均忽视了个人与他人的有机联系,而未能达成作为合作共赢的"命运共同体"的共识。①

2. 高校环境层面

进入21世纪以来,我国高校研究生招生规模始终处于持续扩大的状态,至2019年,学生规模较之2000年已增长了9.51倍,但导师规模却只增长了4.2倍,研究生生师比达到6.20。② 自2020年起,因受新冠疫情影响,为应对异常严峻的就业形势、缓解广大本科毕业生沉重的就业压力,国家开启了更大规模的研究生扩招,仅2020年全国高校研究生招生人数就高达110.66万人,较之2019年91.65万人的招生人数骤然增长了约19万人,③并使研究生生师比被进一步显著提高。由导师和学生人数增速的巨大差距引发的越发严重的研究生生师比失调问题,同时也极大地加重了导师的教学和科研工作压力,使导师在疲于应对工作任务考核、职称晋升评定等重压之余,在对学生进行专业学习、学术研究、日常生活等方面的指导时往往显得力不从心,进而使导师与学生之间因难以形成顺畅的、有效的沟通交流而易于产生隔阂,由此导致导学关系异化。

然而,与上述由研究生生师比失调导致的导学关系异化现象相对的,我国多数高校普遍存在育人实效不足和调适机制缺失等问题,使得相应的研究生导学关系异化存在被进一步加剧的风险:

首先,由于在高校管理实践中,研究生日常管理工作通常是学生工作队伍(辅导员)主要负责的,因此,部分导师便认为可以从对学生的德育培养中抽身出来,而只需关注学生的专业学习和学术研究即可;可事实上,这一将研究生导学关系过于简单化的认识不仅使导师易于忽视学生可能在生活、情感等方面面临的困境,还使学生失去了一个借以表达和宣泄心理负担的重要出口,故而对于保障学生的身心健康而言是十分不利的。④ 对此,倘若高校不积极压实导师对学生的德育培养责任

① 参见麻超、曲美艳、王瑞:《互动仪式链理论视角下高校研究生导学关系的审视与构建》,载《研究生教育研究》2021年第6期。

② 参见王应密、叶丽融:《我国研究生教育规模扩张的发展失衡与应对》,载《黑龙江高教研究》2020年第11期。

③ 《2020年全国教育事业发展统计公报》,载教育部网站,http://www.moe.gov.cn/jyb_sjzl/sjzl_fztjgb/202108/t20210827_555004.html。

④ 参见张旗:《新时代研究生教育导学关系构建探究》,载《创新与创业教育》2021年第4期。

而是放任自流,那么不仅无法实现学生德与智的全面发展,更无法使导师与学生之间形成紧密的、融洽的导学关系。

其次,随着高校研究生招生规模的不断扩大,不仅学生群体的多样化特征和学生个体的个性化差异越发突出,学生的求学目的也更加多元和复杂。大量的研究生教育实践表明:部分学生对专业学习和学术研究确实怀有较高的兴趣和热情,并在撰写论文、参研课题、实验操作等方面取得了良好的表现。然而,另有部分学生求学则可以说是“另有所图”——其或是为了暂时逃避严峻的就业形势,而希望通过取得更高的学位以争取更加理想的就业机会;或是为了考取国家机关、事业单位、国有企业,而不得不以取得研究生学历作为“敲门砖”;又或是为了获得更加丰富的人生经历、尝试更多的未知可能,而在就读期间完全投入到兼职、实习和各类社会活动中。① 是故,针对上述两类学生显然不应按部就班地采取统一的教育模式,而应当根据其不同的特长、目的和需求适当地调整教育方法和手段,以达到因人而异、因材施教的效果。

基于此,高校应当在研究生教育管理中着力健全导师与学生的调适机制,尤其是改善目前较为僵化、刻板且繁杂的导师变更制度,并构建与之相匹配的、行之有效的协调、问责和监督反馈机制,以保障导师/学生都能够有机会与同自己相对更加投契、合拍的学生/导师建立起导学关系,从而不仅使师生双方都得以各取所需、各展所长,在工作、学习、研究、实践等领域取得更好的成果,还更有利于保持导学关系的和谐、稳定。反之,则一方面导师可能因为学生始终无法达到其预期而对学生严加苛责或放弃指导,而另一方面学生也可能因为无法承受导师的严苛要求或不闻不问而产生不满、厌倦、抵触等消极情绪,不仅师生双方都无法实现自我成就,导学关系还将越发恶化。②

3. 师生认知层面

师生认知层面存在的二元对立问题、责任意识缺失问题、情感距离失当问题等,是导致研究生导学关系异化的最为直接的原因,同时也是为化解导学关系异化进而重塑和谐、积极、有益的导学关系所必须厘清的关键因素。

首先,师生认知层面的二元对立问题具体表现为“导师中心论”与“学生中心

---

① 参见张旗:《新时代研究生教育导学关系构建探究》,载《创新与创业教育》2021 年第 4 期。

② 参见茹宗志、刘晓敏:《当代导师与研究生关系异化的内在机理与重建思路》,载《教学研究》2022 年第 1 期。

论”之间的对立。“导师中心论”指的是,基于学生在知识、技能等方面固有的不足,由在客观上更具经验和优势的导师对学生的专业学习进行指导和监督,以强调导师的权威地位;而“学生中心论”指的是,以学生的群体多样化、个体个性化及其实际需求为主要关切,强调师生关系中学生的主体角色和导师的辅助角色。虽然上述两种论点的初衷都是为了尽可能消除导师与学生在交往、对话的过程中存在的阻碍,以实现师生关系的协调平衡,但是,由于其并未脱离从二元对立的角度看待导师与学生之间的有机联系,因此,其不仅未能切实改变师生关系中的不平等状况,反而还导致了导师与学生对对方价值的过低评价和对自身权威的片面扩大。① 应当认识到,师生认知层面的二元对立问题对导学关系造成的不利影响是十分深重的:一方面,对导师“权威”的误读将导致其权利的进一步泛化。教师作为导师的权利应当是限于对学生的专业学习和学术研究进行指导这一特定场域的,而倘若离开了上述场域,则其应只得行使作为一般教师的权利;并且,导师的权利应当源于深厚的学养、高尚的品德以及由此生成的个人魅力,而不应刻意追求权利。② 另一方面,过分抬高学生在专业学习和学术研究中的角色将导致其“权威”过于发散,使本意旨在保障学生主体地位、激励导师提升指导成效的评教机制等在实践中被不当歪曲,逐步成为学生要挟导师、导师迁就学生的工具,并对导学关系造成更为严重的破坏。③

其次,师生认知层面的责任意识缺失问题具体表现为:一方面,面对大规模的研究生扩招,部分导师在指导研究生的压力持续加重的情况下,采取了“因人而异”的责任观,将主要心力都投放在了对个别优秀学生的指导上,而对其他学生抱以听之任之,甚至不闻不问的态度,使导学关系因这类差别对待的做法而陷入僵局。此外,部分导师还可能为了满足个人在学术或其他方面的利益需要而只专注于履行指导学生完成最基础的学业或其他特定事项的职责,不仅忽视了所负有的德育培养责任,还将学生视为“下属”和“廉价打工者”并为其安排诸多学业之外的任务,使学生与导师之间甚至无法形成应有的、基本的情感维系。④ 另一方面,学生作为研

---

① 参见李玲玲、许洋、黄建业:《导师 - 研究生对话共同体的本质逻辑与生成机理》,载《江苏高教》2021 年第 6 期。

② 参见张增田:《教学交往“对话”品性的迷失与回归》,载《首都师范大学学报(社会科学版)》2011 年第 1 期。

③ 参见叶志锋:《研究生师生对话模式探析》,载《高教探索》2017 年第 5 期。

④ 参见茹宗志、刘晓敏:《当代导师与研究生关系异化的内在机理与重建思路》,载《教学研究》2022 年第 1 期。

究生教育的主体,本应承担起相应的学习责任、创新责任、示范责任、助手责任和服务责任,[①]然而,受研究生大规模扩招的影响,学生的整体素质确实参差不齐,部分学生存在主动意识薄弱、学习态度较差、创新能力不足、自控水平有限、沟通技巧欠缺等问题,使导师即便付出了较多的时间和精力也无从提升其专业学习和学术研究的成效而不得不对其采取“放养式”的管理。

最后,师生认知层面的情感距离失当问题在于,导师与学生之间的情感距离无论是太过亲密还是太过疏远,均不利于良好的导学关系的建立。具体而言:一方面,当导师与学生的情感距离过近而使彼此间的亲密度过高时,导学关系便有可能因为双方交流互动频率高、情感投入大,甚至发展为以“亲情角色”进行交流互动而异化为“亲子关系”。又或者,倘若部分导师利用与学生之间的亲密关系,将学生视为“生活助理”并要求其协助处理生活中的琐务,则导学关系还将异化为“保姆关系”。另一方面,倘若导师与学生的情感距离过远、双方的情感投入和交流互动存在明显的不足,则师生之间必要的、基本的情感和人文联结便无法形成;而情感联系淡漠的交往将使导学关系根基薄弱,无法长久维持,并且,一旦导师与学生之间爆发矛盾、冲突,则极易使本就相当脆弱的导学关系造成裂痕、甚至致使其破裂。[②]

(三)改善研究生导学关系的三元进路

基于研究生导学关系形成于导师与学生之间开展的多方面、深层次的交流互动的根本属性,针对前述其所面临的不同层面的现实困境,即应当同时从导师和学生的视角出发,确定对此进行改善的进路;此外,高校作为研究生教育的管理主体,也应在兼顾考虑导师和学生的立场、利益和诉求的基础上,在改善研究生导学关系中发挥重要的促进和保障作用。

1. 导师视角的进路

在国内学界关于研究生导学关系异化成因的研究中,存在一种观点,即导学关系中的矛盾、冲突的产生应当完全归咎于导师。这是因为,导师在所指导的学生自入学起至毕业止的全过程中,对其享有的极高的管理权、话语权和决定权是贯彻始终的,并由此形成了学生对导师的所谓“依附关系”或“从属关系”。[③] 对此,应当认

---

① 参见程斯辉、曹靖:《当代研究生责任探析》,载《学位与研究生教育》2014 年第 11 期。

② 参见茹宗志、刘晓敏:《当代导师与研究生关系异化的内在机理与重建思路》,载《教学研究》2022 年第 1 期。

③ 参见李春丽、宋金生:《浅谈当前导师与研究生之间的关系》,载《科技创新导报》2014 年第 22 期。

识到:导师的导学观点本身应当是在漫长的历史文化演进中逐步确立起来的,而倘若要求导师仅是通过阅读、学习教育主管部门发布的各类相关政策文件便能够确立全然准确的、恰当的导学观念,并将其充分内化于心、外化于行,显然是十分困难的。[①] 是故,虽然导师在研究生导学关系中确实居于相对优势的地位,但也不应因此便在导学关系出现异化问题时对导师过分苛责。申言之,准确的、恰当的导学观念的确立,应当是建立在多项内外部条件和因素相互作用、有机协调的基础上的,应当是循序渐进的,而非一蹴而就的。鉴于此,基于导师视角改善研究生导学关系的进路应包含以下内容:

(1)进一步强调导师作为培养所指导的学生的第一责任人的职责

教育部等三部委于2020年9月4日联合发布的《关于加快新时代研究生教育改革发展的意见》明确了导师作为"研究生培养第一责任人"负有的核心职责,即"要了解掌握研究生的思想状况,将专业教育与思想政治教育有机融合,既做学业导师又做人生导师"。[②] 教育部于同年10月30日发布的《研究生导师指导行为准则》在重申"导师是研究生培养的第一责任人"的基础上,明确了导师应正确履行指导职责的主要内容,即"遵循研究生教育规律和人才成长规律,因材施教;合理指导研究生学习、科研与实习实践活动……不得要求研究生从事与学业、科研、社会服务无关的事务,不得违规随意拖延研究生毕业时间",并明确要求导师注重建立和谐师生关系,即"落实立德树人根本任务,加强人文关怀,关注研究生学业、就业压力和心理健康,建立良好的师生互动机制"。[③]

据此,清楚认识并切实践行自身作为培养所指导的学生的第一责任人的身份及其职责,应当是基于导师视角改善研究生导学关系的起点。导师应承担起"全方位教书育人"的职责,在指导学生进行专业学习和学术研究的同时,也应重视研究生教育对情感性的要求,通过在合理限度内加强对学生的日常生活、心理健康和就业状况的关注,并适时地帮助纾难解困,从而为建立良好的导学关系奠定基础。

(2)强化导师的立德树人意识,着力提升导师的思想道德水平

2014年5月4日,习近平总书记考察北京大学,在师生座谈会上发表重要讲

---

① 参见李安萍:《论导师导学观念的形成及其转变》,载《继续教育研究》2021年第10期。

② 《教育部、国家发展改革委、财政部关于加快新时代研究生教育改革发展的意见》,载教育部网,http://www.moe.gov.cn/srcsite/A22/s7065/202009/t20200921_489271.html。

③ 《教育部关于印发〈研究生导师指导行为准则〉的通知》,载教育部网,http://www.moe.gov.cn/srcsite/A22/s7065/202011/t20201111_499442.html。

话，其中明确提出“国无德不兴，人无德不立”。[①] 所谓“立德树人”，就是要求根植于中华民族传统美德和共产主义理想信念，坚定社会主义核心价值观，弘扬民族精神和时代精神，并在此基础上引导学生树立正确的世界观、价值观、人生观，以促进德与智全面发展，争做未来国家建设的栋梁之材。[②] 由此，“崇德重智，树人为本”应当成为导师在指导学生的过程中应予遵循的基本准则，同时也应是据以建立良好的研究生导学关系的重要思想指引。作为导师，除了需要具备渊博的知识和深厚的学养之外，还应当强化立德树人意识、端正行为，唯有以身立教、以德育人，方才能够真正将学生培养成才。[③]

这就要求导师应当处理好追求个人价值与落实学生培养之间的关系，将立德树人作为指引自身开展科研工作的出发点和落脚点，加强在专业学习、学术研究和日常生活等方面对学生的指导和关心，进而建立起和谐、积极、有益的研究生导学关系。与此同时，导师也应保持与学生的深度交流互动，认真听取、正面回应学生提出的意见、建议，并为学生提供适当的宣泄情绪、释放压力的渠道。当学生取得进步时，导师应不吝表扬并予以鼓励；当学生出现问题时，导师也应客观指正并耐心劝导。由此，倘若导师与学生能够真正成为“良师益友”，那么基于双方良性的交流互动，则不仅导师和学生可以在学术、科研上互促互进、共同发展，还可以推动和谐、积极、有益的研究生导学关系的形成。[④] 此外，导师还应不断提升自身思想道德水平，并特别重视正确行使自身权利。一方面，正所谓“言传身教”，导师对待教学、科研工作的态度将直接影响学生对待专业学习和学术研究的态度，而导师的道德品质和精神面貌更将对学生的心理和思想潜移默化地产生重大影响。是故，导师应当具备正直、公正、守信、包容、善良等良好的道德品质，以真正做到身正垂范。另一方面，导师在行使自身权利时应严格遵守相关行为准则和规范，并将培养学生成长、成才作为第一要务，而不应滥用或盲目扩大自身权利，更不应追求相对于学生的自上而下的、领导式的、甚至压迫式的权利。

---

① 习近平：《国无德不兴，人无德不立》，载人民网，http://cpc.people.com.cn/xuexi/n1/2018/1211/c385474-30457713.html。

② 参见杨怀珍等：《“立德树人”背景下和谐导学关系的新内涵及建设》，载《现代商贸工业》2021年第29期。

③ 参见刘林：《研究生导师立德树人职责与实现途径探究》，载《思想教育研究》2018年第5期。

④ 参见张旗：《新时代研究生教育导学关系构建探究》，载《创新与创业教育》2021年第4期。

2. 学生视角的进路

在研究生教育中,导师和学生不仅是权利和责任的主体,同时也是权利和责任指向的对象;申言之,在导师对学生负有智育、德育培养责任的同时,学生也相应地负有对自己和对导师负责的责任。[①] 鉴于此,研究生导学关系之所以出现异化问题,除了导师未能充分地、全面地履行职责的原因之外,学生责任意识的缺失、学习研究态度的松懈和心理健康建设的不足同样也是十分重要的原因。是故,从学生视角出发,改善研究生导学关系的进路应当包含以下内容:

(1)强化学生责任意识,端正学生学习研究态度

如前所述,学生作为研究生教育的主体,应当承担起相应的学习责任、创新责任、示范责任、助手责任和服务责任;其中,学习责任应当是学生必须承担起的首要责任,是其承担起其他各项责任的基本前提和核心基础。这就要求学生必须端正进行专业学习和学术研究的态度,并在此基础上,逐步养成积极主动地追求提高自身创新能力、示范能力、助手能力和服务能力的主观能动性。此外,鉴于当今社会对专业型、复合型高端人才的要求不断提高,学生还应着力加强自身在思想品德、专业素养、综合能力、乃至情感交流等方面的发展,牢牢把握各类有助于提升专业学术水平和社会实践技能的机会,拓宽视野、增长见识,培养全方位的软实力,以更好地满足社会对于培养能够担当民族复兴、国家强盛重任的时代新人的需要。[②]

为此,在研究生教育实践中,高校和导师应为学生提供充分的支持和扶助:一方面,高校应制定和完善针对研究生教育的各项教学和科研制度,并在严格根据制度规范对学生进行培养的同时,主抓优良学风建设,做实做好学术道德教育工作。另一方面,导师应将对学生的学习研究规范教育置于指导学生进行专业学习和学术研究的关键地位,并通过对规范要求的详细讲解和切身指导,促使学生更加深入地认识和了解研究生学习研究生活应有的样貌,更快更好地适应和融入研究生的角色身份,从而使学生能够切实落实强化责任意识和端正学习研究态度的目标。[③]

---

① 参见左崇良:《研究生导师责权机制的体系和要素探究》,载《内蒙古农业大学学报(社会科学版)》2020 年第 5 期。

② 参见刘倩、李晓波:《共生共融:高校师生关系的现实发展途径》,载《内蒙古师范大学学报(教育科学版)》2016 年第 6 期。

③ 参见汤若琪、潘玥、黄沙里:《研究生教育中师生关系和谐发展模式研究》,载《大学》2021 年第 46 期。

(2)加强学生心理健康建设,深化师生交流互动

囿于人生经历和社会阅历,多数在校学生在设定人生规划、处理人情世故、排解负担压力等方面往往会显得力不从心;尤其是在所面临的学业压力、生活压力和毕业就业压力日益沉重的情况下,部分学生出现了社交系统弱化、人际关系淡薄等问题,进而使其心理健康的成长和人格特质的形成遭受了十分不利的影响。① 是故,除了专业学习情况和学术研究情况之外,学生的心理健康状况也应受到来自高校和导师的高度重视,并应基于行之有效的具体措施,使学生的心理健康建设和健全人格塑造能够得到有力保障:

一方面,高校在继续充分发挥常规课程思政教学和学生思政工作的育人功能的基础上,还应进一步发掘校内外相关有利资源(校内专业心理师资和校外专业心理辅导机构),为学生寻求心理咨询、疏导提供更加专业、可靠的帮助,并保证心理求助渠道的畅通。② 另一方面,导师应积极发挥在引导学生塑造健全人格、坚定理想信念方面的重要作用,加强对学生专业学习、学术研究、日常生活和思想情感的关心,尤其是在学生确实出现了心理健康问题的情况下,应及时施以援手,引导并帮助学生进行适当的情绪宣泄和压力释放。当然,学生自身也应积极提升与导师进行交流互动的主观能动性,而不应一味地被动等待导师联系——学生可以尝试主动地与导师就学习研究、日常生活、思想情感进行“心灵上的平等对话”③,以增进与导师的相互了解、理解和认同;而当与导师发生矛盾分歧时,学生更应及时地与导师进行有效沟通,以寻求双方得以共赢的问题解决方案。

3. 高校视角的进路

2020 年 7 月 30 日,教育部党组在学习贯彻习近平总书记对研究生教育工作重要指示精神的专题座谈会上强调,“要强化培养单位主体责任,建立科学评价体系,加强监督,强化问责,推动研究生教育更高质量发展”。④ 是故,虽然研究生导学关系的主体是导师和学生,且导学关系的形成也是直接源于此二者之间的交流互动,

① 参见茹宗志、刘晓敏:《当代导师与研究生关系异化的内在机理与重建思路》,载《教学研究》2022 年第 1 期。

② 参见衡利苹、郭璞、刘克松:《研究生培养中的人文关怀策略研究》,载《教育教学论坛》2021 年第 6 期。

③ 参见蔡琼、吕改玲:《后喻文化背景下导师与研究生之间的和谐关系探讨》,载《中国高教研究》2008 年第 3 期。

④ 教育部:“加快推进新时代研究生教育改革发展”,载中华人民共和国教育官官网,http://www.moe.gov.cn/jyb_xwfb/gzdt_gzdt/moe_1485/202007/t20200730_475948.html。

不过,高校作为研究生培养单位和研究生教育的管理主体,应同样负有通过制定制度、设计规范、鼓励督促、监督问责等措施应对和处置研究生导学关系异化问题的职责。由此,针对前述由高校环境层面的原因导致研究生导学关系异化的各项具体问题,从高校视角出发,改善导学关系的进路应包含以下内容:

(1)加强导师队伍建设,规范导师遴选制度

以高标准、严要求对导师的各方面能力和素质进行全方位深入考察,以加强导师队伍建设,并规范导师遴选制度、完善导师评价和奖励机制,应当是高校为改善研究生导学关系所必须提供的制度保障。首先,高校在对导师进行遴选和评价时,除了关注导师的教学水平和科研能力之外,还应将导师个人的师风师德情况和人才培养质量纳入考察范围,并将后者置于与前者相当、甚至更高的地位。其次,高校应通过开展思想政治教育和科研技能培训等方式,持续增强导师教书育人的责任感和使命感,并不断提升导师对学生进行智育和德育培养的能力水平,使导师得以切实地在专业学习、学术研究、思想品德等各方面发挥积极的榜样作用;同时,高校还可以尝试面向导师举办关于新时代学生个性与需求的讲座,使导师能够更加深刻地认识和了解学生,从而在彼此理解、认同的基础上建立良好的师生关系。[①] 最后,高校应科学制定针对导师教书育人成效的考核办法,并细化、明确具体的考核指标,由高校学术委员会、教学委员会或学术道德委员会等自治机构,以及校外教育主管部门、同行专家和校内学生,共同对导师的教学能力、学术成果、指导水平和师风师德进行客观、公正、全面的评价。在此过程中,对于教书育人成效突出的导师,应予以一定的表彰和奖励,以促进其继续为提升研究生教育质量做出贡献;而对于存在师风师德问题的导师,则应采取“一票否决”的处置措施,以整肃导师队伍纪律,消除不利于建立和谐、积极、有益的研究生导学关系的障碍。[②]

(2)吸收师生合理诉求,健全相应调适机制

倘若研究生教育实践中导师与学生在专业学习、学术研究、日常生活或思想情感等方面的矛盾分歧已经达到无法调和的地步,那么及时地对导师和学生进行调适,对于缓解师生冲突、预防或避免研究生导学关系异化、保证研究生培养质量,无疑是十分重要且必要的。为此,高校应对目前相对僵化、刻板且繁杂的导师变更制

① 参见汤若琪、潘玥、黄沙里:《研究生教育中师生关系和谐发展模式研究》,载《大学》2021 年第 46 期。

② 参见张旗:《新时代研究生教育导学关系构建探究》,载《创新与创业教育》2021 年第 4 期。

度进行较为彻底的修正。一方面,高校应为导师变更制度的顺利实行营造宽松的、融洽的氛围,以引导导师和学生正面地、包容地看待这一制度,将其视为研究生教育实践中的一个正常环节,并充分认识到其在及时消解师生之间可能爆发的冲突和维系良好的研究生导学关系方面所能发挥的重要作用,进而转变过往对其所持的犹豫、怀疑、回避、甚至一味排斥的态度。另一方面,高校应尝试精简并加快进行导师变更的要求和进度,以避免过于冗长、拖沓的手续和流程给导师和学生双方带来较大的心理压力和负担。倘若师生双方能够达成一致,则高校主管机构应当尊重其意愿,并可以在征得拟转入导师的同意后,采取"先完成变更再办理手续"的便捷措施;倘若师生双方难以达成共识,则高校主管机构可以适时介入其中,在准确地、充分地掌握了相关情况后,就变更导师与否及如何进行变更给出处理意见。[①]

在上述基础上,高校还应着力构建能够与经修正的导师变更制度相匹配的、行之有效的协调、问责和监督反馈机制,以形成完备的研究生教育调适机制。首先,当获悉导师与学生之间出现了明显的、严重的矛盾分歧时,应立即采取各类可能的、合理有效的措施,及时加以协调,以化解或至少控制师生之间的矛盾分歧,避免更加激烈的冲突的爆发。其次,对在师风师德或教学能力、指导水平等方面确有问题的导师的问责,应客观、公正、实事求是,并以发挥直接或间接的行为矫正功能,以及对其他导师的警示功能为目的,而不应受到与客观事实不相符合的舆论风向或其他因素的干扰,并避免前期问责形式化、任意化而后期问责又加重化的不当现象的出现。[②] 最后,应建立高校主管机构与导师和学生之间的长效沟通机制,并健全导师和学生之间的互评制度,从而多角度动态地对导师和学生在研究生教育实践中的真实表现,以及研究生导学关系的形成和发展状况进行即时的、有效的监督。

(四)涉外航天法治人才培养目标下研究生导学机制构建的整体思路与实施路径

在过去的60余年间,中国航天事业从"一穷二白"的困境中艰难起步,摸索出了一条自力更生、自主创新的发展道路,不仅逐步实现了"从无到有"的质的跨越,更在近年来取得了一系列举世瞩目的辉煌成就。正是在航天事业蒸蒸日上的发展

---

① 参见茹宗志、刘晓敏:《当代导师与研究生关系异化的内在机理与重建思路》,载《教学研究》2022年第1期。

② 参见周湘林:《高校科研诚信问责机制:归类、现状及其改进》,载《现代大学教育》2020年第5期。

势头的带动下,党的十八大胜利闭幕之后,中国便确立了建设世界航天强国的宏伟目标;而在国务院新闻办公室于 2022 年 1 月 28 日发布的《2021 中国的航天》白皮书中,“开启全面建设航天强国新征程”作为正文的第一部分,不仅明确了未来中国航天事业发展的宗旨、愿景和原则,更将建设世界航天强国正式确立为指引中国航天事业发展的核心目标。

航天强国建设作为一项系统性重大工程,其内涵是相当丰富而深刻的,包括若干十分重要的,但却相对隐性的,且难以通过统一确定的标准进行物化、量化的软实力建设指标。这类指标既是航天强国建设的重要支撑,同时也是决定中国航天事业发展能否顺利实现转型升级的关键所在;在这之中,航天法治,即航天活动的法治化治理能力和水平便是一项核心内容。① 对此,应当认识到:加快推进航天法治建设,应当是全面推进依法治国的国家基本方略在中国航天领域的具体落实。这既是建设中国特色社会主义法治体系、建设社会主义法治国家的重要组成部分,也是维护国家航天发展利益和战略安全,促进航天事业发展转型升级和航天强国建设的必然要求。②

在此现实背景下,涉外航天法治人才应当具备熟知中国国情和航天事业发展现状、了解党和国家关于航天事业发展的方针政策、通晓相关国际和世界各主要航天国家国内法律规则、国际视野开阔、外语运用娴熟、精通国际谈判等重要素质和技能。基于此,法学专业高校院系应当被作为涉外航天法治人才培养的基础阵地,而围绕涉外航天法治与外层空间国际法治的研究生教育则应当成为涉外航天法治人才培养的起步基石。进一步地,就具有相对较强的专业性、复合性、前沿性和国际性的涉外航天法治人才培养而言,鉴于和谐、积极、有益的导学关系在保障研究生教育质量方面所能发挥的重要的促进作用,确有必要明确并厘定涉外航天法治人才培养目标下研究生导学机制构建的整体思路与实施路径。

1. 研究生导学机制构建的整体思路

如前所述,师生认知层面存在的二元对立问题、责任意识缺失问题、情感距离失当问题等,是导致研究生导学关系异化的最为直接的原因。对此,涉外航天法治人才培养目标下研究生导学机制构建的整体思路应当是,确立能够指引导师和学

① 参见张振军:《中国航天软实力与世界航天强国建设(上)》,载《中国航天》2013 年第 11 期。

② 参见张振军:《关于法治航天建设的再思考》,载《北京理工大学学报(社会科学版)》2014 年第 5 期。

生凝心聚力,即在思想情感上产生同频共振的连结点,进而使师生之间更易于在专业学习、学术研究和日常生活等方面形成共鸣、达成共识,并以此为基础建立起的良好的导学关系的正向回馈,使双方都得以在教研工作和学习研究中取得更好的成果。结合涉外航天法治人才培养的具体内容及其特色,在相应的研究生教育实践中,中国航天事业发展史、中国航天精神与航天文化以及中国推动构建“外空命运共同体”等内容,应可以成为上述有利于导师与学生之间思想引领和情感交融的连结点:

首先,中国航天事业发展史既有对中国航天事业起步伊始所经历的艰难困苦的回溯,也有对当前中国航天事业所取得的辉煌成就的概览和对未来中国航天事业持续高速发展的展望,旨在重点揭示中国航天事业所取得的卓越成绩,是对在党的领导下,中国在改革开放和社会主义发展历程中所取得的一系列重大成果在航天领域的集中反映。是故,中国航天事业发展史实则正是党史、新中国史、改革开放史和社会主义发展史具象于航天领域的一个缩影;而对中国航天事业发展史的深入了解和认识,也正因为有形象生动、有血有肉的“四史”教育。

其次,伴随中国航天事业的蓬勃发展,经由一代代中国航天人不忘初心、接续奋斗而形成的中国航天精神,已经成为进一步增强全国各族人民深刻践行中国特色社会主义的决心和信心的重要精神力量之一;而航天文化则是航天精神在文化层面的具体体现,是以航天精神健全全民,尤其是广大青年理想、信念、情怀,以及人生观、世界观、价值观的重要媒介。① 基于由中国航天精神展现出的以爱国主义为核心的民族精神和以改革创新为核心的时代精神,将可以树立和养成学生热爱祖国、开拓创新、艰苦奋斗、无私奉献的良好品德和高尚情操。②

最后,以中国促进实现外层空间国际法治、推动构建“外空命运共同体”的鲜活实践为依据,将“人类命运共同体”理念由宏观思想落实于具体实处,以引导学生深入理解“人类命运共同体”理念的科学体系和理论构架,以及“人类命运共同体”理念作为促进实现外层空间国际法治的中国方案和中国智慧的重要意义,进而增进

① 参见冯宝晶:《航天精神与社会主义核心价值观探析》,载《桂林航天工业学院学报》2016 年第 3 期。

② 参见张凯、张道明、代秀峰:《航天类高校航天精神融入课程思政建设研究》,载《北华航天工业学院学报》2022 年第 1 期。

学生对习近平总书记提出的“坚持推动人类命运共同体”的认识和认同。①

2. 研究生导学机制构建的实施路径

(1)扶助学生坚定理想信念、树立远大抱负

根据前文的相关分析,强化学生责任意识、端正学生学习研究态度是基于学生视角改善研究生导学关系的基础性的、关键性的进路,而扶助学生坚定理想信念、树立远大抱负,以激发其自驱力、调动其主观能动性,则是保障并促进上述进路实现的重要路径。

立足于中国特色社会主义法治体系、法治国家建设的根本需要,对涉外法治人才的培养,同时也是对政治立场坚定的本土化法治人才的培养。② 由此,捍卫国家主权、维护国家利益应当是涉外法治人才培养的根本目的。③ 在国家开展对外交往的过程中,涉外法治人才应将捍卫国家主权作为出发点,以维护国家政治、经济、安全利益为重,充分利用专业知识(国际法律知识),保障国家政治、经济、安全等各个领域的独立权、平等权、自保权,并在面对单边主义、霸权主义、保护主义时敢于“亮剑”,在进行坚决对抗的同时,积极地为国家和人民规避风险、减少损失。④

同样地,维护国家空间利益也应是涉外航天法治人才的理想信念和远大抱负。当今世界,西方发达国家已将外层空间视为开展国际竞争的新的战略制高点,而追求空间利益最大化也相应地成为了国家间开展战略对抗的新目标。由此,受制于发达空间国家围绕“制天权”的争夺日趋激烈、焦灼,中国的国家空间利益、尤其是空间安全利益也迎来了前所未有的巨大挑战。⑤ 在此现实背景下,中国涉外航天法治人才更应当以坚定维护国家空间利益为己任,充分运用航天法律和外层空间国际法律知识,保障国家自由地、平等地进出外层空间,以及探索、开发和利用外层空间的基本权利;尤其是基于中国至今尚未完成制定国内航天基本法的事实,或可以此为契机形成倒逼机制,刺激涉外航天法治人才更加积极作为、主动求变,致力于加快制定和完善国内航天基本立法,以维护国家空间利益、尤其是包含战略安全和

---

① 参见蒋圣力:《“外层空间法(案例研习)”教学设计》,载上海市教师专业发展工程领导小组编著:《上海高校青年教师课程思政教学设计探索案例集》,上海教育出版社2020年版,第120~121页。

② 参见叶青:《统筹国内法治和涉外法治坚持全要素法治人才培养》,载《新文科教育研究》2021年第1期。

③ 参见王利明:《卓越法律人才培养的思考》,载《中国高等教育》2013年第12期。

④ 参见徐伟功:《我国涉外法治人才培养的标准研究》,载《新文科教育研究》2021年第4期。

⑤ 参见刘彦军等:《论制天权》,国防大学出版社2003年版,第15页。

资产安全等内容的空间安全利益，并进而促成国家航天法治建设。①

（2）拓宽师生之间多元化沟通交流渠道

除了前文已经述及的从导师、学生、高校的不同视角出发，为深化师生之间的沟通交流所应当采取的各项方式方法之外，为切实实现涉外航天法治人才培养的目标，在构建相应的研究生导学机制的过程中，师生之间的沟通交流应当更加深入、顺畅和紧密。为此，应当进一步发掘并提升专属于导师与学生的“师门组会”在凝聚师生情感、聚合师生合力方面所能发挥的重要作用。

建立在导师与学生之间的所谓“师门”是直接影响研究生导学关系的形成与发展的核心场域，是一个典型的以人际交往的情感逻辑为运行机理的非正式群体。②以此为依托，师门组会不仅是提高研究生教育质量的重要载体，同时也是促进师生之间交流互动、改善研究生导学关系的重要媒介，具有突出的增进学术浸润和加强情感联结的价值。③ 在开展师门组会的实践过程中，应当注意落实以下各项具体的行为准则：

首先，师门组会应具备轻松民主的互动交流氛围，而不应成为导师的“一言堂”。导师应善于倾听并勇于接受、采纳学生针对专业学习、学术研究、师生关系等提出的意见、建议和观点；当学生的表现存在不足或出现问题时，导师也应尽可能抱以宽容、理解的态度，即便对学生进行批评指正，仍应讲求恰当的方式方法，避免采取简单粗暴的处置措施。其次，导师和学生都应全身心地投入到师门组会的各项组织活动中。师门组会的重要意义在于，其应当是切实帮助学生提升专业学习能力和学术研究水平，以及排解日常生活和思想情感中的烦恼、困惑的交流互动平台。为此，不仅导师应当保障师门组会的制度化、规范化、常态化，鼓励并督促学生积极参与，学生也应自发主动地参与其中，并如实分享专业学习和学术研究成果，以及应对日常生活和思想情感中的各类问题的心得体会。如此，师门组会方才得以实现其价值和意义，而不至于流于形式、浮于表面。最后，在开展师门组会的实践过程中，应当拓展导师与学生进行交流互动的场域。在组会中，个体状态、个体特征、内部动机和外部刺激等因素都会对学生的实际表现和收获情况产生或多或少

---

① 参见张振军：《关于法治航天建设的再思考》，载《北京理工大学学报（社会科学版）》2014 年第 5 期。

② 参见李国梁：《非正式组织的运行对人力资源管理的启示》，载《学术界》2016 年第 6 期。

③ 参见郑琼鸽、王晓芳：《什么影响了师门组会发言——基于人文社科博士研究生的质性研究》，载《高教探索》2021 年第 3 期。

的影响。[①] 是故,应当将师生交流互动的场域由单一的校内情境向丰富多样的校外情境进行拓展。例如,师生可以共同赴校外参加学术会议、开展学术调研、举行学术旅行,进而不仅学生得以开阔视野、增长见识,获得更多锻炼专业学习和学术研究能力的宝贵机会,导师和学生也得以基于更加深入的沟通交流和更加紧密的联系而消除彼此间可能存在的距离和隔阂,为建立和谐、积极、有益的研究生导学关系奠定扎实基础。

① 参见谷贤林、韩丰:《师门研讨会互动网络生成解析》,载《清华大学教育研究》2015 年第 4 期。

后　记

我于2016年起开始正式接触、认识和了解外层空间法,对外层空间法的学习和研究也伴随我度过了自临近取得博士学位直至任教工作以来的全部时光。而本书正是对我在这数年间学习、研究外层空间法之所得的初步梳理和提炼,虽然可能是较为稚嫩的、粗浅的,甚至还可能不乏错漏之处,但仍然真实地记录和反映了我在学习、研究外层空间法的过程中所留下的每一个足迹。

我个人对本书的定位和评价是:通过对现行外层空间国际法律制度的系统介绍,以及对时下外层空间法领域中的多项前沿热点问题的具体、深入的阐释和论述,本书对于外层空间法的初学者和爱好者应可以较好地发挥作为“入门教材”和“科普读物”的作用。并且在此基础上,本书应能够同时从宏观和具象两个层面出发,向读者展示当前外层空间国际法治进程所取得的成果和面临的困境,以及作为“负责任大国”的中国在全面建设航天强国的过程中,已经为和应当进一步为推动实现外层空间国际法治所做出的贡献。

特别说明的是,之所以将本书定位和评价为“入门教材”和“科普读物”,并非是惺惺作态、欲扬先抑式的自谦,而是尽管本书形成于我数年来学习、研究外层空间法的日积月累,并且我为本书的最终出版也确实付出了相当的心力,但是,一方面因为个人学识和视野的局限,另一方面因为外层空间法本身理论沿革和实践发展的异常活跃,所以,本书终究只能够涵盖体量庞大而又日新月异的外层空间法领域中的极小一部分内容,并且所表达的也是我尚不完全成熟的一孔之见。同时,由于对于本书涉及的部分外层空间法前沿热点问题及其中的若干要点,国内外学界还存在不同的理解和观点,甚至仍有一定的争议,因此,本书实则只是提供了百家争鸣中的一种认识而已——这就需要读者甄别性地、甚至批判性地阅读本书。

当然,无论我个人或读者做出怎样的评价,也无论我在今后是否还能够在外层空间法领域取得更高水平、更具价值的学习、研究成果,本书都无疑是对我在过往数年间学习、研究外层空间法的每一道身影的重要见证和纪念,对于我个人的深刻意义确实是难以通过文字充分完整地表达的。回顾数年来学习、研究外层空间法的过程,其间得到了诸多师长、前辈、同人和学友的指导、帮助及关心、支持,希望借此机会致以谢忱:

感谢香港大学法律学院赵云教授。赵老师是我进入外层空间法领域的引路人——正是得益于 2015 年在香港大学法律学院访学期间与赵老师的数次交流,我得以了解到原来在自以为已经相当熟悉的国际法领域中还有外层空间法这一新兴的、充满未知和神奇的部门学科;也正是通过阅读、学习赵老师本人所作的及其推荐的外层空间法经典著述,我才有机会能够叩开外层空间法知识的大门。除了在外层空间法的学习、研究方面给予了悉心的指导和帮助之外,在我的整个博士生求学阶段和迄今为止的职业经历中,赵老师也一直在学习、工作、生活的各个方面给予了关心和支持,并鼓励我度过了其间多个重要的关口。故而在一定意义上,本书也是我作为学生,向赵老师提交的一份"课程作业";为此,我感到十分的荣幸。

感谢北京理工大学法学院(空天政策与法律研究院)李寿平教授、王国语副教授、杨宽副教授。在我心目中,北京理工大学法学院(空天政策与法律研究院)是当之无愧的中国外层空间法教学和科研重镇;李老师、王老师、杨老师则是在中国外层空间法领域拥有丰硕的研究成果和丰富的实务经验的资深权威、中流砥柱和青年才俊。2016 年中国空间法学会年会和 2017 年中国国际空间法模拟法庭竞赛上分别与各位老师初次相识的情景仍令我记忆犹新。而自 2018 年起陆续多次有幸应邀参与北京理工大学法学院(空天政策与法律研究院)举办的相关学术交流活动,更令彼时尚是(而今也依旧是)外层空间法领域的一名新兵的我感受到了来自国内学界主流力量的认可和接纳,这对于增强我的自信心,使我得以坚定地走在学习、研究外层空间法的道路上,产生了莫大的鼓舞和激励。由此,对我个人而言,受聘兼任北京理工大学法学院(空天政策与法律研究院)兼职研究员,确是一项弥足珍贵的荣誉。

感谢武汉大学国际法研究所苏金远教授,中国政法大学国际法学院李居迁教授、唐雅老师、孔得建老师,北京航空航天大学法学院高琦副教授,中南财经政法大学法学院雷益丹副教授,中国民航大学法学院聂晶晶老师,海南大学法学院李杜副教授,湘潭大学法学院刘功奇老师,华东政法大学政府管理学院何奇松教授,以及外交部条约法律司徐宇老师、何亮老师、石午虹老师,上海航天技术研究院法律事务处冯国栋先生,中国航天科技国际交流中心原副主任张振军先生。在我开展外层空间法学习、研究的过程中,得到了来自上述各位专家、老师的诸多帮衬和助益,使我收获实多;希望本书也能够继续得到各位的关注和批评、指正。

感谢参与了华东政法大学外层空间法研习团队和历届国际空间法模拟法庭竞赛代表队的各位研究生和本科生同学们,以及选修过华东政法大学外层空间法课程的同学们。是同学们对外层空间法学习、研究的高涨热情和积极投入,使我能够坚信自己所从事的工作的意义和价值;也是得益于与同学们的密切交流、合作,以及同学们如实反馈的各类意见和建议,使我的学习、研究能够不断得到启发和反思,并进而在教学相长中获得进步和革新。

最后,请允许我向我的妻子周思延女士和儿子蒋延劼小朋友致以最诚挚的感谢。妻子在家庭生活中给予的照拂、关爱和包容,是我能够安心从事高校教师工作和进行学术研究的根本保障;而儿子带来的见证其成长的每一段欢乐时光和每一刻惊喜瞬间,则成为我敦促自己坚定前行的不竭动力,尤其是见到儿子把玩着家中的火箭模型、航天飞船玩具、宇航员玩偶时,好像那就是在外层空间法领域从蹒跚学步起一路走来的自己。

“一个民族有一群仰望星空的人,这个民族才有希望。”有幸当逢中国航天事业发展蒸蒸日上的新时代,希望自己能够不懈坚守在外层空间法的学习、研究中,并期盼更多的朋友加入到为星辰大海绘制法治蓝图的队伍中。

蒋圣力

2023 年 2 月 6 日于家中